VOLUME 11   ARCHAEOLOGY OF THE MAYA

Domesticidad y vida cotidiana urbana en una capital del Norte de Yucatán

La ocupación de un conjunto habitacional del Preclásico Tardío a la época Colonial en Dzibilchaltún

VIRGINIA OCHOA-WINEMILLER

BAR INTERNATIONAL SERIES 3128

Published in 2023 by
BAR Publishing, Oxford, UK

BAR International Series 3128

Archaeology of the Maya, Volume 11
Domesticidad y vida cotidiana urbana en una capital del Norte de Yucatán

ISBN 978 1 4073 5953 3 paperback
ISBN 978 1 4073 5954 0 e-format

DOI https://doi.org/10.30861/9781407359533

A catalogue record for this book is available from the British Library

© Virginia Ochoa-Winemiller 2023

COVER IMAGE *Estructura 1 en el contexto habitacional. Un cimiento absidal previo a su excavación en Dzibilchaltún, Yucatán México..*

The Author's moral rights under the 1988 UK Copyright,
Designs and Patents Act, are hereby expressly asserted.

All rights reserved. No part of this work may be copied, reproduced, stored, sold, distributed, scanned, saved in any form of digital format or transmitted in any form digitally, without the written permission of the Publisher.

Links to third party websites are provided by BAR Publishing in good faith and for information only. BAR Publishing disclaims any responsibility for the materials contained in any third party website referenced in this work.

BAR titles are available from:

BAR Publishing
122 Banbury Rd, Oxford, OX2 7BP, UK
info@barpublishing.com
www.barpublishing.com

ARCHAEOLOGY OF THE MAYA

A specialist sub-series of the BAR International Series

Series Editors: Elizabeth Graham (UCL), David Pendergast (UCL),
Genner Llanes Ortiz (Leiden)

The archaeology, epigraphy, art, and history of the Maya of Mesoamerica are increasingly studied throughout the world. As discoveries multiply, new venues of publication are a critical means of spreading knowledge both within and outside the field. The BAR sub-series publishes monographs and excavation or survey reports on the Maya area in a format that permits extensive illustration.

If you would like to submit a proposal for the *Archaeology of The Maya*, please contact editor@barpublishing.com

Editorial advisory board

Barbara Arroyo, *Instituto de Antropología e Historia de Guatemala*

Arlen F. Chase, *University of Nevada at Las Vegas*

Kitty Emery, *University of Florida*

Antonia E. Foias, *Williams College*

Sherman W. Horn III, *Grand Valley State University*

Christian Isendahl, *University of Gothenburg*

Harri Kettunen, *University of Helsinki*

Meaghan M. Peuramaki-Brown, *Athabasca University*

Carmen Giomar Sánchez Fortoul, *Florida Atlantic University*

Travis W. Stanton, *University of California, Riverside*

Emilio del Valle Escalante, *University of North Carolina at Chapel Hill*

TITLES IN THE ARCHAEOLOGY OF THE MAYA SUBSERIES

Maya Ceramic Technology and Ceramic Socio-economy
A multifaceted analysis of Late Postclassic ceramic production and distribution in Northern Yucatán, México
Carmen Giomar Sánchez Fortoul

BAR International Series **2899** | 2018   Volume 1

Interdisciplinary Approaches to the Ancient Maya Underworld
Exploring the rise and fall of Maya centres in central Belize from the cave context
Shawn Gregory Morton

BAR International Series **2910** | 2018   Volume 2

Antiguas calzadas mayas
Estudio comparativo de los sacbeob de Ichmul, San Felipe y Yo'okop, tres sitios de la región de Cochuah
Alberto Guadalupe Flores Colin

BAR International Series **2937** | 2019   Volume 3

An Archaeological Reconstruction of Ancient Maya Life at Pacbitun, Belize
Edited by Terry G. Powis, Sheldon Skaggs and George J. Micheletti. Foreword by Jaime J. Awe

BAR International Series **2970** | 2020   Volume 4

El paisaje urbano maya: del Preclásico al Virreinato
Edited by Juan García Targa and Geiser Gerardo Martín Medina

BAR International Series **2985** | 2020   Volume 5

Settlement Change, Urbanism, and Human and Environment Interaction at Lamanai and Ka'kabish
Two Precolumbian Maya sites in Northern Belize
Alec McLellan

BAR International Series **3007** | 2020   Volume 6

Socioeconomic Networks and the Rise of Maya Civilization
The web of complexity at Middle Preclassic Cahal Pech, Belize
Sherman W. Horn III

BAR International Series **3009** | 2020   Volume 7

The Maya and Environmental Stress from Past to Present
Human response and adaptation to climate change in the Maya lowlands
Eva Jobbová

BAR International Series **3055** | 2021   Volume 8

Inequality, Wealth, and Market Exchange in the Maya Lowlands
A household-based approach to the economy of Uxul, Campeche, Mexico
Els Barnard

BAR International Series **3068** | 2021   Volume 9

Archaeology of the Maya Subseries

Xoclán
Reconstrucción Urbana de una Ciudad Maya en un Contexto Urbanizado
Gaia Carosi

BAR International Series **3115** | 2022 Volume 10

Domesticidad y vida cotidiana urbana en una capital del Norte de Yucatán
La ocupación de un conjunto habitacional del Preclásico Tardío a la época Colonial en Dzibilchaltún
Virginia Ochoa-Winemiller

BAR International Series **3128** | 2023 Volume 11

Otros textos de interés

La Casa Arqueológica
Estudios de caso en la antigüedad
Edited by Juan Garcia Targa and Geiser Gerardo Martín Medina

BAR International Series **3096** | 2022

https://doi.org/10.30861/9781407313719

Ancient Maya Settlement and the Alacranes Bajo
Landscape and Communities in the Three Rivers Region, Northwestern Belize
Gail A Hammond

BAR International Series **2956** | 2019

https://doi.org/10.30861/9781407355986

La organización social durante el Preclásico Tardío en Tlaxiaco, La Mixteca, México
Un estudio desde la Arqueología del Paisaje
Emmanuel Posselt Santoyo and Liana Ivette Jiménez Osorio

BAR International Series **2945** | 2019

https://doi.org/10.30861/9781407316963

The Ancient Maya City of Blue Creek, Belize
Wealth, Social Organization and Ritual
Edited by Thomas Guderjan

BAR International Series **2796** | 2016

https://doi.org/10.30861/9781407320694

Chichén Itzá, Yucatán, México
Sylvanus G. Morley 1946
Edited by John M. Weeks and Nuria Matarredona Desantes

BAR International Series **2718** | 2015

https://doi.org/10.30861/9781407313719

From Ichcanzihoo to Mérida: Documenting Cultural Transition through Contact Archaeology in Tíhoo, Mérida, Yucatán
Rhianna C. Rogers

BAR International Series **2277** | 2011

https://doi.org/10.30861/9781407308517

Archaeological Investigations at Yaxuná, 1986-1996
Results of the Selz Foundation Yaxuna Project
Travis W. Stanton, David A. Freidel, Charles K. Suhler, Traci Ardren, James N. Ambrosino, Justine M. Shaw, and Sharon Bennett

BAR International Series **2056** | 2010

https://doi.org/10.30861/9781407305455

Arqueologia colonial en el área maya: siglos XVI y XVII
Tecoh (Yucatán, México): un modelo de estudio del sincretismo cultural. Registro material y documentación escrita
Juan García Targa

BAR International Series **1714** | 2007

https://doi.org/10.30861/9781407301587

L'évolution des sites mayas du Sud de l'Etat du Campeche, Mexique
Philippe Nondédéo

BAR International Series 1171 | 2003

https://doi.org/10.30861/9781841715391

L'espace domestique maya
Une approche ethnoarchéologique au Yucatan (Mexique)
Fabienne de Pierrebourg

BAR International Series **764** | 1999

https://doi.org/10.30861/9780860549758

El Clásico Medio en el Noroccidente de Yucatán
La fase Oxkintok Regional en Oxkintok (Yucatán) como paradigma
Carmen Varela Torrecilla

BAR International Series **739** | 1998

https://doi.org/10.30861/9780860549352

For more information, or to purchase these titles, please visit **www.barpublishing.com**

Agradecimientos

Este tipo de investigación arqueológica no es posible sin la participación y contribuciones de otros. Primeramente, quisiera mencionar y agradecer al arqueólogo Rubén Maldonado director del proyecto Dzibilchaltún por su apoyo durante el trabajo de campo y el análisis de los materiales así como su paciencia durante la elaboración de la tesis de licenciatura. Mi gratitud al Dr. Edward B. Kurjack (1938-2004), codirector del proyecto, asesor de tesis y amigo personal. Nuestras conversaciones sobre Dzibilchaltún y lo domestico fueron la motivación detrás de esta publicación. A continuación, quisiera agradecer a los trabajadores Mayas del proyecto, albañiles y sus ayudantes, encargados de la limpieza y excavación del área. Su experta labor de campo, bajo el calor y la humedad intensos característicos de Dzibilchaltún, hizo posible que este proyecto se llevara a cabo. Varios colegas contribuyeron en el análisis de los artefactos incluyendo Geoffrey Braswell que analizo los artefactos de obsidiana y Rafael Cobos que examino los artefactos malacológicos. El análisis del material óseo lo realizó el Antropólogo físico José Manuel Arias López adscrito al departamento de Antropología Física del Centro Regional Yucatán del I.N.A.H. Miembros de la Ceramóteca del I.N.A.H – Yucatán, particularmente Eduardo del Toro, contribuyeron con su experiencia en el desarrollo de las tipologías de varios sitios Mayas, en la clasificación y análisis de los materiales cerámicos. Le agradezco su paciencia y sabiduría durante mi entrenamiento en el análisis cerámico de los tiestos. David Salazar me apoyo con la identificación de los artefactos elaborados en sílex, caliza y travertino. Finalmente, quisiera mencionar a mis padres Manuel Ochoa Espinoza y Nelda Rodríguez de Ochoa por su inspiración y apoyo durante el trabajo de campo, el análisis de los materiales y la redacción de mis resultados.

Índice

Índice de figuras xiii
Índice de tablas xiv
Prefacio xv

Introducción 1
    1.1. Grupos domésticos y unidades habitacionales 1
    1.2. Sociedad casa (*house society*) e Identidad 3
    1.3. La Etnoarqueologia y el Espacio Habitacional 5
        1.3.1. Estructuras, Desecho, Reuso y Reciclado 6

2. El sitio arqueológico de Dzibilchaltún: Localización y medio ambiente 11
    2.1. Investigaciones previas 13
    2.2. Descripción del sitio 15
    2.3. Cronología de ocupación: Complejos cerámicos y arquitectura 15
    2.3. Estudios de estructuras sin bóveda en Dzibilchaltún 17

3. Mapeo y excavación de un grupo de estructuras sin bóveda en Dzibilchaltún 19
    3.1. Métodos 19
        3.1.1. Conformación de la muestra, reconocimiento y cartografía 20
        3.1.2. Recolección de materiales de superficie y excavación posterior 25
        3.1.3. Problemas que afectaron el proceso de investigación 25
    3.2. Descripción de las estructuras exploradas 27
        3.2.1. Estructura 1 27
        3.2.2. Estructura 2 27
        3.2.3. Estructura 3 30
        3.2.4. Estructura 4 30
        3.2.5. Estructura 5 32
        3.2.6. Estructura 6 35
        3.2.7. Estructura 7 37
        3.2.8. Estructura 8 39
        3.2.9. Estructura 9 40
        3.2.10. Estructura 10 41
        3.2.11. Estructuras absidales asociadas al contexto habitacional 42
    3.3. Cistas, entierros y materiales recuperados 43
        3.3.1. Materiales cerámicos 44
        3.3.2. Artefactos líticos: Obsidiana, sílex, caliza, travertino y estuco 49
        3.3.3. Ecofactos: Concha y caracol 53
        3.3.4. Artefactos de metal y vidrio 54

4. Domesticidad y uso del espacio: El contexto habitacional 59
    4.1. Espacio, arquitectura y materiales culturales 59
    4.2. Usos del espacio 62
    4.3. La Casa *Uo (nah uo)* 66
    4.4. Consideraciones finales 71

Referencias citadas 73
Apéndices A y B 87
    Se puede ingresar a los apendices en linea aqui:
    doi.org/10.30861/9781407359533-ApendiceA
    doi.org/10.30861/9781407359533-ApendiceB

Índice de figuras

Figura 2.1. Mapa de la Península de Yucatán mostrando las capas geológicas y la localización del sitio de Dzibilchaltún 12

Figura 3.1. Cuadrilla de albañiles y sus ayudantes una vez concluida la restauración de la Estructura 5 20

Figura 3.2. Plano general de Dzibilchaltún, área incluye el *sacbe* 1 y el Templo de los Siete Muñecos 21

Figura 3.3. Plano cartográfico detallado del Contexto Habitacional 22

Figura 3.4. Arquitectura identificada 23

Figura 3.5. Áreas muestreadas en la recolección de superficie y excavación del contexto incluyendo liberación y sondeo con pozos y calas estratigráficas 26

Figura 3.6. Estructura 1: Planta y área explorada 28

Figura 3.7. Estructura 2: Planta y área explorada 29

Figura 3.8. Estructura 3: Planta y área explorada 31

Figura 3.9. Estructura 4: Planta y área explorada 32

Figura 3.10. Estructura 5: Planta y área explorada 33

Figura 3.11. Estructura 5: Metate reutilizado 34

Figura 3.12. Estructura 5: Secuencia constructiva 36

Figura 3.13. Estructura 6: planta y área explorada 37

Figura 3.14. Estructura 7: planta y área explorada 38

Figura 3.15. Estructura 8: planta y área explorada 39

Figura 3.16. Estructura 9: planta y área explorada 40

Figura 3.17. Estructura 10: planta y área explorada 41

Figura 3.18. Estructuras apsidales asociadas al Contexto Habitacional: planta y área explorada 42

Figura 3.19. Vasijas completas procedentes de la ofrenda recobrada de las Cistas 3, 4 y 5 46

Figura 3.20. Pendientes y cuenta de cerámica 48

Figura 3.21. Distribución espacial de los artefactos de obsidiana 50

Figura 3.22. Metates procedentes del contexto habitacional 52

Figura 3.23. Pendiente tipo fálico zoomórfico, especie *Strombus Costatus*, recobrado del Contexto Habitacional 53

Figura 3.24. Distribución espacial de los fragmentos de concha y caracol 55

Figura 3.25. Distribucion espacial de los artefactos de metal 56

Figura 4.1. Secuencia constructiva del Contexto Habitacional 60

Figura 4.2. Análisis espacial de los materiales cerámicos de superficie 65

Figura 4.3. Cerámica de superficie de los periodos Nabanche y Xculul: Distribución espacial 67

Figura 4.4. Cerámica de superficie de los periodos Copo y Zipche: Distribución espacial 68

Figura 4.5. Cerámica de superficie del periodo Chechem: Distribución espacial 69

Índice de tablas

Tabla 2.1. Cronología Cerámica para las Tierras Mayas Bajas del Norte 16

Tabla 3.1. Presencia numérica y porcentual de los principales grupos cerámicos identificados 45

Prefacio

En 1993, el arqueólogo Rubén Maldonado en colaboración con Edward B. Kurjack proponen al Instituto Nacional de Antropología e Historia (I.N.A.H.) un proyecto de investigación arqueológica y de restauración en el sitio Maya de Dzibilchaltún. El objetivo principal fue la exploración y restauración de la Plaza Central y su Estructura 44, una de las más grandes en el sitio. En los 1960s, Kurjack había participado en el proyecto del Middle American Research Institute de la Universidad de Tulane en Dzibilchaltún, enfocándose en el patrón de asentamiento y la arquitectura doméstica en su tesis doctoral. Como resultado, el proyecto Dzibilchaltún de los 1990s incluyo la exploración de un grupo habitacional en el área central. Dentro de este contexto, el arqueólogo Maldonado me invita a participar en el proyecto dirigiendo la exploración de dicho contexto habitacional con el fin de utilizar los datos para mi tesis de Licenciatura en Arqueología en la Facultad de Antropología de la Universidad Autónoma de Yucatán. A fin de contextualizar la rareza de este tipo de proyectos enfocados exclusivamente al estudio de un área habitacional antigua, es necesario esclarecer que en México, la mayor parte de los proyectos arqueológicos a cargo del I.N.A.H., se enfocan principalmente al salvamento y restauración del patrimonio cultural. Esta perspectiva es costosa e indispensable en sitios como Dzibilchaltún, afectados constantemente por el crecimiento de la mancha urbana de la Ciudad de Mérida. La incorporación del estudio de un contexto habitacional en el proyecto de los 1990s fue una excepción a los criterios prevalentes y represento un arquetipo del tipo de investigación necesaria para comprender la vida diaria de los residentes de un sitio Maya urbano como Dzibilchaltún. Hoy en día, la imagen que el público se lleva al visitar sitios arqueológicos en el área es una determinada por la presencia de templos, edificios administrativos y calzadas (*sacbe'oob* en Maya Yucateco), esto es arquitectura monumental asociada a la clase gobernante y religiosa que ha sido restaurada con el fin de atraer visitantes. Con algunas excepciones, la investigación, restauración y mantenimiento de áreas domésticas, contextos donde la mayoría de la población habitaba, todavía no ha recibido la atención necesaria por parte del organismo federal a cargo de la arqueología en México. Son los proyectos arqueológicos por parte de instituciones académicas tanto nacionales como extranjeras los que continúan apoyando el estudio detallado de las áreas habitacionales. Como consecuencia, estas permanecen cubiertas de maleza y en el olvido dado que su arquitectura simple es percibida como sin atractivo turístico. Por ejemplo, después de su restauración el contexto habitacional objeto de esta monografía ha retornado al medio ambiente circundante dada la falta de su mantenimiento.

Los trabajos de exploración arqueológica en el contexto habitacional así como el análisis posterior de los materiales obtenidos los lleve a cabo en un periodo de dos años, de 1993 a 1994. En aquel momento, limitaciones tanto teóricas como de método afectaron la recuperación de datos, como el estudio químico de los suelos, y se asocian con la visión general del proyecto arqueológico cuyo enfoque principal fue la restauración de arquitectura monumental en la Plaza Central. Otras limitantes en el estudio se relacionan con las características ambientales (suelos delgados y ácidos), los cambios asociados al abandono y postabandono (quemas asociadas a la agricultura de milpa y la práctica de ganadería desde el periodo Colonial) y finalmente la extensa cronología de ocupación en Dzibilchaltún. Factores de carácter personal influyeron mi vacilación en publicar los resultados.

En esta publicación, relato la historia de una unidad habitacional de estatus intermedio que habitó una de las áreas más distintivas del sitio, esto es la zona contigua al *sacbe* 1 ubicada entre el complejo de los Siete Muñecos y la Plaza Central. Los residuos de su historia y sus contribuciones como artesanos a la vida diaria de una capital Maya se encapsularon por varias generaciones en los restos arquitectónicos y artefactos desechados durante la ocupación del contexto habitacional. Aunque es imposible el proporcionar detalles específicos, mi intención es que la memoria de este grupo domestico de artesanos contribuya al entendimiento de la población residente en las ciudades Mayas antiguas del noroeste de Yucatán. Los siguientes capítulos detallan las características de mi investigación arqueológica en un contexto habitacional en el sitio de Dzibilchaltún, Yucatán, México. En el primer capítulo presento una breve revisión del desarrollo teórico y los conceptos relevantes al estudio de las unidades habitacionales. Tanto la teoría como los métodos analíticos utilizados en su investigación arqueológica se han innovado considerablemente en los últimos 30 años incorporando una diversidad de conceptos y aproximaciones interpretativas derivadas de los nuevas corrientes de pensamiento permeando disciplinas como la antropología, geografía y filosofía. Conceptos como identidad, género, estatus, sociedad-casa entre otros se han integrado a aquellos pre-existentes en las décadas de los 80s y 90s incluyendo grupo doméstico, unidad habitacional y área de actividad para mencionar alguno ejemplos que continúan vigentes en la literatura. En mi análisis de los espacios y artefactos, ejercito cautela en la integración de estos nuevos conceptos y líneas de interpretación dada la naturaleza y limitaciones inherentes a los métodos que utilize en la obtención de los datos.

El sitio de Dzibilchaltún es el tema del segundo capítulo. Esta capital Maya localizada en el noreste de la Península de Yucatán, fue precursora al asentamiento de *Ti'ho*, mejor conocido hoy en día como la Ciudad de Mérida. Dzibilchaltún tiene una cronología de ocupación que abarca un lapso aproximado de 1,850 años (350 a. C. – 1600 d. C.) y ha sido caracterizada como una urbe densamente ocupada. Dzibilchaltún ha sido el objeto de trabajos de investigación arqueológica en el núcleo del sitio desde los 1940s. Este capítulo contiene un breve sumario de los trabajos de investigación en el sitio y los hallazgos más recientes relacionados con su arquitectura doméstica. En el capítulo tres, incluyo los pormenores de mi exploración arqueológica del contexto habitacional, los datos obtenidos y su análisis temporal y espacial. La actualización de este capítulo contiene una serie de mapas creados utilizando sistemas de información geográfica (SIG) cuyas herramientas analíticas en el análisis geo-estadístico y diacrónico de los materiales arqueológicos facilito la visión del comportamiento artefactual en relación con la arquitectura. En el capítulo final, integro los conceptos teóricos y el análisis de los datos en mi interpretación de la cronología y el uso de los espacios que forman parte del contexto habitacional. Mi narrativa incluye observaciones sobre la composición y estatus relacional de los residentes así como de sus actividades primordiales, tanto de carácter doméstico como productivo. Los resultados obtenidos señalan la multifuncionalidad tanto de los espacios abiertos como de los techados así como el desarrollo de actividades productivas en el espacio -como la elaboración de artefactos de concha, pigmentos y la preparación de papel. El análisis de la información obtenida sugiere que los residentes del contexto se identificaban como un grupo de artesanos que posiblemente se afiliaron a una sociedad casa a fin de obtener recursos, acceder bienes exóticos y mejorar su estatus; estrategias que adicionalmente cimentaron su identidad como un grupo de estatus intermedio. Mi investigación del contexto habitacional produjo más de 15 mil artefactos recobrados durante los trabajos de campo. Mi intención es el compartir los datos obtenidos para facilitar su estudio comparativo. Dadas las limitaciones en el tamaño de esta publicación, esta monografía incluye dos apéndices virtuales conteniendo tablas adicionales así como el análisis cerámico y la descripción detallada de los pozos, cistas, entierros y artefactos arqueológicos.

Introducción

La investigación en áreas habitacionales se ha convertido al paso de los años en una fuente inagotable de información que, poco a poco, está permitiendo conocer el *modus vivendi* de la población que habitó mayoritariamente los asentamientos Mesoamericanos. Dzibilchaltún, como asentamiento urbano, contó con una gran población densamente nucleada durante el periodo Clásico, alrededor de 20,000 habitantes, lo cual resulto en el desarrollo arquitectónico de innumerables unidades habitacionales en el sitio (Kurjack 1974; Andrews IV y Andrews V 1980; Cottier 1982; Maldonado 2009). Este hecho genera muchas interrogantes sobre el funcionamiento interno de una urbe de tales dimensiones y el tipo de actividades que se desempeñaban en los espacios urbanos particularmente aquellas relacionadas con la subsistencia en un área con no muy altos rendimientos agrícolas. Además, nuestro conocimiento todavía es limitado respecto a la conformación social e identidad de sus pobladores, el tipo de relaciones existentes y su memoria colectiva. Cada una de estas cuestiones ejemplifica la riqueza de la información derivada del estudio de las unidades habitacionales y la necesidad de su exploración y el análisis minucioso del componente más numeroso del asentamiento, esto es, la arquitectura sin bóveda. En este capítulo, presento una discusión breve de los desarrollos históricos de la arqueología de grupos domésticos, los enfoques integrados en las últimas décadas así como los modelos etnoarqueológicos relevantes para el análisis de los espacios habitacionales. El objetivo es el conformar un marco referente y comparativo en la reconstrucción de la vida diaria de los residentes de un contexto habitacional en la antigua ciudad Maya de Dzibilchaltún.

1.1. Grupos domésticos y unidades habitacionales

El estudio de las áreas domésticas permite visualizar elementos relacionados con el desarrollo y la organización de los grupos humanos mediante la exploración sistemática del componente más numeroso de los asentamientos: el espacio habitacional. Las investigaciones sobre lo doméstico se han enriquecido en los últimos años con diferentes nuevos métodos y marcos interpretativos derivados de una multitud de enfoques teóricos. Como resultado, el vocabulario asociado al estudio de lo doméstico se ha ampliado considerablemente incorporando términos como grupo doméstico, grupo corporado, unidad habitacional, casa, conjunto habitacional, solar doméstico, área de actividad, red de relaciones, identidad, agencia entre otros. Esta terminología es un reflejo de la expansión teórica derivada de otras disciplinas y su impacto en el tipo de información y las aproximaciones analíticas necesarias en el estudio holístico de lo domestico. Los estudios de los grupos domésticos (*households*) se inician formalmente en los 1980s con el desarrollo de métodos y marcos teóricos derivados de la etnología (Ashmore y Wilk 1988; Douglas y Gonlin (2012). Los trabajos etnológicos -en su gran mayoría-, se enfocaron en la definición precisa de los grupos humanos que habitan las áreas habitacionales y la descripción de las diferentes actividades que éstos llevan a cabo. Wilk and Rathje (1982: 618) definen al grupo domestico como el componente social de subsistencia más común así como el grupo de actividad más abundante compuesto de tres elementos, un componente social (la unidad demográfica y el número y relaciondes de sus miembros), un componente material (la habitación, áreas de actividad y posesiones) y un componente de comportamiento (las actividades que desarrolla). Es pues, que el grupo doméstico se deriva de las estrategias domesticas necesarias para satisfacer las necesidades de sus miembros. Wilk et al. (1984: 1-2), reconocen la importancia de considerar al grupo doméstico como un concepto poli semántico que engloba significados diversos según el nivel de conceptualización abordado. Como construcción cultural, se le confunde idealmente con la familia - dualidad que ha sido considerada dependiente e interrelacionada-, aunque estos conceptos deben separarse si se pretende utilizar al grupo doméstico como una unidad analítica de investigación basada más bien en la observación y con posibilidades de ser comparada transculturalmente. Esta confusión no considera casos en los cuales se documentan cambios en la morfología del grupo domestico aunque el grupo funcional siga siendo el mismo, o bien, situaciones en las que la morfología del grupo no varía pero si se modifican las funciones del grupo residente (Wilk et al. 1984: 2-4). Kent (1993:6), señala que el grupo domestico es ante todo un sistema social no equivalente a la familia. El aspecto funcional de los grupos domésticos se enfoca en las actividades o funciones domesticas desempeñadas por este. Los grupos domésticos se visualizan como grupos coresidentes que mantienen una estrecha cooperación económica compartiendo la socialización de la prole (Laslett 1972: 24-25; Yanagisako 1979:164-165; Wilk y Rathje 1982: 618; Quesnel y Lerner 1983: 46; Santley y Hirth 1993: 3). En los grupos domésticos existen una gran cantidad de actividades, aunque estas varían temporal y culturalmente (Yanagisako 1979: 166-168; Ashmore y Wilk 1988: 3; Santley y Hirth 1993: 3). Debido a ello, la problemática de este enfoque se centra en la definición de "lo doméstico", es decir, cuales son las actividades que comprende y si las actividades comunes son un criterio valido para incluir al individuo dentro del grupo doméstico. Ya que existen situaciones en las cuales los miembros del grupo comparten las actividades pero no el mismo techo, o bien, casos en los cuales las personas colaboran en diversas actividades, comparten la vivienda, pero no tienen relaciones de parentesco entre sí (Yanagisako 1979: 164-65; Netting 1982: 641-643; Wilk y Rathje 1982: 620-621; Wilk et al. 1984: 2-4; Ashmore y Wilk 1988: 4). Existen ciertas actividades interrelacionadas que permiten el análisis comparativo de los grupos domésticos. Estas actividades se clasifican en cinco categorías las cuales se traslapan entre sí (Wilk y Rathje 1982: 621; Wilk et al. 1984: 5-6; Wilk y Netting 1984; Ashmore y Wilk 1988: 4; Baxter 2008; Hirth 2009: 19;) estas son: a) producción, esto es actividades que procuran o incrementan el valor de los recursos del grupo; b) distribución o el intercambio de recursos del productor al consumidos ; c) transmisión generacional de los bienes y derechos también referido como herencia; d) reproducción o generación de nuevos miembros en la familia; y e) co-residencia, aunque no requerida ya que existen excepciones en las que no todos los miembros del grupo domestico comparten el mismo espacio residencial. Douglas y Gonlin (2012) añaden que en la investigación arqueológica de lo domestico, generalmente la co-residencia es implícita en los contextos ya que la unidad familiar es más difícil de identificar, dado que consiste en relaciones de parentesco.

Desde la década de los 1970s, el estudio de las zonas habitacionales ha cobrado auge debido principalmente a la riqueza de información que estas áreas proporcionan. La Arqueología del grupo domestico (Wilk y Rathje 1982; Ashmore y Wilk 1988: 7) se enfocó en el estudio de las áreas habitacionales a fin de obtener evidencia sobre la compleja organización de los sitios arqueológicos ya que las casas representaban manifestaciones físicas de la heterogeneidad presente en los asentamientos, la diferenciación social de las sociedades complejas y la distribución asimétrica del poder en los sistemas de clases (Kurjack 1974: 8). Su estudio permite conocer el proceso de formación de los centros de población, las circunstancias que propician su surgimiento y la manera en la que los distintos asentamientos adquirían o no caracteres "urbanos" en su composición. El término "unidad habitacional" surge como respuesta a la necesidad de establecer niveles de investigación que posibilitaran el estudio del modo de vida de las sociedades prehistóricas y permitieran conocer las limitantes del registro arqueológico y de su exploración sistemática (Flannery 1976). El desarrollo de conceptos analíticos posibilito la vinculación de los datos etnológicos sobre el grupo doméstico con aquellos parámetros de investigación accesibles para la Arqueología, permitiendo visualizar al grupo doméstico bajo una perspectiva diacrónica y facilitando la generación de datos sobre cuestiones como la forma del grupo doméstico, su funcionamiento y su composición (Hirth 1993: 25). Inicialmente, la ambigua definición de las unidades de análisis propicio el registro erróneo de los elementos que componen el fenómeno a dilucidar, induciendo la formulación de inferencias irreales sobre las sociedades estudiadas. Partiendo de esta premisa Flannery (1976), Ashmore y Wilk (1988: 6) propusieron estrategias de investigación que contemplan elementos reconocibles a través del registro arqueológico como el área de actividad, la unidad habitacional, el conjunto doméstico, la habitación y la casa. Ashmore y Wilk (1988: 6) definen la vivienda o habitación como "la estructura física o el área dentro de la cual se llevan a cabo las actividades residenciales," mientras que la casa era "una habitación particular o un grupo de habitaciones que fueron ocupados por un solo grupo doméstico." Para Wilk y Rathje (1982: 618-19), "...los grupos domésticos viven y utilizan la cultura material... la cultura material puede verse como una pieza... cuya forma refleja las condiciones demográficas y las actividades de los grupos domésticos... debemos inferir unidades habitacionales (*dwelling units*) del registro material y entonces podremos inferir grupos domésticos a partir de estas unidades habitacionales... ". Manzanilla (1986: 9-16; 1990: 12-16; 1991: 7) incorporo una jerarquía en los niveles de análisis combinando las variables definidas por Flannery y Winter con el planteamiento de Ashmore y Wilk sobre el grupo doméstico. Su interés en las unidades habitacionales fue pionero en México, divulgando el interés de las mismas a través de sus investigaciones y el uso del análisis químico de suelos en la identificación de áreas de actividad en sitios como Teotihuacán y Coba. Para Manzanilla, el estudio del área de actividad y de la unidad habitacional son esenciales ya que su estudio permite abordar niveles de integración de información más amplios como el del asentamiento y la región. Como unidad de análisis la unidad habitacional es el resultado de la integración de variables etnológicas dentro del contexto material propio de la Arqueología. Manzanilla (1990: 15), señala que su instrumentación proporciona evidencias que permiten conocer el grado de sedentarismo y de cooperación entre los miembros, el nivel de especialización en las actividades productivas, la estratificación social, el grado de diferenciación en el acceso a los recursos y el tipo de circulación de los bienes. El reconocimiento de unidades habitacionales no es un proceso simple. La etnografía ha demostrado que los edificios que componen el espacio doméstico son multifuncionales -en ellos se desarrollaban numerosas actividades-, lo cual enfatiza la importancia del estudio de la arquitectura domestica prehistórica y su funcionamiento a fin de desarrollar indicadores precisos sobre el tamaño de la población y la organización del grupo doméstico. Las diferencias morfológicas en las unidades habitacionales son el resultado del contexto ambiental, el tipo de asentamiento en la cual la unidad habitacional se localiza, los efectos culturales del grupo social y la temporalidad de ocupación del sitio. Los métodos empleados en el estudio de las unidades habitacionales se enfocan en definir su ubicación en el asentamiento; su exploración arqueológica incorpora técnicas como la recolección de materiales de superficie, la excavación extensiva de las áreas habitacionales, el análisis químico de los pisos, el análisis espacial y estadístico de los materiales, así como el uso de criterios etnológicos, etnohistóricos y etnoarqueológicos. El estudio de materiales osteológicos y genéticos así como la evidencia epigráfica continua proporcionando datos sobre la reproducción social, la dieta y en algunos casos el tipo de actividades que desempeñaban los grupos residentes. La identificación arqueológica de las unidades habitacionales facilita el estudio de composición social de la población y de los factores como el estatus, la ocupación y la etnicidad que propiciaron la conformación un patrón disperso o agregado en sectores, esto es barrios, en los asentamientos.

1.2. Sociedad casa (*house society*) e Identidad

En las décadas más reciente, el estudio de las unidades habitacionales ha incorporado marcos interpretativos derivados de la influencia que el marxismo, feminismo y las filosofías estructuralistas y post-estructuralistas han ejercido en la antropología y sociología. Un ejemplo es la teoría de práctica y agencia cuyos origines se asocian con la noción marxista de *praxis*. Harris y Cipolla (2017: 37-39) señalan que el enfoque de la teoría de práctica es la conexión relacionada, esto es repetitiva y de forma circular, que existe entre los agentes y la estructura social y cuyo resultado es la reproducción cultural. Los agentes incluyen individuos, grupos de ellos y objetos los que a través de la agencia toman decisiones o en el caso de los objetos, introducen diferencias en el estatus *quo* de la estructura. Por otro lado, la estructura social consiste de otros individuos, comunidades u objetos que auxilian o influencian las opciones y acciones de la persona en sus decisiones, prácticas y creencias (por ejemplo tradiciones, normas, leyes, códigos religiosos, reglas de comportamiento, entre otros). La agencia le permite al individuo contravenir e influenciar de una manera retroactiva (*feedback-loop*) a la estructura. El concepto de poder se asocia al de agencia ya que ilustra el control que otros ejercitan con la finalidad de limitar las posibilidades o acciones del individuo. Esto es, la persona actúa con un grado de libertad en la toma de decisiones dentro de un contexto controlado, hasta cierto punto, por la estructura social. Como conceptos integrales de la teoría de práctica, tanto la agencia como la estructura social cooperan en la reproducción cultural y los procesos de cambio y continuidad. Los autores añaden que la teoría de práctica y los conceptos de agencia y estructura social examinan el papel del individuo, los objetos y la combinación de los mismos, como entidades sociales; las iniciativas y acciones de estos son repuestas activas, dinámicas y significantes ya que pueden introducir cambios o reforzar la estructura de la sociedad en el proceso de reproducción cultural. Giddens (1984) ha propuesto una definición más amplia de agencia como la capacidad de realizar algo en la cual dada la expectativa de una acción en particular, la persona puede actuar de una manera diferente, esto es la agencia va más allá de la intención de la acción. Como resultado de la incorporación de la teoría de práctica en la arqueología la cultura material se analiza en base a su función de conexión relacionada entre la estructura de ideas y las estrategias de práctica, esto la agencia que los objetos (artefactos, arquitectura, religión, entre otros) ejercen en la motivación o el condicionamiento de la práctica de ciertas acciones (Harris y Cipolla 2017: 44-45).

El concepto de sociedad casa (*house* societies), derivado del estructuralismo, fue incorporado al estudio de las unidades habitacionales por arqueólogos post-estructuralistas como Ian Hodder (1982). Levi-Strauss (1982: 174) definió a la sociedad casa como un grupo corporado con su propia identidad y responsabilidades que se "perpetua a si mismo por la transmisión de su nombre, sus bienes y sus títulos a través de una línea real o ficticia, considerada legitima con la condición de que esta continuidad pueda expresarse en el lenguaje del parentesco o de la alianza y con más frecuencia de ambas." Levi-Strauss añade que ordinariamente la gente se refiere a sus casas como unidades de donde se derivan sus identidades (ver Anaya 1996; Gillespie 2000, 2001). La sociedad casa intrínsecamente incorpora los lazos afines y de descendencia como un lenguaje de relaciones por medio de cual las acciones de sus miembros se consideran legitimas (Gillespie 2000: 476). Como unidad de cooperación no representa una unidad doméstica ni linajes, lazos familiares o alianzas, aunque puede incluir varias de ellas, sino que se refiere a las prácticas compartidas y el estado común. El uso del concepto de sociedad casa enfatiza las prácticas y no necesariamente el papel de la relación de parentesco en la formación de grupos sociales. La materialización de la sociedad casa y su razón de existir es la propiedad y su preservación, por aquellos miembros reclutados legítimamente a través del lenguaje de parentesco y afinidad. La identidad de la sociedad casa se mantiene en la continuidad de los rituales a los ancestros agnados (paternos) y uterinos (maternos) así como de aquellos asociados a las casas de los cónyuges. Gillespie (2000: 477) añade que la gente común pudo anexarse a una sociedad casa noble aun cuando no existiera un vínculo genealógico, y por lo tanto convirtiéndose parte del legado de la misma. En el caso de las sociedades casa de las elites, el manejo de la propiedad y sus recursos, el embellecimiento de las estructura, el incremento en su tamaño y su renovación fueron estrategias utilizadas en el despliegue de su estatus. Así también, reliquias familiares y los títulos de nobleza representaban la historia y el estatus de la casa. Las celebraciones extravagantes asociadas a uniones matrimoniales y rituales funerales servían para ratificar las alianzas establecidas así como la existencia de la casa. De acuerdo con Gillespie (2000: 478), en la arqueología del área Maya, el concepto de sociedad casa se ha enfocado primordialmente en las elites Mayas (Gillespie 1999; Gillespie y Joyce 1997; Joyce 1999; Kirch 2000; Tringham 2000) dada la disponibilidad de iconografía y fechas calendáricas documentado las alianzas establecidas entre las casas de poder. Sin embargo, investigadores como Hendon (2001; 2002; 2003; 2007; 2010; 2012), Pool Cab (2017) entre otros han utilizado este concepto en el estudio de unidades habitacionales de la gente común.

Aunado a la integración de conceptos como agencia y sociedad casa en la arqueología de unidades habitacionales, el interés se ha dirigido al entendimiento de la identidad colectiva y el papel que el género, el estatus, la edad, la clase y la religión desempeñan en la conformación de la misma. Díaz-Andreu y Lucy (2005: 1-12) definen la identidad colectiva como la "identificación del individuo como parte de grupos más amplios basada en las diferencias socialmente sancionadas como significantes."

La identidad se relaciona con la sensación de pertenecer, una forma de percibirse a sí mismo, la manera en que otros nos perciben como formado parte de ciertos grupos en vez de otros. Los autores añaden que la identidad es un proceso continuo y en constante construcción resultado de la interacción con otros lo cual a su vez requiere tanto agencia como selección. Este papel activo del individuo resulta en la historicidad, fluidez y el cambio constante de la identidad. La identidad es mediada socialmente, se vincula con el discurso cultural y representa a través de la acción personificada. Existe una relación entre la sociedad y el individuo ya que una no puede sobrevivir independientemente de la otra. Previamente, el interés en las culturas arqueológicas predominaba en la Arqueología, las cuales se percibían como individuos equivalentes a grupos étnicos. Hodder (1982) y Leone (1973,1984) dentro de la etapa pos procesual en la disciplina, cambian el enfoque al individuo como clave para la comprensión de las sociedades. El interés en el estudio de la identidad se ha enfocado principalmente en los aspectos de género y edad. Joyce (2000: 3) señala la publicación de *La mujer, Cultura y Sociedad* en los 1970s (Rosaldo y Lamphere 1974) como punto de partida de la Antropología en temas relacionados con la existencia de la mujer y su estatus (ver Joyce 2017, para un sucinta introducción e historia de la Antropología de género). La influencia de las corrientes feministas y de género en las ciencias sociales motivo estudios enfocados a las relaciones de género, la mujer, los niños y su relevancia social. Previamente en la Arqueología, la mujer y su papel en las comunidades antiguas simplemente había sido ignorada en las narrativas dominantes. Un desinterés similar afectaba la investigación de los niños y ancianos de la antigüedad a pesar de que el estudio de estos grupos de edad así como del género, la sexualidad, el estatus y la religión son esenciales para comprender su función en la construcción de la identidad. De acuerdo con Díaz-Andreu y Lucy (2005: 9), la cultura material arqueológica (arquitectura, vestido, figurillas, cerámica, uso del espacio, entre otras) es una fuente de información relevante para estudio de las relaciones e interacciones sociales articulando la identidad social. Para el área Maya, Robin (2003: 322-328) señala que los estudios enfocados al entendimiento de la diversidad social se han incrementado considerablemente en las últimas décadas proporcionando una visión más completa de las diferencias internas que existían en la unidad habitacional como entre ellas. Esto es, una unidad habitacional no es un modelo representativo de todo el sitio. Como ya se mencionó, las investigaciones relacionadas con el estatus se han enfocado en la diversidad de los miembros de la nobleza, su organización jerárquica, las interacciones y alianzas entre las casas reales, el desarrollo de actividades artesanales y el papel de la mujer como cónyuge real, madre y gobernante. Así también, la excavación de unidades habitacionales de la clase no gobernantes, esto es la clase común de bajo estatus e intermedia ha revelado las similitudes y diferencias entre estas así como su participación en las actividades artesanales llevadas a cabo dentro del espacio habitacional (ver Robin 2003 para un resumen más amplio). En el aspecto del género, las investigaciones han resultado en una plétora de publicaciones incluyendo los trabajos de Hendon (1996, 1997, 2004, 2006, 2010 entre otros), Claasen and Joyce (1997), Joyce (2000a, 2001, 2004, 2005, 2014 entre otros), Arden (2002) y Gustafson y Trevelyan (2002). Para Stockett (2005: 567) el género es "la expresión cultural del sexo biológico." Dos conceptos adicionales que la autora incluye son ideología de género, esto es las creencias y expectativas de una sociedad en relación de los comportamientos apropiados para las categorías de género y las prácticas de género, las cuales se refieren a los comportamientos que tradicionalmente se han asignado a un género en particular basados en la ideología de género prevalente. Dos modelos han sido utilizados tradicionalmente en el estudio de género: la jerarquía de género y la complementariedad de género. El primero describe las relaciones entre los géneros como desiguales y jerárquicas con respecto al otro. La vida social está organizada alrededor de un género dominante, el masculino, mientras que el papel de la mujer se posiciona en relación a la del hombre, resultando en una relación asimétrica de poder. La complementariedad es un modelo en el que la relación entre los géneros se interpreta como "complementaria e interdependiente en los papeles productivos aunque la relación entre ambos se idealiza como basada en el apoyo mutuo pero separado de sus actividades" (Stockett (2005: 567-568). La autora añade que la utilidad de ambos modelos es limitada para el estudio de género y sexualidad en Mesoamérica dada su dependencia en una percepción binaria y heteronormativa construida durante la época Colonial como marco interpretativo. La autora cita como ejemplos las instancias en las que este modelo no incluye excepciones como en el caso de representaciones en piedra, cerámica y figurillas que ilustran personajes que han adoptado características del sexo opuesto o representan a un tercer género. Para Stockett (2005: 572), el género y el estatus como elementos de la identidad social, son un modelo imparcial y más efectivo en la interpretación de las prácticas relacionales de género y sexo durante la antigüedad. Las contribuciones de Joyce y Hendon han ilustrado la diversidad existente entre la clase gobernante así como el control que las mujeres nobles ejercían en las actividades diarias y artesanales, como el tejido, desempeñadas por otras mujeres de menor estatus. Por otro lado, las investigaciones de género asociadas a la gente común en sitios como Joya de Cerén (Beaudry-Corbett y McCafferty 2002), la tecnología lítica asociada a áreas agrícola (Neff 2002), las relaciones de género y edad en una comunidad agrícola de Chan (Robin 2002) y el estudio del asentamiento de Chunchucmil (Hutson 2010) son ejemplos de este tipo de enfoque en la gente común. Sus aportaciones han proporcionado datos acerca del desempeño de actividades colaborativas en los campos de cultivo y el uso de espacios abiertos, ramadas y estructuras de *bajareque* para establecer un grado de separación sin imponer límites estrictos a la interacción. De acuerdo con Robin (2003: 327) el trabajo de Beaudry-Corbett y McCafferty (2002) en las labores de tejido en Joya de Ceren es relevante para comprender la contribución adicional a la economía de la unidad habitacional, así como de las diferentes labores artesanales desempeñadas por las mujeres y su papel en el desempeño de rituales religiosos comunales.

1.3. La Etnoarqueologia y el Espacio Habitacional

El estudio etnoarqueológico del espacio doméstico integra técnicas etnográficas y arqueológicas que permiten comprender su organización y funcionamiento dentro de las comunidades modernas. Esta perspectiva contempla al análisis etnográfico como una vía para entender el comportamiento de las poblaciones que han dejado huella en el registro arqueológico. El estudio de la estructura de los sitios ha permitido comprender con mayor precisión la relación existente entre los contextos arqueológicos y el comportamiento humano. Dos de los resultados más importantes son: 1) el reconocimiento de que muchas de las actividades realizadas en las áreas habitacionales no están espacialmente segregadas y 2) la consideración de que tanto los artefactos como los desechos producidos por estas actividades son generalmente "revueltos", transportados y desechados como conglomerados secundarios que se depositan en zonas lejanas a su contexto primario (Killion 1990: 201). Estas condiciones caracterizan probablemente a la mayoría de los contextos arqueológicos y por lo tanto tienen implicaciones muy importantes en la reconstrucción de los usos del espacio doméstico prehistórico (Killion 1990: 201). La Etnoarqueologia ha contribuido al conocimiento de los factores que intervienen en el uso del espacio doméstico (tipos de estructuras, funciones que desempeñan, uso de espacios abiertos) y las variables (culturales o naturales) que lo afectan, y es una alternativa de interpretación respecto al comportamiento de los grupos domésticos prehistóricos. La aplicación del análisis etnoarqueológico como herramienta de interpretación se basa en el estudio de comunidades modernas que presentan un *continuum* cultural a través del tiempo. El uso de las inferencias etnoarqueologicas, producto de la analogía entre el presente y el pasado, debe ser cauteloso y corroborado por la evidencia arqueológica. En el área Maya, la analogía presente-pasado ha propiciado el desarrollo de investigaciones etnoarqueológicas principalmente en comunidades del sur como Chiapas y Guatemala donde se considera que los grupos Mayences son más "tradicionales" al presentar una mayor continuidad histórica en sus costumbres. En los últimos 20 años, una serie de estudios etnoarqueológicos se han llevado a cabo en comunidades de la Península de Yucatán como es el caso de la investigación regional y multidisciplinaria de Ochoa-Winemiller (2004; 2007a, 2007b) enfocada en el papel de la casa tradicional y el uso del espacio doméstico como dispositivos heurísticos en la definición de la identidad Maya, el estudio de Hernández (2014) en la comunidad de Yaxuna, y la aplicación de modelos etnoarqueológicos en los espacios domésticos de la comunidad de Sihó (Fernandez Sousa y Peniche May 2011) para mencionar algunos ejemplos. La Etnoarqueologia ha producido modelos dinámicos respecto a los patrones de actividad domésticos identificando unidades de análisis que pueden ser utilizadas comparativamente en las áreas domésticas prehispánicas (Santley y Hirth 1993: 6).

Etnoarqueológicamente se ha identificado que el espacio ocupado por el grupo doméstico puede estar delimitado o no. A través de muros bajos de piedra (albarradas) o por su ubicación en terrenos elevados natural o artificialmente (terrazas o plataformas) el espacio doméstico delimita su área restringiendo el acceso de aquellos que no pertenecen al grupo doméstico. La cercanía y orientación de las estructuras es otro factor que permite relacionarlas entre sí e identificarlas con un grupo doméstico dado. Según Pierrebourg (1989: 40, 42), los limites espaciales del espacio doméstico no se definen por medio de divisiones físicas sino más bien por la disposición de los edificios e instalaciones asociadas que reflejan el conjunto de las actividades domésticas realizadas en el interior de la unidad de asentamiento. Para Santley (1993: 6), existen tres tipos de espacio doméstico: el solar doméstico (*houselot*), el arreglo doméstico (*domestic compound*) y la unidad habitacional (*dwelling unit*). Killion (1990), en su trabajo sobre la Sierra de los Tuxtlas (Veracruz) encontró que el solar doméstico era el área primordial para la organización tanto de las actividades residenciales como de las tareas agrícolas fuera del solar. Dentro del solar se desarrolla una extensa actividad doméstica y productiva la cual se realiza en un limitado número de áreas de uso. En el modelo del solar doméstico Killion (1990: 202), contempla cuatro áreas que representan los componentes materiales más importante del espacio doméstico: a) el núcleo estructural, se encuentra al centro del solar y contiene aquellas estructuras habitacionales primordiales para el grupo doméstico; b) el patio, localizado alrededor del núcleo estructural es un espacio despejado multifuncional y su importancia deriva del gran número de actividades que se desarrollan en él; c) el área intermedia, circunda al patio conteniendo acumulaciones de desperdicios y, d) el área de jardín/huerto-desechos, intruye en cierta medida al área intermedia y en ella se realizan actividades variadas a la vez que sirve como frontera al solar doméstico. Esta área ocupa generalmente más del 80 % del espacio total del solar doméstico. Este modelo de solar doméstico es identificado por Hayden y Cannon (1984), para las Tierras Altas Mayas. En su trabajo utilizan al solar como unidad de análisis aunque encuentran que el espacio se diferencia no solamente por las actividades que en él se desarrollan sino también por el tipo y cantidad de desechos que contiene. En el núcleo constructivo localizado al centro del solar no se encuentran desechos ya que factores como la limpieza, reciclado de los materiales o el juego de los niños movilizan la basura hacia lugares alejados de este núcleo. Alrededor de ese núcleo se localiza un área de desecho provisional en la cual la basura considerada como un estorbo potencial espera ser desechada o reutilizada. Finalmente, el área de desecho intensivo se localiza más allá de la zona de desecho provisional; en ésta los desperdicios son acumulados en pilas, enterrados en pozos que ya no son utilizados o simplemente esparcidos sobre el terreno. La basura también puede depositarse en las calles que se encuentran al frente del solar, trasladarse a basureros especiales, estructuras abandonadas, hondonadas o lechos de ríos (Hayden y Cannon 1984). A pesar de que la mayoría de los solares en las Tierras Altas Mayas contienen grandes jardines-huertos, en éstos no se deposita basura como sucede en la zona de los Tuxtlas. Si bien, los agricultores reconocen el valor de los desechos orgánicos como fertilizante del suelo, en el jardín-huerto no se deposita aquella basura considerada peligrosa o no degradable (Hayden y Cannon 1984). En el caso de las Tierras Bajas Mayas Pierrebourg (1989: 36-38), encontró que el solar era el tipo de espacio doméstico empleado por los pobladores de Xculoc, sitio que se localiza al noreste del Estado de Campeche. El acondicionamiento de estos solares presenta cuatro zonas diferenciadas por sus características físicas y funcionalidad: a) el "monte", se localiza al fondo del solar y consiste en un espacio invadido por la maleza cuyo suelo está cubierto de afloramientos de roca madre (*tzekeles* en Maya yucateco), no contiene ninguna instalación ni objetos y se utiliza para cortar leña o como excusado; b) el espacio semidesmontado, forma la transición entre el monte y el espacio residencial bordeando los límites del solar. A pesar de haber sido liberado de la maleza no ha sido cuidado por lo que se observa el crecimiento de maleza y dispersión de las piedras que recubren el suelo. En este espacio se observan algunas áreas de actividad cuyos elementos -en la mayoría de los casos- son de materiales perecederos. Otras características de este espacio son una gran densidad de desechos, la presencia de estructuras relacionadas con la cría de animales así como del lavadero y de algunos fosos utilizados para el cocimiento de alimentos; c) el espacio residencial, se encuentra totalmente desmontado y deshierbado y en él no se encuentran desechos debido a los cuidados y limpieza regular de que es sujeto. En este espacio se plantan árboles frutales, flores y hierbas comestibles; las áreas de circulación en este espacio presentan en algunos casos hundimientos ligeros del suelo. Este espacio constituye una especie de área de descanso donde se llevan a cabo ciertas actividades como el cocimiento y trillado del maíz, algunas tareas masculinas y los juegos infantiles; d) el espacio cubierto, se compone de una casa, una cocina y un baño. Cada espacio centraliza el agregado de actividades específicas necesarias para la vida cotidiana y aunque algunas de estas actividades son fácilmente deducibles por las instalaciones donde se desarrollan, otras no dejan huella. Para Santley (1993:7), el modelo de solar doméstico permite visualizar al espacio doméstico como una serie de anillos concéntricos que se extienden alrededor del área residencial. Cada anillo conforme se aleja del núcleo contiene una mayor cantidad de desechos hasta llegar al área del jardín-huerto donde éstos disminuyen considerablemente. El tamaño del espacio y de los componentes del solar doméstico se relaciona tanto con el área destinada al jardín-huerto como con el tipo, intensidad, cantidad, especialización y el grado de confianza en las áreas de cultivo -dentro y/o fuera del asentamiento- destinadas a la subsistencia del grupo doméstico. La clase y cantidad de los desechos así como el número y especialización de las actividades son factores que afectan sensiblemente al tamaño y distribución de las áreas que integran el espacio doméstico. Debido a sus características espaciales, las comunidades que utilizan como tipo residencial al solar doméstico presentan un patrón de asentamiento disperso. (Santley 1993: 7). En contraposición al solar doméstico se encuentra la unidad habitacional; Santley (1993: 7), identifica este tipo de espacio doméstico en el poblado de San Andres Tuxtla (Veracruz). Ocurren generalmente en asentamientos nucleados casi urbanos y con una gran densidad poblacional; se caracterizan por compartir los límites o muros exteriores con otras unidades residenciales vecinas. Al poseer un espacio doméstico pequeño las estructuras residenciales tienden a dividirse en cuartos donde diferentes actividades ocurren simultáneamente. Los espacios exteriores se aprovechan igualmente para el desempeño de actividades domésticas. Debido a la limitante espacial de este tipo, la unidad habitacional tiende a presentar una proporción mayor de áreas techadas y los desechos se depositan generalmente al exterior de la vivienda. Finalmente, el arreglo doméstico consiste en un espacio pequeño delimitado por un muro bajo de piedra, adobe o material perecedero; contiene un núcleo constructivo donde las estructuras se disponen alrededor de un patio central en un arreglo espacial más formal que el del solar doméstico (Santley 1993: 8). Sutro y Downing (1988), localizaron este tipo de patrón espacial en la Villa Díaz Ordaz, Oaxaca. En el arreglo doméstico las estructuras son de forma rectangular donde el diseño básico consiste en una vivienda de un sólo piso con el acceso localizado en uno de los extremos largos. La ubicación del acceso está en relación a los vientos prominentes, las lluvias y el sol invernal. El crecimiento arquitectónico del arreglo tiende a la construcción de nuevas estructuras que comparten muros comunes. La distribución de los espacios techados favorece el agrupamiento de aquellos edificios que tienen una función similar los cuales también comparten el mismo espacio dentro del solar. Santley (1993: 8), menciona que en el arreglo doméstico los desechos se depositan generalmente al exterior del solar aunque en el caso de que éstos tengan un alto potencial de reutilización se almacenan en el espacio doméstico; esto provoca que en el arreglo doméstico se localicen apilamientos de basura que conforme alcanzan determinado tamaño son finalmente desechados más allá de los límites de éste. En el caso de la Villa Díaz Ordaz Sutro y Downing (1988), encontraron que los arreglos domésticos presentaban pocos cambios estructurales al paso de una generación de ocupación. Tanto la unidad habitacional como el arreglo doméstico son -al igual que el solar doméstico-, tipos de espacio habitacional identificables en el contexto arqueológico. Generalmente es en el núcleo estructural de estos tipos de espacio donde se concentra la mayoría de las tareas de excavación e investigación arqueológica con lo cual la información obtenida es limitada al no considerarse totalmente el contexto ambiental (Santley 1993: 6).

1.3.1. Estructuras, Desecho, Reuso y Reciclado

En el estudio etnoarqueológico del espacio doméstico se ha registrado la utilización de un número variado de estructuras diferenciadas por su función y -en algunos casos- por su forma. Wilk (1982: 99-101), señala que al ser las estructuras domésticas una categoría particular de artefactos contienen significados simbólicos y utilitarios que les permiten reflejar la realidad socio-cultural. En su estudio de poblaciones Mayas Kekchi y Mopan, Wilk (1982) el tipo de estructura socio-económica de la comunidad influencia el tamaño y numero de las estructuras domésticas. En el caso de comunidades con una economía particularmente interna -como la Kekchi- las demostraciones de riqueza son socialmente sancionadas; las estructuras domésticas presentan un alto grado de estandarización en cuanto al sistema constructivo, apariencia externa y función; éstas funcionan como un símbolo de solidaridad e igualdad y aunque existen diferencias de riqueza entre los habitantes ésta se canaliza por medio de fiestas y rituales comunales o en la adquisición de objetos que permanecen en el interior de la vivienda para no despertar la envidia de los vecinos. En contraste, las poblaciones Mopan se encuentran involucradas en la producción agrícola a gran escala. Aunque esto no ha motivado grandes diferencias internas en el nivel de riqueza si ha provocado la expresión pública de la riqueza por la interacción con mercados y poblaciones externas. Las estructuras domésticas entre los Mopan se han convertido en un artefacto por medio del cual se expresa la diferenciación social; las estructuras habitacionales de grupos domésticos "ricos" son de gran tamaño, poseen pisos de concreto, techos de lámina, generadores eléctricos y otros elementos que las diferencian públicamente de las casas de grupos domésticos campesinos mayoritarios en la comunidad (Wilk 1982). Para Wilk (1982: 113), la uniformización o estandarización de la forma en las estructuras habitacionales se relaciona en gran medida con la clase de economía (interna o externa) presente en la sociedad, pudiendo funcionar en el contexto arqueológico como un indicador del sistema económico en las comunidades prehistóricas. Respecto al número y función de las estructuras que comprende el espacio doméstico Pierrebourgh (1989), señala que en el poblado de Xculoc los solares contienen de uno a once edificios identificando principalmente dormitorios, cocinas, bodegas, instalaciones para la cría y cuidado de los animales domésticos y lavaderos. La configuración más común es un edificio que sirve de dormitorio y cocina, o una o dos casas asociadas a una o dos cocinas; la disposición y orientación de los edificios funciona como un elemento delimitador dentro del solar proporcionando información sobre la evolución del área por factores funcionales o reproductivos. Dadas las características de los solares de Xculoc, Pierrebourg aborda la articulación interna del espacio doméstico enfatizando la descripción de los elementos que contiene. Los edificios domésticos en Xculoc constan de un armazón de madera cuyos elementos de soporte son cuatro postes fijos en el suelo. Los muros no funcionan como sostén y descansan sobre una hilada de piedra que sirve tanto para protegerlos de la humedad como de asiento en el piso ligeramente terraplenado. Son de forma elíptica, con paredes elaboradas de varas recubiertas de bajareque y techo de palma; generalmente los edificios contienen una puerta aunque en ocasiones hay estructuras con dos puertas, una frente a la otra, localizadas en los costados más largos de la estructura (Pierrebourg 1989). Las cocinas tienen forma elíptica o cuadrada siendo necesario, en este último caso, acondicionar un pasillo que comunique con la casa principal; su tamaño es más pequeño y sus paredes están hechas de varas aunque no se recubren de bajareque para dejar escapar el humo del hogar. Tienen dos apéndices, uno cubierto que funciona como baño y otro descubierto para los depósitos de agua (Pierrebourg 1989). Por lo que toca a las actividades que se desarrollan en el solar doméstico, en Xculoc se observó el uso multifuncional de los distintos espacios que componen éste. Pierrebourg (1989: 42), propone tres tipos de actividades definidas por la clase de vestigios encontrados: a) actividades que por repetirse sistemáticamente en el mismo lugar, dejan rastros asociados a los objetos utilizados que permiten identificarlas claramente (por ejemplo las actividades relacionadas con la preparación de alimentos); b) actividades que en su realización utilizan materiales perecederos fácilmente degradables, esto es el caso de las áreas de lavado, circulación y basureros; y c) actividades que solamente pueden identificarse mediante la observación de la vida cotidiana porque se realizan en áreas poco definidas y no dejan rastros. Para Pierrebourg (1989: 42), la identificación arqueológica de estas actividades debe considerar los límites del registro arqueológico y hacer uso de otros enfoques de investigación como la Etnoarqueologia que permitan optimizar la información obtenida.

En su trabajo sobre la tecnología utilizada para el almacenamiento del maíz Smyth (1990), contempla al solar doméstico como la unidad de asentamiento para la zona serrana del Puuc (Yucatán). La distribución, número y tecnología constructiva de los edificios domésticos es similar a la reportada por Pierrebourg en Xculoc. Smyth (1990), señala que el desarrollo de un modelo de almacenamiento es necesario para conocer las áreas destinadas al almacenaje dentro del espacio doméstico, el programa de actividades relacionadas, el tipo de desechos producido y su distribución. Se identificaron diferentes áreas donde se realizan actividades de almacenamiento y algunas de ellas son construcciones especializadas como bodegas, trojes y arcones; otras estructuras que también se relacionan con el almacenaje son las cisternas, cocinas y residencias domésticas. El estudio de las actividades de almacenaje permitió establecer que la diversidad de técnicas para guardar comida es un factor importante en el modelo de almacenaje y contribuye al uso diferencial del espacio en las estructuras domésticas (Smyth 1990). Las actividades relacionadas con el almacenaje tienen lugar generalmente en la estructura central de los recintos domésticos, mientras que el cocimiento y lavado del maíz -dos actividades relacionadas con el almacenaje-, se practican en el área despejada del recinto y en la periferia del patio. El mantenimiento y eliminación de la basura son indicadores útiles de los métodos de almacenar comida. El mantenimiento de basura consiste en el barrido de los desechos hacia la periferia del patio donde los cúmulos de desperdicios se queman periódicamente. Para Smyth (1990), la similitud de este comportamiento con el de otras áreas sugiere principios en el uso del espacio que permite compararlas en el contexto Mesoamericano y proporciona elementos para identificarlo en el registro arqueológico.

El estudio de Repetto (1991), sobre la distribución de funciones en las estructuras domésticas del poblado de Ucí (Yucatán) analizó unidades habitaciones tradicionales así como las zonas en las que se llevan a cabo las actividades cotidianas domésticas. En su trabajo identifica siete tipos de estructuras domésticas: casa-dormitorio, cocina, troje, cobijos para los animales, pozo, lavadero y retrete. La población de Ucí conformada bajo un trazo colonial, utiliza como unidad de asentamiento al predio que equivale al solar doméstico de Hayden y Cannon (1984), Pierrebourgh (1989), Killion (1990) y Santley (1993); las estructuras domésticas tienden a mantener cierta distancia entre ellas y el muro que circunscribe el terreno. Algunas de las estructuras se encuentran alineadas con la vía pública aunque en ocasiones se localizan al centro del predio. Los muros divisorios o albarradas se construyen con grandes piedras encimadas a junta seca y con una altura aproximada de 1.40 metros (Repetto 1991). Repetto (1991: 14), considera a la estructura doméstica como un módulo sin divisiones internas. En Ucí, el número de construcciones habitacionales varía de uno a tres; cuando se construye una segunda construcción se localiza detrás de y sobre el mismo eje que la primera o forma un ángulo de 90 grados al ubicarse en cualquiera de sus extremos. Si existen tres edificios, estos tienden a formar un espacio delimitado por sí mismo semejante en su distribución a los cuadrángulos prehispánicos. Las construcciones tradicionales, de planta elipsoidal, emplean piedra a junta seca para los muros con techos de palma o zacate, aunque también existen edificios con paredes de vara (*kolopché* en Maya Yucateco) (Repetto 1991).La primera construcción es de mejor calidad y funciona para recibir a las visitas y para el descanso. En la segunda construcción se localiza la cocina y en ella es común encontrar el hogar fabricado con tres piedras aunque en caso de existir un pasillo entre ambas construcciones, se puede encontrar otro fogón en esa área; cerca de la cocina se almacena el maíz en una construcción de menor tamaño y forma cuadrada (troje), fabricada con tronquillos de arbustos y en ocasiones con un pequeño techo inclinado. El lavadero se sitúa bajo un árbol frondoso y cuando en un predio viven varias familias cada una de las mujeres tiene su batea donde lava la ropa de su familia. Algunas veces los lavaderos están techados y generalmente se encuentran depósitos de agua a su alrededor (Repetto 1991). Casi todos los solares de Ucí tienen un pozo que funciona mediante una bomba electrica que extrae el agua; también se construyen pequeños cobijos con piedras apiladas a junta seca, madera y alambre que sirven para proteger a los animales domésticos. Los procesos orgánicos de eliminación se realizan al fondo del solar en áreas poco definidas y el aseo personal se lleva a cabo tanto en la casa-dormitorio como en la cocina, cuando está cerrada (Repetto 1991). Para Repetto (1991: 16), el análisis de la vivienda tradicional Maya no debe limitarse al estudio de los espacios techados sino que debe abarcar los espacios abiertos en la misma medida o más aún que los cerrados. La ubicación de los vestíbulos y áreas de circulación en los espacios abiertos así como la variedad de actividades domésticas que se desarrollan en ellos son algunos de los factores que deben considerarse al abordar el espacio doméstico de los asentamientos prehistóricos.

Gifford (1978: 77), señala que el análisis etnoarqueológico proporciona evidencias que permiten contrastar aquellas hipótesis relacionadas con los factores culturales que producen la evidencia material estudiada por la Arqueología. La cultura es el factor primario que produce restos materiales aunque existen factores no culturales que pueden afectar los materiales culturales conforme se convierten en parte del registro arqueológico. Por lo tanto, comportamientos culturales como el consumo y desecho son agentes primarios que estructuran la cultura material (LeeDecker 1994) existen procesos naturales (como la vegetación, lluvia, aire, permeabilidad del suelo, actividad animal, entre otros) que operan después de que los sitios son abandonados y que alteran la distribución espacial de los materiales culturales (Gifford 1978). Según Gifford (1978), durante la ocupación y abandono de un sitio los desechos materiales pueden continuar en el lugar donde eran utilizados (desechos primarios) o pueden ser transportados a una zona alejada de su área de uso (desechos secundarios) dependiendo del tamaño de los artefactos, su peligrosidad y la rapidez con que se degraden. El estudio de Deal (1985), sobre las comunidades Tzeltales de Chiapas y Guatemala utiliza el esquema de Sullivan (1978: 183-222), sobre los contextos relativos al depósito y desecho de artefactos cerámicos para identificar tres estadios relacionados con el proceso de abandono de un espacio doméstico: pre abandono, abandono y pos abandono. Cada uno de estos momentos produce cambios significativos en la frecuencia, tipo, diversidad y distribución espacial de los materiales cerámicos. El periodo de pre abandono involucra el uso y disposición de los artefactos cerámicos dentro de su contexto de uso. La disposición de los materiales puede ser intencional o fortuita permitiendo la utilización de los materiales cuando se necesiten. Durante el periodo de pre abandono la variabilidad y distribución de la cerámica está íntimamente relacionada con la distribución interna de las estructuras domésticas, el jardín-huerto y las áreas de actividad dentro del arreglo doméstico. La distribución espacial de los materiales se ve afectada, en cierto grado, por el ciclo de desecho y renovación (desecho provisional, mantenimiento, deposición o pérdida) y los movimientos concomitantes a las actividades relacionadas con la cerámica (Deal 1985: 250). El abandono del arreglo doméstico involucra el abandono selectivo tanto de áreas de actividad como de materiales dentro de su contexto de uso. El modo en que el proceso de abandono se realice (gradual/con retorno, gradual/sin retorno, rápido/con retorno, rápido/sin retorno) tiene diferentes efectos en el contenido (distribución, naturaleza, tamaño) y la distribución espacial de los materiales cerámicos (Deal 1985: 250). La identificación del tipo de abandono que ha sufrido un sitio reviste vital importancia en el caso de las comunidades prehistóricas que generalmente presentan un abandono gradual y ocasionalmente son ocupadas nuevamente. Por último, el periodo de pos abandono involucra el "regreso virtual" de los materiales desechados y las áreas de actividad dentro de su contexto de uso. Este estado se caracteriza por el número de procesos culturales (depredación, deposición, colecta, juegos infantiles, entre otros) que alteran la naturaleza, contenido y distribución de artefactos y rasgos en los arreglos domésticos abandonados. El grado de alteración puede ser influenciado por las condiciones de abandono, la accesibilidad al arreglo doméstico, y la proximidad de éste al centro de la comunidad. Este es el periodo en que normalmente se forma el registro arqueológico finalizando cuando el área es excavada totalmente (Deal 1985: 253). En la población abandonada de Osumacinta Viejo (Chiapas) Denis (1984), encuentra que los incendios, según ocurran en edificios habitados o no, son un factor que puede provocar cambios substanciales en la estructura y distribución de los materiales culturales y, en algunos casos, ayudan a entender las características de determinado contexto. Para LeeDecker (1994), el comportamiento cultural de consumo presenta influencias de factores como la morfología del grupo doméstico, el ciclo de vida, la etnicidad y el estatus socioeconómico que propician determinados patrones en la adquisición, uso y desecho de los materiales domésticos afectando los procesos de formación del registro arqueológico. Hayden y Cannon (1983), reconocen que el manejo de los desechos para las Tierras Mayas Altas está estructurado por tres factores: la economía de esfuerzos, el valor potencial o reutilización y el potencial de estorbo como desecho. Así pues, actividades relacionadas con la preparación y consumo de alimentos, artesanía y recreación se realizan en espacios techados y producen desechos (como basura orgánica, huesos, cenizas, fragmentos mínimos de cerámica, vidrio y cuero) considerados de escaso valor y potencial de estorbo por lo que, generalmente la limpieza o barrido de estas áreas los van acumulando en zonas no muy lejanas de su lugar de producción (por ejemplo los pasillos de circulación y el jardín-huerto). Por otro lado, aquellos objetos que presentan algún valor y potencial de estorbo (como vasijas cerámicas o cabezas de hacha parcialmente fragmentadas) son potencialmente reciclables y dado que tienen una tamaño mayor al de los desechos orgánicos pueden ser transportados a zonas lejanas de su lugar de uso o en caso de abandono del área doméstica pueden ser desechados provisionalmente en el interior o exterior del espacio doméstico (Hayden y Cannon 1983: 129-130). Al interior de la estructura doméstica las áreas de desecho provisional generalmente se localizan a lo largo de los muros, en esquinas y bajo las camas o mesas; cuando la cantidad de desecho ha aumentado considerablemente éste se recoge en bolsas o canastas depositándose finalmente en lugares poco transitados del espacio doméstico, en la calle o en basureros vecinos (Hayden y Cannon 1983: 131). Finalmente, un aspecto interesante relacionado con los desechos materiales es la reutilización de algunos de ellos en otras actividades no necesariamente relacionadas con la función original del artefacto. Sullivan (1989), en su trabajo sobre los Kayenta Anasazi propone algunas hipótesis que explican la utilización de los tiestos cerámicos como relleno constructivo de las estructuras domésticas. Procesos culturales como el manejo de los desechos, almacenamiento, desecho provisional, depredación y reciclado se relacionan con la distribución espacial del material cerámico. Por su forma delgada y pequeña los tiestos cerámicos se reutilizan generalmente en la elaboración y cocimiento de vasijas o como material constructivo; con pequeñas modificaciones algunos tiestos se convierten en herramientas (cucharas, raspadores, alisadores, pesas de red) o nuevas formas cerámicas. Las características físicas del artefacto (tamaño, dureza, maleabilidad) el grado de disponibilidad del material y su valor tecno económico son algunos de los factores que propician la reutilización de materiales culturales fragmentados en lugar de su desecho final (Sullivan 1989: 111-112).

Para resumir, el estudio de las unidades domésticas, espacios, áreas de actividad y materiales culturales se ha transformado en las últimas décadas. Al incorporar nuevos enfoques, conceptos y métodos de investigación la arqueología de unidades habitacionales ha ampliado la narrativa de estos espacios con información referente a la dinámica de la vida cotidiana, las relaciones de género, la identidad y agencia de sus residentes, sus estrategias económicas y alianzas políticas, el manejo de los espacios, para mencionar algunas de sus contribuciones en este campo de estudio. El estudio arqueológico de estas unidades también ha revelado la multifuncionalidad de los espacios domésticos y por lo tanto la necesidad de integrar métodos analíticos adicionales. Así también, los modelos etnoarqueológicos señalan la necesidad de considerar los factores culturales y naturales, así como los procesos de formación del contexto en el examen de la distribución espacial de los desechos y el significado de la cultura material. El siguiente capítulo describe sucintamente el sitio arqueológico de Dzibilchaltún, una de las capitales Mayas de la antigüedad en el noroeste de la Península de Yucatán. El apartado también incluye una sinopsis de las investigaciones previas en el sitio y los últimos descubrimientos que han contribuido a revaluar el tamaño del sitio y su influencia regional y política en la región. Finalmente, concluyo con una breve relación de las investigaciones adicionales en las áreas habitacionales del sitio efectuadas posteriormente a mi exploración del contexto habitacional en Dzibilchaltún.

2

El sitio arqueológico de Dzibilchaltún: Localización y medio ambiente

La zona arqueológica de Dzibilchaltún se localiza aproximadamente a 15 kilómetros al noreste de la ciudad de Mérida muy cerca de las poblaciones modernas de Chablekal y Xcanatún. Dentro de la zona se encuentra la Hacienda Colonial Dzibilchaltún que recibió este nombre por el asentamiento prehispánico. Scholes (citado en Brainerd, 1958:15-16), ha planteado que el nombre de Dzibilchaltún no corresponde con el asentamiento prehispánico del sitio. Por su parte, Barrera Vásquez (ver Andrews 1980:17-19) consideraba que dada su ubicación y características, el sitio de Holtun Chable -mencionado en el Chilam Balam de Chumayel-, corresponde al Dzibilchaltún prehispánico. El sitio esta registrado en el Atlas Arqueológico de Yucatán (Garza y Kurjack 1980), con la clave 16 Qd (4):1, sus coordenadas UTM son BU 300349, y está categorizado como un sitio de rango II (ver Figura 2.1).

El sitio se ubica sobre una delgada planicie caliza característica del norte de la Península aunque cuenta con algunas extensiones de terreno cultivable. La posición geográfica de Dzibilchaltún -justo entre los terrenos cenagosos costeros y las áreas susceptibles de cultivo-, lo convierten en el único sitio de tales dimensiones localizado en esa área, situación que al parecer motivó una gran relación entre el asentamiento prehispánico y la costa del Golfo de México (Cottier 1982: 16). A lo largo de los terrenos cenagosos de la costa se ha reportado la presencia de uno de los mayores bancos salinos de Mesoamérica explotado probablemente desde hace 2,000 años (Andrews 1975; 1980). La sal fue uno de los recursos básicos que tanto los sitios del norte de Yucatán como Dzibilchaltún utilizaban en el comercio (Andrews IV 1969; Andrews 1975; 1980; Andrews V et al. 1981; Sharer 1994: 358; Kepecks et al 1994: 149; Kepecs 1998; Dahlin 2000: 285; Hixon et al 2017: 142). Otro importante recurso costero fueron las conchas y caracoles utilizados tanto para la elaboración de herramientas, objetos de adorno y como objeto de culto y ofrenda (Andrews IV 1969: 48-49; Taschek 1981). La pesca de diferentes especies marinas fue una actividad que proporcionaba otra alternativa de alimentación para los habitantes del sitio aunque la evidencia arqueológica es mínima al respecto (cfr. Cottier 1982: 17). Sin embargo, el estudio de Götz y Stanto (2013: 208-211) de los restos de yacimientos de fauna recobrados durante la exploración de la Plaza Sur en Dzibilchaltún revelo una presencia mínima de restos acuáticos incluyendo rayas (Rajidae) y bagres (*Ariopsis felis*). El Golfo de México era una ruta de transportación vital y con un significado económico diferente al del comercio terrestre. Se ha sugerido que la sal y en menor grado, otros recursos marinos fueron los principales bienes de exportación en el comercio de Dzibilchaltún con otras áreas (Andrews IV 1969). Para Cottier (1982: 18) localización estratégica de esta área y el desarrollo de un comercio marino dio origen a sitios tempranos como Komchén que desarrollaron grandes comunidades nucleadas para el Formativo.

El régimen climático del área se compone de dos periodos: seco-cálido y lluvioso. El estrecho periodo de lluvias ha ocasionado suelos extremadamente delgados, conocidos en Maya Yucateco como *tzekel*, pobres para la actividad agrícola. La vegetación de la zona es una selva secundaria, transicional entre los tipos subtropical seco y subtropical árido (Thien et al. 1982: 16). Desde principios de este siglo los alrededores se han ido cubriendo con extensas plantaciones de henequén, ahora en desuso (Andrews V 1978: 6). El desarrollo urbano resultado de la expansión de la ciudad de Mérida es un constante problema requiriendo trabajos de salvamento continuos en los límites de Dzibilchaltún (Echeverría et al 2003; Góngora et al 2009a, 2009b y 2010; Maldonado et al 2000, 2004, 2005, 2007 y 2008). Los niveles freáticos en el área de Dzibilchaltún miden no más de cinco metros (Dirección de administración y control de sistemas hidrológicos dirección de aguas subterráneas 1988) por lo que las fuentes naturales para el abastecimiento de agua en el norte de Yucatán se restringen a los *cenotes,(ts'onot* en Maya Yucateco, término que incluye dolinas colapsadas, cavidades de solución y corredores subterráneos), así como cuevas debido a la rápida absorción del agua de lluvia por el poroso suelo calcáreo (Winemiller 2003: 118). Desde la antigüedad, los limitados recursos acuíferos superficiales han presionado a la población del área a adoptar estrategias, como la excavación de pozos, para la captación del agua de lluvia o restringir los asentamientos alrededor de depósitos naturales de agua del subsuelo (Cottier 1982: 21; Winemiller (2003). En el caso de Dzibilchaltún, el *cenote Xlacah* ubicado al centro de la población fue la fuente principal de agua, aunque no es la única dada la presencia de pozos -algunos prehispánicos- con un nivel de agua no muy profundo. Cottier (1982) reporto un total de 112 pozos y cuevas para Dzibilchaltún. La investigación de fuentes de agua por Winemiller (2003: 265-270) reporta que el nivel acuífero de los 97 pozos explorados en Dzibilchaltún se localizó a una profundidad entre 4.1 y 3.2 metros de la superficie. La mayoría de los pozos consistió de una apertura natural pequeña, entre 0.50 y 0.75 metros en diámetro, localizada sobre una cavidad subterránea o *cenote*. Dichas cavidades subterráneas están interconectadas creando una red de pasajes por la que corre el manto freático que posiblemente se extiende a lo largo del sitio. Para Winemiller (2003: 269-271), Dzibilchaltún es el sitio con la densidad más alta de pozos en su estudio, esto es 4.9 pozos por kilómetro cuadrado. Es de notar que durante su apogeo en el periodo Clásico Tardío a Terminal (600 a 900-1000 a.C.), el asentamiento tuvo una población

PENINSULA DE YUCATAN: GEOLOGIA Y SITIOS MAYAS

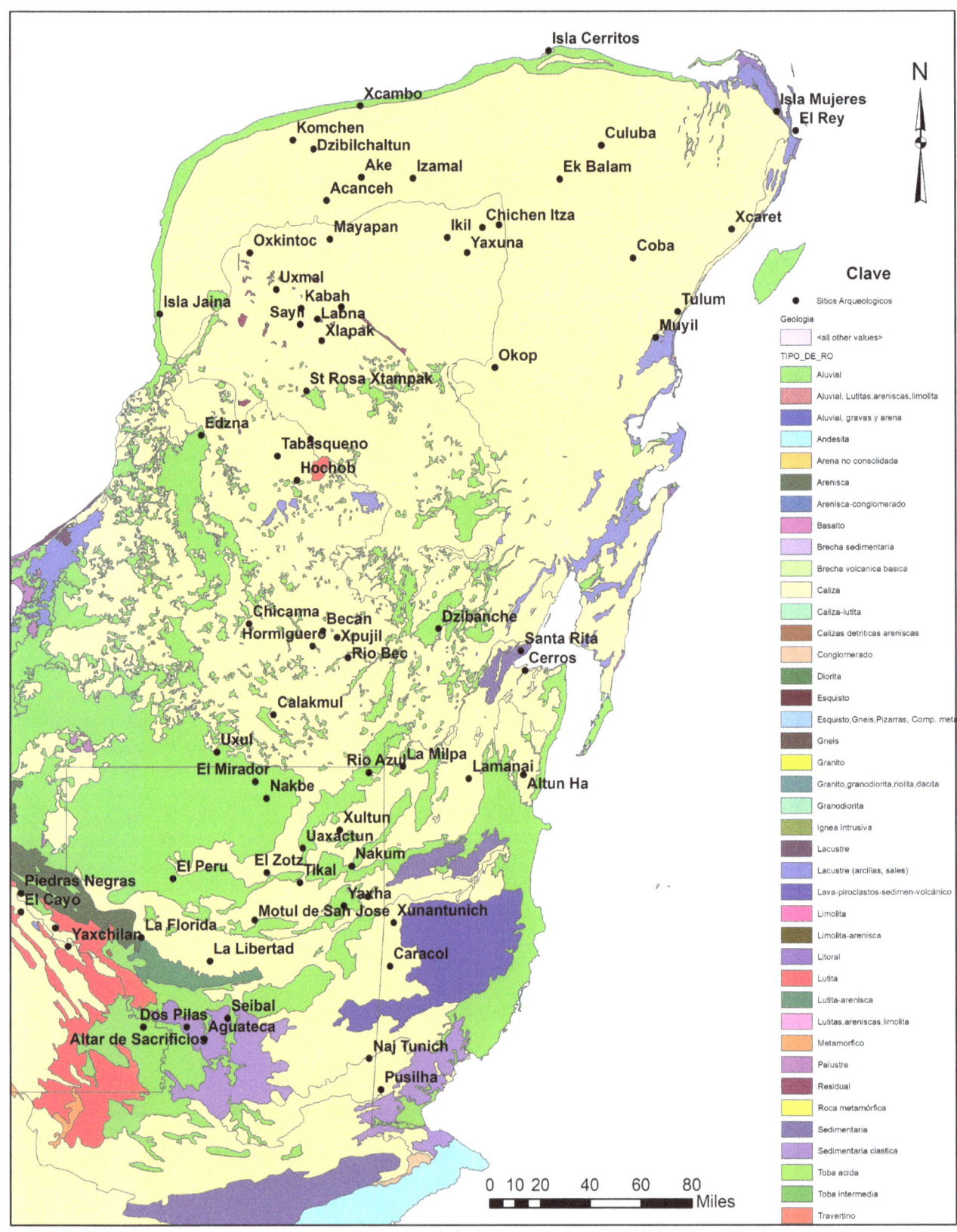

Mapa: Virginia Ochoa-Winemiller, 2023
Software y datos utilizados: ArcMap GIS. Version 10.4.1. Redlands CA.:
Environmental Systems Research Institute, Inc. 2023.

Figura 2.1. Mapa de la Península de Yucatán mostrando las capas geológicas y la localización del sitio de Dzibilchaltún.

aproximada de 20,000 habitantes (Maldonado 2000). Por su parte, McAnnany (1990) y Lucero et al (2011) sugieren un uso de agua diario por persona de aproximadamente 4.8 litros diarios para el consumo diario, higiene, lavandería, preparación de alimentos, producción cerámica y otros usos. El consumo total de una familia nuclear, calculando cinco miembros, seria 24 litros diarios. En el caso de una unidad habitacional incluyendo más de una generación y sirvientes, el consumo diario se incrementa sustancialmente. La densidad de pozos en un área de 500 metros alrededor del *cenote Xlacah*, fue 7.9 pozos. Winemiller (2003: 269-271), añade que la excavación de uno de los pozos revelo una profundidad máxima de 3.8 metros y no acceso al manto freático. Este hallazgo sugiere la posibilidad de que algunos de estas cavidades pudieron servir como almacenamientos de agua de lluvia o de otros materiales, similar a las cámaras de almacenamiento o *chultunes* reportadas en otros sitios del área Maya. Este hecho podría reducir el número disponible de pozos de agua ejercitando presión adicional a los residentes de unidades que no disponían de acceso directo a uno.

Las características del suelo, clima y abastecimiento de agua han originado la hipótesis de que en Dzibilchaltún se desarrollaba algún tipo de agricultura intensiva como jardines, huertos o pequeñas milpas distribuidas entre los agrupamientos de estructuras alrededor del núcleo central ya que no se han localizado evidencias de irrigación intensiva, campos elevados o terrazas de cultivo; este hecho sugiere posiblemente una población prehispánica que dependía en cierta medida de la importación de alimentos para su sostenimiento (Cottier 1982: 25). El estudio arqueológico de la explotación humana de fauna en el área refleja evidencias escasas y poco preservadas. Para Wing (1980: 331), las actividades de caza en Dzibilchaltún para el Clásico Tardío se caracterizaban por la preferencia de especies menores como iguanas o tortugas que reemplazaron el consumo de especies mayores como venado, gamo y puerco de monte explotados durante el Formativo Tardío. Sin embargo, el estudio posterior de Götz y Stanto (2013: 202-205, ver Tabla 2) incrementa la variedad faunística para Dzibilchaltun al incluir la identificación de especímenes de zarigüeyas (*Didelphis sp*), conejos (*Sylvilagus cf floridanus*), perros domésticos (*Canis lyupus familiaris*), mustélidos (*Mustelidae*), tapires (Perissodactyl cf *Tapirus bairdii*), pecarís (Tayassuidae cf *Pecari tajacu*), venados (Cervidae), venados de cola blanca (*Odocoileus viginianus*), venados brocket (*Mazama sp*), chachalacas (Ortalis vetula), pavos (*Meleagris spp*), pavos ocelotado (*Meleagris cf ocellata*), pavos doméstico (*Meleagris cf gallopavo*) y palomas (*Columba spp*). Así también, los autores identificaron restos de sapos de caña (*Bufo marinus*), tortugas de barro (*Kinosternon spp*), jicoteas (*Trachemys sp*), tortugas bobas marinas (*Caretta caretta*), e iguanas rayadas (*Ctenosaura cf similis*) (2013: 206-207).

2.1. Investigaciones previas

Es en el año de 1941 cuando gracias al Profesor Alfredo Barrera Vásquez, George Brainerd y E. Wyllys Andrews IV miembros del grupo de investigación de la Institución Carnegie exploran un sitio localizado al sur de la Hacienda *Dzibilchaltún*. El sitio, conocido localmente como *Xlacah* -debido al cenote localizado al centro de éste- consistía "...de varios grupos de ruinas conectados por dos caminos pavimentados." (Brainerd 1958: 15). Según Barrera Vásquez (1949), Dzibilchaltún era una fuente potencial de cerámica colonial debido a la presencia de una capilla española al centro del sitio. Los primeros trabajos de investigación en el sitio consistieron en la cartografía de parte del área central, la excavación de pozos y trincheras de sondeo en edificios de arquitectura monumental, caminos pavimentados (*sacbe'oob*) y alrededor de la capilla colonial (ver mapa 7 en Brainerd 1958: 15-18). Es en los alrededores de la capilla que Brainerd colectó tiestos de los periodos Formativo Tardío y Colonial además de que se localizaron varios entierros bajo el piso de la iglesia (Cottier 1982: 9). Para Brainerd (1958), el sitio presentaba evidencias de ocupación desde el Formativo Tardío hasta el periodo Colonial. El apogeo de Dzibilchaltún antecedía a los sitios del *Puuc*, fechándose tentativamente en los periodos Regional y Floreciente aunque se localizó evidencia del subperiodo Mexicano Medio al norte de la plaza central (ver tabla 22 en Brainerd 1958). En 1954–1956, Edwin M. Shook (1955) visita un sitio localizado a 16.5 kilómetros al norte de Mérida en el lado oeste de la carretera a Progreso donde estaban saqueando piedras de unos montículos. Shook identifica al sitio como un importante asentamiento del periodo Formativo Tardío y le llama "*Xcanatun*" (Cottier 1982: 9). En 1961 Andrews IV explora en el sitio dos montículos que denomina estructuras 450 y 500 e identifica el asentamiento como parte de *Dzibilchaltún*. Este sitio conocido actualmente como el Grupo *Komchén* fue explorado por Andrews V et al. (1981) y desde entonces es considerado como un asentamiento independiente a Dzibilchaltún.

En 1956, el *Middle American Research Institute* (M.A.R.I.) –*Tulane University*, la *National Geographic Society* y el Instituto Nacional de Antropología e História (I.N.A.H.) comienzan un proyecto de investigación a cargo de E. W. Andrews IV que duraría ocho años. La gran extensión del sitio y su larga ocupación fueron las razones principales que motivan la duración de los trabajos. Las investigaciones consistieron en la cartografía y exploración del área que cubría el asentamiento con la finalidad de conocer la extensión real, composición y periodo de ocupación de la comunidad. Se realizan trabajos de restauración en los edificios principales registrándose más de 25 estelas (Andrews IV y Andrews V 1980), análisis de los materiales cerámicos (Andrews IV 1960; Ball y Andrews V 1975; Simmons n.d.; Joenisek 1970), óseos (Stewart 1974), faunísticos (Wing 1980) malacológicos (Andrews IV 1969; Taschek 1981), líticos (Shepard y Andrews IV 1963; Andrews IV y Rovner 1973; Taschek 1981), madera y metales (Taschek 1981); investigaciones botánicas (Thien et.al. 1982) y geológicas (Stringfield y LeGrand 1976) así como exploraciones subacuáticas en el cenote *Xlacah* (Newberry 1959). La cartografía y exploración intensiva del sitio se llevó a cabo en tres etapas: al iniciarse el proyecto del M.A.R.I. en 1956, W. Sloshberg cartografía durante un año, gran parte del área alrededor de los *sacbeoob* aunque no ilustra detalladamente la arquitectura. Posteriormente, George Stuart trabaja en *Dzibilchatún* de 1958 a 1960 logrando cartografiar a detalle el centro del sitio y los *sacbeoob* más extensos. En 1962, John Scheffler, Edward Kurjack y John W. Cottier retoman la cartografía y exploración intensiva del sitio que concluyen en 1963. Sus trabajos dieron como resultado el registro de un asentamiento -densamente nucleado- que se compone mayoritariamente de arquitectura doméstica (Kurjack 1974, 1978, 1979; Andrews 1977; Andrews IV y Andrews V 1980, entre otros). La evidencia de ocupación permanente en Dzibilchaltún, contribuye a modificar la visión que se tenía de los grandes sitios prehispánicos como centros ceremoniales semi-abandonados, generando una concepción de los asentamientos prehistóricos más cercana a lo urbano (Kurjack 1974: 95; Kurjack 1978: 91; Andrews 1977:370-376).

Por otra parte, uno de los grandes problemas a los que se enfrentaba la arqueología de Yucatán era la falta de una cronología amplia que permitiera enlazar los resultados arqueológicos con los eventos históricos (Brainerd 1958:15). El análisis de los materiales cerámicos de Dzibilchaltún demostró que el sitio tenía un periodo de ocupación extenso que abarcaba desde el Preclásico Medio hasta la época Colonial; esta ocupación no sólo se reflejaba en la cerámica, sino que era posible relacionarla arquitectónicamente. La evidencia material permitió la elaboración de una de las primeras cronologías más largas y completas del área, hecho que ha proporcionado el punto de partida para generar una secuencia cronológica útil para el norte de Yucatán.

En 1985, el Instituto Nacional de Antropología e Historia (I.N.A.H.), realiza trabajos de restauración en el lado sur del *sacbé* 1 como parte de los proyectos arqueológicos-ecológicos presentados por la Secretaría de Desarrollo Urbano y Ecología (S.E.D.U.E.). El proyecto tuvo una duración de tres meses y estuvo a cargo de los arqueólogos Beatriz Repetto y Rubén Maldonado. La excavación de 16 pozos en el sistema de caminos proporcionó materiales culturales diversos: cerámica, fragmentos labrados de una estela, y los restos óseos de un entierro secundario (Repetto 1986). Entre 1987 y 1989, Victor Segovia explora algunas de las estructuras de la Plaza Central, realizando labores de limpieza y reforestación como parte de un proyecto de Arquitectura de Paisaje en Dzibilchaltún. Por otro lado, gracias a las observaciones de los custodios en la zona, se descubre la relación entre algunos fenómenos astronómicos -como los equinoccios y solsticios del sol y la luna- y el Templo de los 7 Muñecos (Tenreiro y Victor 1982). Este hecho motivó al arqueólogo Segovia el iniciar investigaciones arqueoastronómicas en el sitio, las cuales continúan hasta la fecha (Coggins and Drucker 1988).

En 1993 se iniciaron los trabajos de investigación y restauración en Dzibilchaltún encabezados por Rubén Maldonado. Los orígenes de esta investigación estuvieron ligados al desarrollo de un conjunto de Proyectos Especiales de Arqueología implementados por el Instituto Nacional de Antropología e Historia en el periodo de 1993-1994 como parte de un vasto programa que permitió recuperar el patrimonio arqueológico en catorce sitios de la República Mexicana. Dentro del Proyecto Arqueológico Dzibilchaltún (Maldonado 1992: 27-28) se planteó entre otros objetivos la exploración y consolidación de un grupo habitacional asociado al *sacbe'oob* o calzada número 1. El contexto habitacional fue seleccionado ya que consistía de un espacio no delimitado compuesto únicamente por estructuras sin bóveda contemplando la mayoría de las variantes arquitectónicas establecidas en el trabajo de Kurjack (1974). Maldonado y Gongora (2022) continúan trabajando en el sitio de Dzibilchaltún enfocándose primordialmente en la investigación y restauración del área central del asentamiento, esto es las tres grandes plazas y el sistema de caminos que las une. Las investigaciones de Maldonado han ampliado de una manera significativa la visión histórica del sitio y sus gobernantes. La prospección arqueológica, actividades de salvamento y rescate en los alrededores del sitio, abarcando más de 800 hectáreas, han registrado 3,000 estructuras adicionales a las reportadas por el proyecto del M.A.R.I., el 50% de estas son montículos, un 30% son plataformas y el resto son cimientos, alineaciones, estructuras menores o montículos "*chich*" o de piedrecillas y pozos. La extensión del asentamiento abarca alrededor de 2,700 hectáreas y 11,000 estructuras registradas. (Maldonado et al 2012). El patrón de asentamiento corresponde al descrito previamente por Kurjack (1974, 1978, 1979), Andrews (1977), Andrews IV y Andrews V (1980) entre otros. En 1998, las excavaciones en la Plaza Central recobraron el entierro del gobernante *Kalom 'Uk'uw Chan Chak* rodeado de una ofrenda espléndida que incluyo varias vasijas de manufactura tanto local como del área del Usumacinta. En una de las vasijas se recuperaron los huesos cremados del gobernante así como un hueso de venado local (*Mazama pandora, yuk* en Maya Yucateco) inscrito con su nombre y el de la ciudad que gobernó, *Chi'iy chan ti ho'*, esto es el nombre original de Dzibilchaltún (Maldonado, Voss y Gongora (2002: 81-100). Para Maldonado y otros (Maldonado et al 1999; Maldonado 2000; Maldonado y Echeverría 2004) el análisis de los materiales culturales recobrados de esta fase de exploración ha revelado una ocupación más extensa del área circundante a Dzibilchaltún fechada para el Preclásico Medio a Tardío, esto es las fases Nabanche y Xculul. Esta ocupación coincide con el apogeo de Komchén, una de los sitios más relevantes en el área durante este periodo. El abandono de estos sitios conurbanos coincide con la concentración de actividades y arquitectura alrededor del cenote *Xlacah* en Dzibilchaltún. Materiales cerámicos policromos, dentro de la tradición Tzakol del Peten en Belice, así como una fecha de 596 d.C., recobrada de uno de los dinteles del Edificio 1 o "Templo de las Siete Muñecas", sugieren el incremento del poderío de los gobernantes de Dzibilchaltún controlando sitios aledaños. Para Maldonado y Góngora (2022) el sitio se expande principalmente en su zona norte durante la fase Piim. Los autores sugieren que factores ambientales (por ejemplo la presencia de cenotes naturales), el incremento poblacional y las redes de interacción e intercambio tanto peninsular como con áreas en Belice y Guatemala, indican el dominio sobresaliente de Dzibilchaltún en la región. Para Maldonado, Voss y Gongora (2002), el gobernante *Kalom 'Uk'uw Chan Chak* termina su gobierno en 840 d.C. Durante el periodo Clásico Tardío/Terminal, el sitio crece una vez más de manera acelerada. Es durante este periodo que Dzibilchaltún así como *Tiho* (la actual ciudad de Mérida), Dzilam y Ake se convierten en los cuatro centros regionales más importantes del norte de Yucatán (Maldonado 2009). Nuevas unidades habitacionales se construyen incrementando la densidad poblacional tanto en el núcleo del sitio, esto es las áreas de la Plaza Central, sur y suroeste, como en las zonas aledañas al norte, noreste y sur. Este periodo representa la expansión máxima de Dzibilchaltún. La cerámica indica el incremento en la red de interacciones del sitio incorporando las regiones de la cuenca del Usumacinta en Tabasco y Chiapas, la costa de Yucatán y Campeche, las áreas al sur y occidente de la Península y el Peten Campechano. El periodo Clásico Terminal/Postclásico se caracterizó por el desorden de carácter político dada la ausencia de una autoridad centralizada. La evidencia sugiere concentraciones poblacionales en las zonas noreste de la plaza central y en la plaza sur. Siguiendo lo postulado anteriormente por Andrews IV y Andrews V (1980), Maldonado y Góngora (2022) y Maldonado y Echeverría (2011) añaden que los materiales arqueológicos indican la presencia de los Itzaes procedentes de Chichen Itzá en el sitio. Maldonado, Voss y Gongora (2002: 96-97) sugieren que la preservación del nombre Maya de *Chi' iy chan ti ho'*, en el topónimo del asentamiento posclásico de '*Ichkaansiho*' o *Tiho*', hoy en día la Ciudad de Mérida, indica la persistencia del patrón de asentamiento del Clásico Tardío en el noroeste de Yucatán. Al arribar los Europeos en el siglo 16, encontraron los remanentes de una población viviendo todavía en el sitio y dado su tamaño erigieron una capilla abierta en la Plaza Central con la finalidad de cristianizarlos (Maldonado 2009). Poco después, el área de Dzibilchaltún se convierte en estancias ganaderas con una población rural practicando la agricultura de maíz o *milpa*.

2.2. Descripción del sitio

Dzibilchaltún presenta un asentamiento de tipo nucleado con un núcleo de alrededor de 25 hectáreas que incluye abundantes estructuras monumentales muy elaboradas. A éste siguen tres kilómetros cuadrados -alrededor de ese núcleo-, ocupados de agrupaciones de edificios monumentales conectados entre sí por algunos caminos artificiales; trece kilómetros cuadrados con grupos de edificios dispersos -entre los cuales se observan pirámides y edificios con bóveda- y por último, una zona rural, cubriendo aproximadamente 800 hectáreas, con una densidad habitacional menor pero que presenta plataformas escalonadas alrededor de plazas y pequeñas pirámides, pero sin bóvedas (Andrews V, 1978: 7-8). Dentro del sitio se localizan doce caminos artificiales o *sacbe'oob*, la mayoría de los cuales se inician en el centro y corren hacia los grupos de estructuras situadas en la periferia. La longitud de éstos varía entre los 28 y los 1,280 metros siendo su ancho promedio de unos 15 metros (Repetto, 1988: 15-17). El sitio cuenta con aproximadamente 11,000 estructuras, localizadas en un área de 2,700 hectáreas. La unidad residencial mínima es el complejo terraza-plataforma definido como agrupamientos de 2 a 16 o más edificios localizados en el mismo basamento. Estos agrupamientos están delimitados por los muros de contención del basamento, los cuales actúan como barreras físicas limitando el acceso (Kurjack 1974: 90-91). Algunos de estos complejos se encontraban "conectados" entre sí mediante caminos elevados y pavimentados o *sacbe'oob* y conformando plazas-*sacbe'oob*. Esta relación se ha interpretado como la materialización de vínculos sociales existentes entre los habitantes de estas plazas (Kurjack 1977: 217-230; Garza Tarazona y Kurjack 1980: 54-55; Kurjack y Garza Tarazona 1981: 300-302). Otro nivel residencial es el denominado agregado arquitectónico (*cluster*) el cual consiste en grupos de 10 hasta 100 edificaciones relacionadas entre sí por su cercanía y orientación, en las cuales probablemente habitaba alguna forma de grupo social similar a aquel denominado "barrio" (Kurjack 1974: 91). La población estimada inicialmente para la zona fue de 20,000 habitantes en su momento de auge, esto es para el Clásico Tardío (Kurjack 1974: 94). Posteriormente esta aproximación es revisada proponiéndose una población que fluctúa entre 10,000 y 20,000 habitantes para el mismo periodo (Kurjack 1979: 16; Kurjack y Garza Tarazona 198: 304; Maldonado 2009).

2.3. Cronología de ocupación: Complejos cerámicos y arquitectura

Las exploraciones de Brainerd (1958) permitieron inferir que Dzibilchaltún era uno de los pocos sitios en el Norte de Yucatán que contaba con un largo periodo de ocupación. Los trabajos del *Middle American Research Institute – Tulane University* establecieron la extensión y configuración del asentamiento; sus investigaciones en la arquitectura y cerámica evidenciaron que la ocupación de este sitio se iniciaba en el periodo Preclásico Tardío continuando ininterrumpidamente hasta el periodo Colonial (ver Tabla 2.1).

La cronología de ocupación establecida por Andrews IV y Andrews V (1980), para el sitio de Dzibilchaltún abarca un lapso de 1,850 años (350 a. C. – 1600 d. C.), divididos en cuatro periodos culturales principales y uno menor a saber.

Formativo (350 a. C. – 250 d. C.), comprende los complejos cerámicos Nabanché 2, Komchem e Xculul, equivalentes del Preclásico Medio y Tardío; en este periodo se construyen estructuras domésticas simples y arquitectura ceremonial no abovedada.

Temprano (250 d. C. – 830 d. C.), abarca los complejos cerámicos Piim y Copó I equivalentes del Clásico Temprano y Tardío; son los inicios de la arquitectura abovedada se observa el uso de mampostería verdadera,

Tabla 2.1. Cronología Cerámica para las Tierras Mayas Bajas del Norte. Tabla modificada de Andrews IV y Andrews V (1980) y Suhler, Ardren y Johnstone (1998).

CALENDARIO GREGORIANO	PERIODOS CULTURALES TIERRAS BAJAS MAYAS DEL NORTE	DZIBILCHALTUN PERIODOS CERÁMICOS	DZIBILCHALTUN GRUPOS CERÁMICOS (SUHLER ET AL. 1998)	G. W. BRAINERD ETAPAS CERÁMICAS	R. E. SMITH COMPLEJOS CERÁMICOS	MAYA CUENTA LARGA
1600	COLONIAL		COLONIAL	COLONIAL	CHAUACA	12.0.0.0.0
1550	DECADENTE (POSTCLASICO TARDIO)	CHECHEM	NAVULA, MAMA, KUKULA, XCANCHAKEN	TARDIO (MAYAPAN)	CHIKINCHEL	11.15.0.0.0
1500						
1450					TASES	11.10.0.0.0
1400						
1350						11.5.0.0.0
1300						
1250				MEDIO MEXICANO	HOCABA	11.0.0.0.0
1200						10.15.0.0.0
1150	FLORECIENTE MODIFICADO (POSTCLASSICO TEMPRANO)	ZIPCHE 2	PISTE, KUKULA, HUNUCMA, DZITAS, BALANTUN		SOTUTA	
1100						10.10.0.0.0
1050		ZIPCHE 1		TEMPRANO (TOLTECA CHICHEN)		
1000	COSTA ESTE → PUUC FLORECIENTE PURO (CLASICO TERMINAL)	COPO 2	YOKAT, MUNA, CHUBURNA, TEABO, SACALUM			10.5.0.0.0
950				FLORECIENTE (PUUC)	CEHPECH	
900						
850						
800	PUUC → NORTE PERIODO TEMPRANO II (CLASICO TARDIO)	COPO 1	CONKAL, CHABLEKAL, MUNA, BACA, CHICXULUB, NIMUN			10.0.0.0.0
750					(TEPEU 2) MOTUL (TEPEU 1)	9.15.0.0.0
700						
650						9.10.0.0.0
600						
550		PIIM	TIMUCUY, BATRES, SABAN, MEXICANA	REGIONAL (CHENES)		9.5.0.0.0
500					COCHUAH (TZAKOL)	9.0.0.0.0
450						
400	PERIODO TEMPRANO 1 (CLASICO TEMPRANO)					8.15.0.0.0
350			HIATUS			
300					?	8.10.0.0.0
250						
200		XCULUL 2				
150			SIERRA, UNTO, XANABA, POLVERO, FLOR			
100	FORMATIVO TARDIO	XCULUL 1				
50						
0					TIHOSUCO (CHICANEL)	
50		KOMCHEN				
100						
150				FORMATIVO		
200						
250			SIERRA, JOVENTUD, PITAL, UCU, DZUDZUKIL			
300						
350	FORMATIVO MEDIO	NABANCHE 2				
400						
450						
500						
550		NABANCHE 1				
600						
650						
700						
750						
800						

bóvedas saledizas y fachadas decoradas con estuco modelado.

Floreciente (830 d. C. – 1200 d. C.), comprende los complejos cerámicos Copó II, Zipche 1 y 2, equivalentes del Clásico Terminal y Posclásico Temprano; la fase Pura se manifiesta por el uso de la mampostería de recubrimiento, esto es piedras labradas que cubren el vaciado de los muros, bóvedas elaboradas con piedras especializadas en forma de "bota", y el uso de decoración mediante piedras labradas que forman mosaicos. La fase Modificada del periodo se caracteriza por la utilización de motivos "Toltecas" en la decoración de las fachadas. Es en el periodo Floreciente Puro que se da la principal ocupación doméstica del sitio.

Decadente (1200 d. C. – 1540 d. C.), incluye el complejo cerámico Chechem que corresponde al Posclásico Tardío; se presenta una regresión al uso de una mampostería verdadera burda además de la construcción de bóvedas saledizas reutilizando piedras labradas del Floreciente.

Colonial (1540 d. C. – siglo 18 d. C.), se manifiesta por cerámicas vidriadas (Mayólica, Chinaware, Columbia, entre otras) y burdas (Olivera, San Joaquín, Mayapán); en este periodo se construyen la Capilla Abierta, Casa Cural y los Corrales de Piedra para la guarda del ganado.

2.3. Estudios de estructuras sin bóveda en Dzibilchaltún

A partir de 1956 el *Middle American Research Institute-Tulane University* inicia un programa de ocho años de investigación en Dzibilchaltún (Andrews IV y Andrews V 1980) motivado por la gran extensión del sitio y su largo periodo de ocupación. Las investigaciones comprendieron la cartografía y exploración del área que cubría el asentamiento a fin de conocer la extensión real, composición y periodo de ocupación de la comunidad por lo que la exploración de las estructuras habitacionales se centró en la obtención de una secuencia constructiva-cronológica que permitiera entender el desarrollo del asentamiento a través del tiempo. En la mayoría de la arquitectura doméstica únicamente se excavaron pozos de sondeo, aunque algunos ejemplos aislados (como las estructuras 36, 38, 777) sufrieron excavaciones más extensas pero no extensivas (Andrews IV y Andrews V, 1980, Cottier 1982). El trabajo de cartografía extensiva en el sitio y la información procedente de la excavación intensiva del conglomerado arquitectónico de Dzibilchaltún posibilitó a Kurjack (1974) realizar el primer estudio sobre arquitectura doméstica en el sitio. Utilizando criterios etnográficos, etnohistóricos y arqueológicos Kurjack (1974: 91) señala que el asentamiento estaba conformado mayoritariamente por estructuras cuyo carácter era "doméstico" categorizándolas en base al costo energético invertido en su construcción y según su ubicación. Las exploraciones intensivas de Cottier (1982) establecieron que la mayoría de estas estructuras residenciales fueron construidas, habitadas o "reutilizadas" durante el Periodo Temprano II y Floreciente Puro, esto es para los periodos Clásico Tardío-Terminal (600 dC. – 900/1000 dC.) (Kurjack 1974: 91). Posteriormente, en el periodo comprendido entre 1961-1962 el Instituto Nacional de Antropología e Historia interviene en Dzibilchaltún a través del proyecto de excavación, consolidación y parcial reconstrucción de las estructuras 384, 385, 386 pertenecientes al complejo de la estructura 38 y 38-sub (Folan 1961: 11-13). La muestra explorada comprendió un complejo terraza-plataforma constituido por edificios con techo de bóveda. Las exploraciones en este complejo permitieron a Folan (1969: 434) establecer las diferentes fases constructivas así como su asociación cronológica, proporcionando algunas inferencias sobre el uso y la cronología funcional de cada uno de los edificios, sus respectivos cuartos, y del complejo en sí; a pesar de la especificidad de los resultados obtenidos en esta investigación éstos solo pueden utilizarse comparativamente en estructuras similares a la muestra, esto es edificios abovedados.

Sin embargo, aunque la frecuencia y distribución espacial de la arquitectura sin bóveda en Dzibilchaltún la convierten en las unidades que conforman en su mayoría al asentamiento (97 %), su exploración ha sido limitada. Dada su relevancia y variabilidad formal, es necesaria la investigación extensa de dicha arquitectura para un entendimiento holístico del asentamiento que incorpore a sus residentes, sus relaciones y vida diaria. Es en este contexto, que la investigación de un contexto habitacional en el sitio, me dio la oportunidad de explorar interrogantes relacionadas al carácter funcional de este tipo de unidades y su relación con el asentamiento. Tanto en Dzibilchaltún (ver Góngora et al 2008) como en otros sitios del área Maya de México, la exploración de estructuras habitacionales continua asociada por la mayor parte, a programas de salvamento y rescate en vez de investigaciones formales enfocadas al ámbito doméstico. Por ejemplo, en 1993 la construcción del Museo del Pueblo Maya requirió los trabajos de salvamento en el área afectada que incluiría además del museo un edificio de servicios con sanitarios públicos y área de comercio, así como una palapa educativa de usos múltiples (Maldonado 1998). El área total de salvamento fue de 7,546 metros cuadrados y el reconocimiento arqueológico registro nueve estructuras de diferentes formas y tamaños, una de ellas con plataforma esparcidas en el área y una serie de albarradas de piedras creando áreas definidas y parcialmente delimitadas (Lizama Aranda 2000: 60-61). Los materiales cerámicos fechan la ocupación de estas unidades desde el Preclásico Medio (300 a.C.) hasta el Periodo Colonial (1500–1600 d.C.). De acuerdo con Maldonado (1998), estas unidades arquitectónicas fueron sencillas y posiblemente albergaron familias nucleares o grupos de artesanos dedicados a la manufactura local de objetos de cestería y de obsidiana. La segunda área habitacional explorada se localiza en la Plaza Sur de Dzibilchaltún. En 1998, las excavaciones de exploración y restauración del conjunto de la Plaza Sur registraron la presencia de una unidad domestica tardía, un grupo de patio intruyendo en el espacio abierto de la plaza en su extremo central oeste. Los restos arquitectónicos correspondieron a una plataforma baja y seis estructuras en un área limitada por los restos de dos albarradas en el centro de la plaza (Santiago Lastra 2004b). Los materiales cerámicos fechan la construcción y ocupación de esta unidad domestica intrusiva para el Postclásico Temprano (1000–1200 d. C.) (Santiago Lastra 2004a: 141-142). El análisis de los materiales indica que la reutilización de este espacio de tipo elite fue causada por la movilidad social e inestabilidad política que caracterizo al sitio durante el periodo Posclásico (Santiago Lastra 2010: 107).

En resumen, el sitio de Dzibilchaltún, una capital Maya localizada en el noroeste de la Península de Yucatán, ha sido el objeto de varias investigaciones arqueológicas desde los 1950s. Los resultados definen al sitio como un asentamiento urbano densamente nucleado concentrando más de 11,000 estructuras. El patrón identificado incorpora arquitectura monumental, plazas, caminos pavimentados, complejos terraza-plataforma y agregados arquitectónicos. Sin embargo, la unidad de asentamiento más prevalente son las estructuras sin bóveda formando grupos definidos por su orientación común y cercanía espacial. Aunque las investigaciones de este tipo de arquitectura se han incrementado, su estudio continua siendo mínimo dada la sencillez de su sistema constructivo, en comparación con estructuras piramidales y abovedadas más complejas. La exploración de una muestra de arquitectura sin bóveda en Dzibilchaltún, me permitió plantear cuestionamientos relacionados con su caracterización como una unidad habitacional, esto es, un espacio cuyos residentes utilizaron a modo de residencia para la práctica de sus actividades, domésticas y rituales, y como marco para sus relaciones. En el siguiente capítulo, incluyo los pormenores de mi investigación en el sitio de Dzibilchaltún de un contexto habitacional realizada en el periodo de 1993 a 1994. El trabajo de campo tuvo una duración de cinco meses y comprendió la cartografía detallada del área, la recolección de materiales de superficie, la excavación extensiva e intensiva de las estructuras que componen el conjunto así como la consolidación de algunas de ellas. El análisis de los materiales culturales recuperados durante el proceso de investigación se desarrolló en 1994.

3

Mapeo y excavación de un grupo de estructuras sin bóveda en Dzibilchaltún

Como ya mencione previamente, los trabajos previos en las estructuras residenciales de Dzibilchaltún se habían enfocado en la cartografía, exploración intensiva y excavaciones más extensas en el grupo de la Estructura 38. Las investigaciones se dirigieron principalmente a la obtención de secuencias constructivas-cronológicas y sólo en el caso del grupo de la Estructura 38 pretendieron abordar el uso y función de los edificios abovedados que lo constituyen. Sin embargo, las características urbanas de Dzibilchaltún así como la abundancia de estructuras sin bóveda en el asentamiento generan interrogantes adicionales sobre el funcionamiento interno de una urbe de tales dimensiones, su conformación social, la producción y distribución de bienes utilitarios y suntuarios, la subsistencia de una población tan nucleada en un área con no muy altos rendimientos agrícolas, entre otras.

Los planteamientos enunciados por Maldonado (1992), respecto al carácter de las intervenciones que se realizarían en la zona arqueológica de Dzibilchaltún, permitieron formular mi investigación (ver Ochoa 1993) enfocada a la exploración de una muestra de estructuras no abovedadas localizadas en el núcleo arquitectónico del sitio las que arquitectónicamente, incluían la mayoría de las variantes establecidas en el estudio de Kurjack (1974). Mi proyecto posibilitó la realización del primer estudio integral de este tipo de estructuras en el sitio utilizando criterios teóricos y de método propios de la arqueología de áreas habitacionales. El objetivo principal fue el corroborar si este agrupamiento arquitectónico correspondía a una unidad habitacional cuyos residentes realizaban actividades conjuntas (tanto domésticas, rituales como de producción) habitando y utilizando los edificios y espacios explorados. En la investigación arqueológica de este agrupamiento también me propuse esclarecer los factores (naturales y culturales) que han intervenido en la conformación del contexto arqueológico, definir el desarrollo diacrónico del espacio y establecer el inventario de los materiales asociados. Conjuntamente, la evidencia proporcionaría información respecto al status y relaciones de los residentes del contexto y sus contribuciones como moradores de una urbe como Dzibilchaltún.

En esta sección primeramente detallo los métodos utilizados en la exploración del contexto habitacional así como las limitantes de investigación asociadas. La segunda parte incluye la descripción de las estructuras y de los elementos identificados así como los resultados de la clasificación y el análisis de los materiales culturales obtenidos. Estos datos me permitieron establecer la existencia de patrones o diferencias en sus componentes así como evaluar el nivel de confiabilidad de los reconocimientos de superficie y cartografías. La finalidad de este capítulo es el establecer un *corpus* de evidencia básico para el análisis comparativo con otros sitios del área Maya que presentan características similares en tamaño, densidad y nucleación a las de Dzibilchaltún.

3.1. Métodos

Los métodos que utilice en la obtención de datos incluyeron cuatro etapas y para su realización conté con el apoyo de una cuadrilla de albañiles y sus ayudantes procedentes de las comunidades de Oxkuztcab, Muna como de los poblados circunvecinos (ver Figura 3.1).

La primera etapa incluyo el reconocimiento superficial y cartografía detallada de la arquitectura, los rasgos y elementos arqueológicos identificados. Ambos métodos proporcionaron datos necesarios para determinar las características fisiográficas del terreno así como el número y tipo de estructuras que conformaban la muestra; los datos también sirvieron como base para contrastar los mapas procedentes de cartografías anteriores y el registro de elementos no incluidos previamente. El segundo método en la colección de datos incorporo la recolección de materiales superficiales con el fin de obtener una muestra del tipo, cronología y distribución de los materiales arqueológicos. Estos datos permitieron la localización de áreas de concentración cultural (basureros) o natural (esto es tafonomicas o producidas por otros agentes tanto naturales como culturales), la identificación funcional de espacios, el rango temporal manifestado en la evidencia superficial y su comparación con aquella procedente de la excavación. La tercera etapa incluyo la excavación extensiva e intensiva a fin de explorar los espacios interiores de la estructuras, adecuándose a las condiciones físicas de la misma, así como a las condiciones temporales y económicas del proyecto. El propósito de las excavaciones fue el obtener materiales culturales que permitirían fechar cronológicamente los elementos arquitectónicos que conforman la muestra así como establecer el proceso de crecimiento constructivo de las estructuras y del contexto habitacional. En esta etapa, también procedimos a la restauración de la estructura principal así como a la reintegración de los basamentos de dos estructuras absidales. Finalmente, la cuarta etapa incorporo el análisis de los materiales arqueológicos a fin de identificar patrones necesarios para establecer el ámbito temporal y constructivo de las estructuras, reconocer los implementos utilizados, su variabilidad, "funcionalidad" y relación espacio-temporal con los espacios techados y abiertos. A fin de facilitar la representación y el análisis geoespacial de los datos, utilice un sistema de información geográfica (S.I.G.) para graficar la distribución de los artefactos, la arquitectura e identificar relaciones

Figura 3.1. Cuadrilla de albañiles y sus ayudantes una vez concluida la restauración de la Estructura 5.

espaciales y de actividad. De acuerdo con Carballo (2011: 141) los sistemas de información geográfica son una herramienta útil para discernir modelos espaciales en la arquitectura, los rasgos y las actividades proporcionando datos cuantitativos en la definición de barrios, áreas de producción y otro tipo de actividades domésticas. El paquete de software que utilice en la creación de los mapas incluidos es ArcMap GIS, versión 10.4.1., de la compañía Environmental Systems Research Institute, Inc., (2023). El análisis geoespacial de los artefactos me auxilio en la correlación de los espacios con la distribución de los materiales y los elementos asociados -como cistas, entierros y metates- y son la base para determinar las relaciones espaciales y de actividad en el ámbito del contexto habitacional.

3.1.1. Conformación de la muestra, reconocimiento y cartografía

Para la selección de la muestra, Maldonado y Kurjack utilizaron los planos elaborados por el Middle American Research Institute-Tulane University en los años sesentas (ver Figura 3.2). Dos criterios apoyaron la elección de este conjunto arquitectónico, primeramente este grupo está compuesto por estructuras no abovedadas, contemplando las variantes establecidas en el trabajo de Kurjack (1971; 1974) y por otro lado, el grupo se ubica en el primer cuadrante del asentamiento por lo que su recuperación permitiría el acceso de los visitantes al sitio.

Según el plano cartográfico J 000-1000, p 000-1000 a escala 1:2000 elaborado por Stuart, Kurjack, Scheffler y Cottier (1979), el área seleccionada ocupa un espacio de 4,624 metros cuadrados y se localiza aproximadamente a 15 metros al sur del *sacbé* número 1 y a 80 metros al suroeste de la Plaza del Conjunto de los Siete Muñecos. Examen del plano cartográfico revela una mayor densidad de estructuras en el lado sur del *sacbe* 1 en relación con la porción norte. El área contiene estructuras abovedadas y sin bóveda, plataformas, terrazas y pozos. Su cercanía al complejo de los Siete Muñecos es relevante y es un punto a considerar en mis observaciones respecto al estatus de los residentes del contexto. Así también, esta ubicación posibilito una circulación fluida dentro del ámbito del núcleo arquitectónico central y posiblemente fue una estrategia asociada al abastecimiento de agua. Dado que en el área del contexto no se localizaron depósitos de agua o pozos, una de las formas de almacenamiento de agua prevalente en Dzibilchaltún, la obtención de este preciado líquido debió realizarse en fuentes cercanas. El pozo más cercano al contexto (número 15 en el mapa de Stuart et al. 1979) se encuentra aproximadamente a 70 metros al este dentro del área del grupo de las Estructuras 13 y 18. Su cercanía, aunque no a una distancia optima, lo convierte en la opción más apropiada para los residentes del contexto. Las otras dos alternativas disponibles, esto es procurar agua del pozo localizado a 150 metros al oeste o en última instancia del cenote *Xlacah*, localizado a más de 400 metros al oeste no son estrategias optimas dadas las necesidades diarias de agua, esto es 4.8 litros por persona diario (ver Sección 2). El uso del pozo 15, parte de un conjunto de estructuras abovedas y más elaboradas próximas pero no contiguas al contexto -un espacio de 40 metros separa ambos agrupamientos- es de notar y quizás refleja una relación dependiente entre grupos de estatus desigual. Esto es, el control de los pozos de agua, como una estrategia ejercitada por aquellos en una posición social dominante.

Para la cartografía del contexto, personal de la Secretaría de Desarrollo Urbano, Obras Públicas y Vivienda, adscrito al Ayuntamiento de Mérida trazó una cuadrícula base y de referencia con unidades de 16 metros cuadrados (4 x 4 metros); esta cuadrícula cubre un espacio de 4,624 metros cuadrados y presenta una desviación de 5 grados al oeste del norte magnético. Se elaboró la topografía de los montículos que conforman la muestra con cotas cada 0.50 metros (el banco de nivel se colocó en la Plaza Central del sitio). Posteriormente y auxiliada por esta cuadrícula, procedí a la cartografía detallada utilizando para ello una plancheta; el plano general se realizó a escala 1:100 (ver Figuras 3.3 y 3.4.).

Mi reconocimiento inicial del área y su cartografía detallada permitió definir unidades de registro que facilitaron el análisis de la distribución espacial de los elementos, implementos y ecofactos recuperados mediante la excavación. La cartografía detallada del contexto habitacional reveló diferencias sustanciales incluyendo rasgos no contemplados en el plano del M. A. R. I. (Stuart et al. 1979).

Por ejemplo, identifique varias *albarradas*, muros de junta seca, que atraviesan el área elaboradas con piedras procedentes de los montículos. A diferencia de otros sitios en la Península de Yucatán como Chunchucmil (Vlcek 1978; Magnoni 1995, 2008; Hutson 2004, Hutson et al

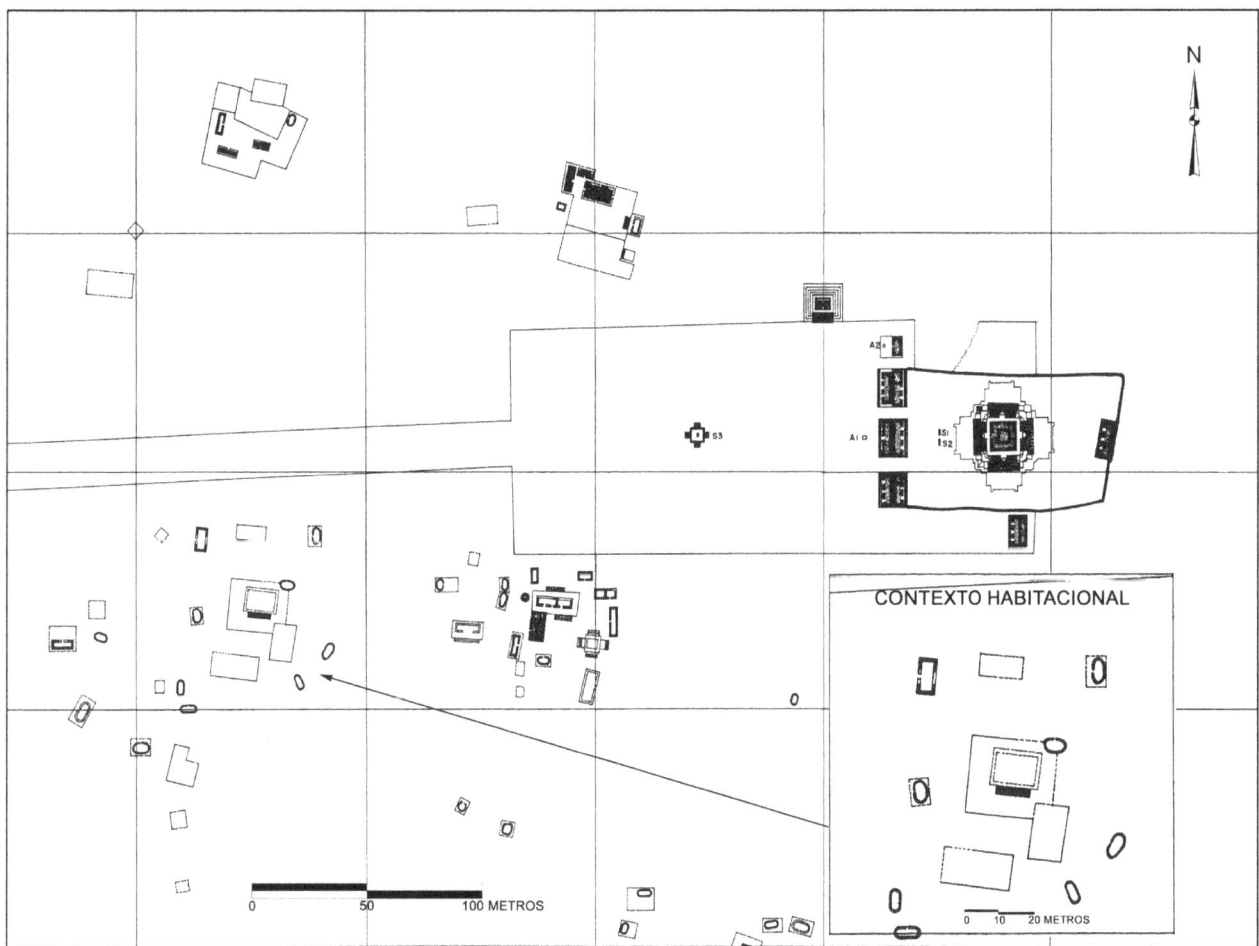

Figura 3.2. Plano general de Dzibilchaltún, área incluye el *sacbe* 1 y el Templo de los Siete Muñecos. Recuadro: Acercamiento al contexto habitacional investigado. Mapa modificado del plano original cartografiado por el *Middle American Research Institute*. Fuente: Andrews IV y Andrews V 1980.

CONTEXTO HABITACIONAL: MAPA DETALLADO

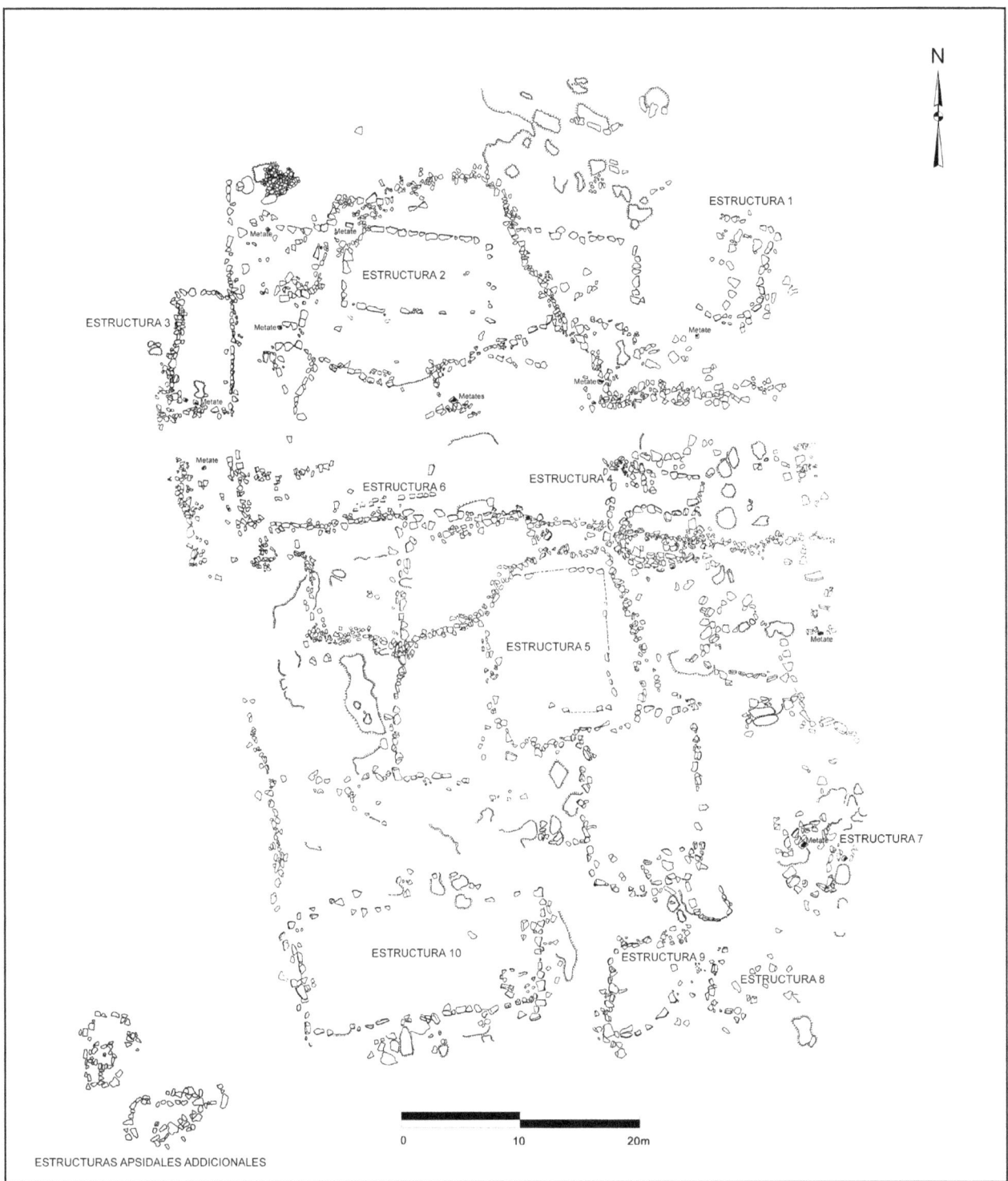

Software utilizado: ArcMap GIS. Version 10.4.1. Redlands, CA: Environmental Systems Research Institute, Inc., 2023

Figura 3.3. Plano cartográfico detallado del Contexto Habitacional.

2004, 2006), Mayapan (Bullard 1952; Brown 1999; Masson y Peraza 2014), Coba (Folan et al 1983, Gallareta 1984) o Playa del Carmen (Goñi 1993; Pérez 1994), las *albarradas* de Dzibilchaltún no definen grupos arquitectónicos creando espacios delimitados para el uso de la unidad habitacional. Su irregularidad y distribución, intruyendo en algunas de las estructuras formando amplios espacios cerrados e irregulares, semejan corrales posiblemente asociados a la actividad Colonial en el sitio. En el mapa resultante de la cartografía detallada, la forma y orientación de algunas de las estructuras se modificó. Registre estructuras que por su morfología irregular no estaban incluidas en el mapa quizás por no considerárseles prehispánicas o fueron ignoradas dadas las condiciones de limpieza del área; finalmente,

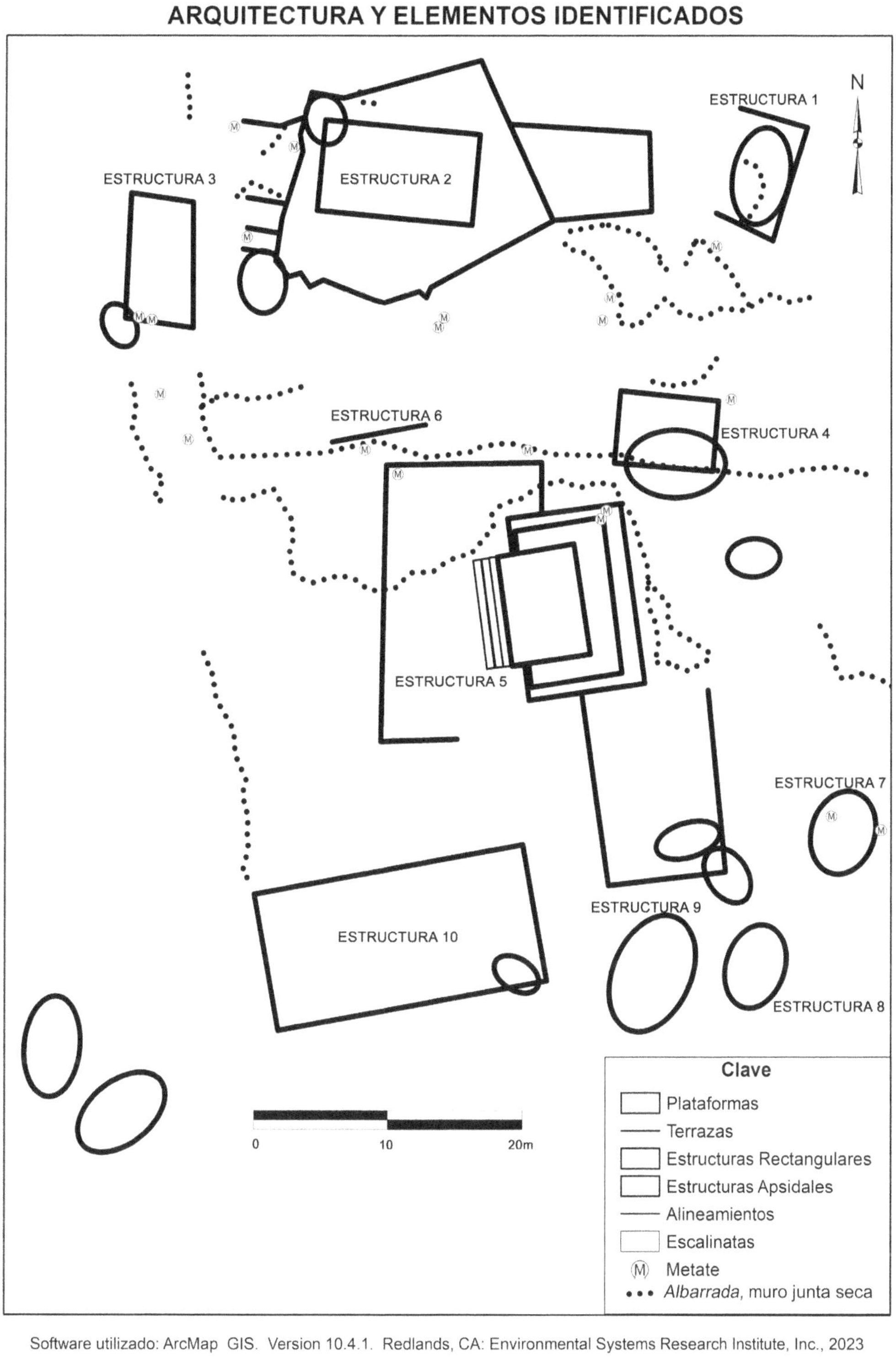

ARQUITECTURA Y ELEMENTOS IDENTIFICADOS

Figura 3.4. Arquitectura identificada.

también incluí otros rasgos como metates, elevaciones y depresiones del terreno natural. La muestra cartografiada se compone en un 40 % de estructuras con forma y altura diversa, entre las que se destacan plataformas simples y compuestas, nivelaciones, cimientos sobre plataformas o sobre el terreno natural y alineaciones (ver Tabla A.1). El 60 % restante equivale a espacios que conforman pasillos y áreas abiertas de topografía no muy regular. La integración del contexto explorado se define básicamente por la cercanía y orientación de los edificios. Las plataformas y nivelaciones se localizan en los lugares más altos del terreno (altillos), variando en su forma de rectangulares a poligonales y se construyeron por medio de un relleno de piedra mediana a grande contenido por un muro retentivo de piedras burdas o labradas de gran tamaño pero con una altura variada. Pequeñas escalinatas, rampas o elevaciones del terreno natural se utilizaron como vías de acceso a estas plataformas. Algunas de estas construcciones presentan adosamientos de plataformas y terrazas de menor tamaño o de cimientos que alteraron su forma y tamaño original.

La altura y accesos bien delimitados de estas plataformas, terrazas y nivelaciones funcionan tanto como barreras limitando el acceso a ciertos espacios techados como proporcionan áreas bien iluminadas y resguardadas de inundaciones. La construcción de este tipo de elementos arquitectónicos se relaciona con las irregularidades del terreno natural propiciando la necesidad de rellenos considerables a fin de construir los cimientos, proporcionar un área nivelada para el desarrollo de actividades y facilitar un buen drenaje. Sin embargo, la inversión de tiempo y materiales en la construcción de esta arquitectura también se relacionan con el estatus del grupo residente y la función del edificio como escenario de prácticas rituales con fines memoriales, esto es la construcción de cistas para el entierro de sus residentes.

Con respecto a los cimientos, su localización es tanto sobre el terreno natural como sobre las plataformas y terrazas. La forma de los cimientos varia incluyendo ejemplos de forma rectangular y absidal, esto es semi-ovaladas, con un área techada entre 6.82 y 66.96 metros cuadrados. El sistema constructivo de los cimientos consistió de una base de piedra caliza semi-labrada con una altura variable sosteniendo muros y techo de materiales perecederos. En algunos casos, el acceso a los cimientos fue definido por piedras especializadas (*jambas* monolíticas) y en otras el espacio se determinó solo por los muros. La calidad de su construcción es mínima ya que los materiales utilizados son simples, poco elaborados y sin decoración alguna. Las piedras monolíticas empleadas son de gran tamaño y peso conformando un sistema constructivo particular al área norte de Yucatán y con características de los periodos Temprano y Decadente (ver Sección 2.3). Los cimientos absidales predominan -respecto a los rectangulares- y son de dos tipos diferenciados básicamente por el tamaño del espacio techado; los de menor tamaño tienen un área techada entre 6.82 y 7.60 metros cuadrados (promedio 7.21 metros, desviación estándar 0.55 metros) y los más grandes cuentan con un área techada que varía de 33.75 a 16.32 metros cuadrados (promedio 21.25 metros, desviación estándar 7.01 metros). Esto es, el área techada de los cimientos pequeños corresponde al 34 % del espacio interior de las estructuras absidales grandes. La comparación del área techada entre los cimientos absidales grandes y los rectangulares indica una diferencia del 43.27 % entre ambos. Estas diferencias pueden relacionarse con proporciones asociadas a la forma de los cimientos, su función, el estatus del grupo residente y el momento de su construcción. Utilice el coeficiente de correlación Pearson a fin de evaluar la posible relación entre el largo y el ancho de las estructuras absidales y si ambas dimensiones son conexas a la construcción de esta forma arquitectónica en particular. De acuerdo con Hernández et al (2018), esta herramienta estadística es una medida de correlación que esclarece la existencia de relaciones entre variables métricas. Este coeficiente no solo señala la dirección de la asociación lineal entre las variables, sino que indica la fuerza del vínculo entre ellas. La relación entre las variables es linear cuando el cambio en una variable es asociado con el cambio proporcional en la otra variable. El coeficiente de correlación tiene un rango entre -1 a 1 con resultados cercanos a 1 indicando una correlación positiva y directa. Los resultados de 0.88 sugieren una relación directa positiva entre ambas variables. Dicha relación es neutral en el caso de los cimientos rectangulares, esto es el largo y ancho de estas no se relacionan quizá sugiriendo flexibilidad en las dimensiones de las mismas.

La disposición de las plataformas y cimientos dentro del terreno permitió una circulación accesible en todas las direcciones. Su distribución y orientación se centra alrededor de la plataforma más alta, esto es la Estructura 5, dejando espacios abiertos tanto al este como al oeste. Es de notar que el mapeo detallado revelo diferencias significativas en la forma y orientación de esta estructura con respecto a su representación en el mapa del M.A.R.I. (ver Figura 3.1). La Estructura 5 ocupa una posición central en el agrupamiento arquitectónico, figurando como una plataforma elevada de forma poligonal con un cimiento rectangular sin bóveda en su superficie y con plataformas adosadas al sur y noreste. Esta estructura fue explorada en los años sesentas localizándose durante mi reconocimiento las huellas de la excavación (cfr. Andrews IV y Andrews V 1980: 246-247; Cottier 1982: 370,700). Al noreste de esta plataforma compuesta se localiza una terraza rectangular semienterrada (Estructura 4), un cimiento absidal intruye sobre esta y una albarrada los atraviesa a ambos. Al norte, se encuentra otra plataforma de forma poligonal (Estructura 2) la cual presenta un cimiento rectangular y un cimiento absidal con núcleo, que intruye en el costado norte de la plataforma, como estructuras superiores. Además, esta plataforma incluye una terraza adosada al este, una rampa de acceso al oeste y un cimiento absidal parcialmente desmantelado adosado al suroeste. Al oeste de esta plataforma se localiza un cimiento rectangular (Estructura 3), y al noreste se encuentra una nivelación con un cimiento absidal como estructura superior (Estructura 1) él cual también fue parcialmente explorado por el M. A. R. I. (Cottier 1982: 371). Al sureste hay cuatro cimientos absidales (Estructuras 5a, 7, 8 y 9) y finalmente al suroeste se localiza una plataforma rectangular sin construcciones superiores (Estructura 10). En el plano del M.A. R. I., se observaron dos cimientos de planta absidal localizados al suroeste de la plataforma rectangular simple muy cercanos espacialmente al conjunto (Estructuras absidales asociadas). Aunque estas estructuras no se incluyeron en la muestra original, excave pozos estratigráficos en cada una para conocer su relación temporal con el contexto seleccionado. Durante la cartografía del contexto también se registraron los metates o pilas en el mapa a fin de conocer su número, distribución y asociación con el conjunto arquitectónico. Para el registro de cada uno, utilice una hoja de elemento elaborada por el I. N. A. H., incluyendo el cuadro y la capa en el que se ubicaba cada elemento, la asociación de éste con otros rasgos (estructuras o albarradas), sus dimensiones, y características. Fotografiamos y se dibujó la planta de cada metate a escala 1:10. La descripción de los metates se incluye en el Apéndice B. Para la nomenclatura de las estructuras, considere principalmente la ubicación y asociación de los cimientos y adosamientos con respecto a las plataformas y nivelaciones principales. En total, identifique diez elementos arquitectónicos los que denomine con un número correlativo. Mi descripción de la arquitectura, incluida en este capítulo, detalla el número de estructura correspondiente, su ubicación dentro del contexto, los antecedentes de investigación, el tipo de basamento, el número y distribución de las construcciones superiores, el sistema constructivo, los elementos asociados, el proceso de excavación, los materiales culturales obtenidos y su fechamiento cerámico.

3.1.2. Recolección de materiales de superficie y excavación posterior

Posterior a la cartografía del área, procedimos a la recolección de materiales arqueológicos de superficie a fin de observar la distribución espacial de los desechos, su asociación con los elementos arquitectónicos y obtener una muestra comparable con los datos procedentes de la excavación. Para tal fin, el área cuadriculada en unidades de 16 metros cuadrados (4 x 4 metros) (ver Figura 3.5.), se limpió de maleza -removiéndose el monte bajo.

Establecí un punto cero en la esquina suroeste de la cuadrícula y denomine los cuadros otorgándole un número al eje norte-sur y una letra al eje este-oeste. La colecta de artefactos superficiales se llevó a cabo seleccionando cuadros alternos con un enfoque en los espacios internos y los alrededores de las estructuras; los materiales obtenidos se embolsaron y registraron conforme a su cuadro de procedencia. La superficie muestreada fue de 3,552 metros cuadrados, correspondiendo al 77 % del área total del contexto. Los materiales colectados en superficie incluyeron 2,453 tiestos cerámicos, dos tejos, una pesa de red y un pendiente de barro cocido; 12 fragmentos, una trompeta fragmentada y dos pendientes de concha y caracol; una lasca de sílex, tres proyectiles esféricos y tres manos de metate de caliza, un núcleo poliédrico y dos navajas prismáticas fragmentadas de obsidiana gris; un anillo de cobre, una moneda de níquel y dos fragmentos de botellas. Los artefactos incluyen ornamentos personales (pendientes de barro y caracol, anillo de cobre), instrumentos de molienda (manos, núcleo poliédrico de obsidiana y metates), artefactos de corte (navajas prismáticas de obsidiana), implementos de pesca (pesa de red), desechos (fragmentos de concha y caracol, lasca de sílex, tiestos cerámicos), artefactos intrusivos (proyectiles esféricos, botellas, moneda contemporánea) y artefactos sin una función determinada (tejos de cerámica).

Considerando que las estructuras presentaban diferentes problemáticas tanto para su exploración como restauración, utilizamos diferentes técnicas de acuerdo a las necesidades y posibilidades que se presentaron. Para facilitar el registro, subdividí la cuadrícula inicial de 16 metros cuadrados en unidades de cuatro metros cuadrados (2 x 2 metros), asignando a su nomenclatura inicial una letra minúscula conforme a la ubicación de las unidades dentro del cuadro base. Con el apoyo de una cuadrilla de albañiles y sus ayudantes procedentes de las comunidades de Oxkuztcab, Muna como de los poblados circunvecinos, excavamos un área de 868 metros cuadrados en el contexto habitacional correspondiendo al 47 % de la arquitectura y el 19 % del espacio total cuadriculado Siguiendo los requerimientos de excavación y restauración del I.N.A.H., todos los trabajos previos a la excavación y durante la misma se documentaron incluyendo tanto el registro fotográfico como dibujos de cortes, alzados y plantas de cada estructura, sus unidades de excavación y elementos asociados. El control estratigráfico siguió las capas naturales o constructivas que aparecían conforme a la excavación. Los cimientos se excavaron en su interior, por medio de cuadros alternos y/o calas a fin de obtener materiales que permitieran inferir tanto su función como la secuencia estratigráfica y constructiva de las estructuras. Posteriormente, se exploraron las áreas externas aledañas, excavándose pozos de sondeo en los basamentos o nivelaciones asociadas, para obtener materiales que permitieran inferir su temporalidad y relación constructiva. Únicamente en la estructura principal se practicó la restauración por liberación -a través de calas alternas- para limpiar la estructura del escombro que la cubría, se encontraron los muros retentivos del basamento así como dos etapas constructivas tempranas y otros elementos constructivos -cuatro cistas y un metate. Finalmente, consolidamos los muros retentivos reintegrándose una hilada más que estaba parcialmente derrumbada.

3.1.3. Problemas que afectaron el proceso de investigación

Desde el proceso de reconocimiento superficial y cartografía del área seleccionada se hizo evidente que la muestra presentaba una serie de alteraciones que afectarían el proceso de exploración y el tipo de inferencias a obtener. Las condiciones del sitio, afectado por actividades agrícolas desde la época Colonial y aquellas asociadas a los objetivos generales del proyecto y su presupuesto restringieron la incorporación de técnicas adicionales en el estudio que hoy en día facilitan la identificación de áreas de actividad (en los espacios interiores de las estructuras) como del material orgánico proporcionando datos relacionados con la dieta de sus residentes. Primeramente, piedras de los derrumbes de las estructuras así como algunos de los metates habían sido removidos de su posición original a fin de construir muros bajos e irregulares a junta seca conocidos localmente como *albarradas*; dicha actividad alteró el contexto y asociación de varias de los metates limitando mis inferencias sobre su relación espacial con las estructuras y con los materiales superficiales. Dos de las Estructuras (1 y 5), sufrieron exploraciones intensivas previas mediante pozos de sondeo localizados en el interior de los cimientos causando la pérdida de evidencia superficial y la alteración de los rellenos constructivos. En el caso de los cimientos, la ausencia de derrumbes interiores provocó la pérdida total de los aplanados de estuco asociados a los pisos. En algunos casos, la localización del cimiento directamente sobre el terreno natural, esto es sin basamento o terraza como base, que particularmente

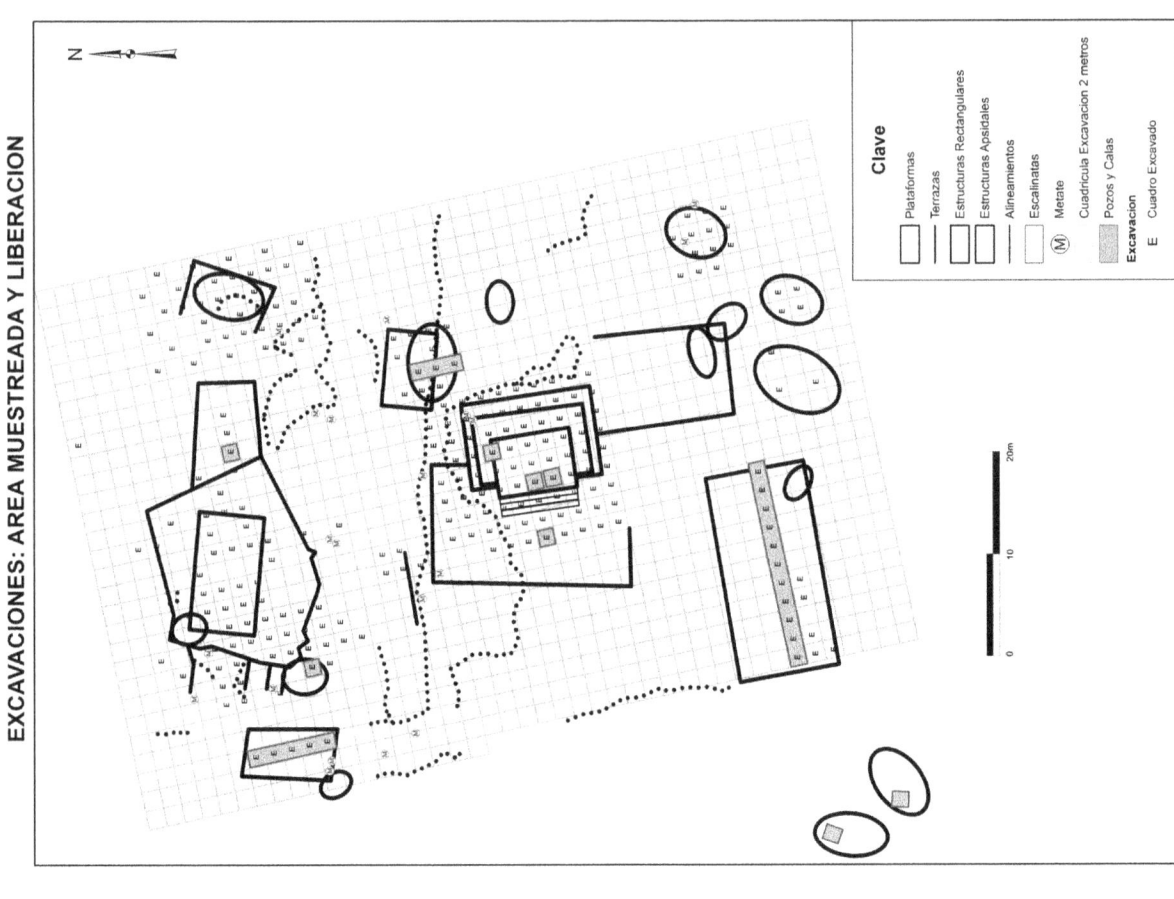

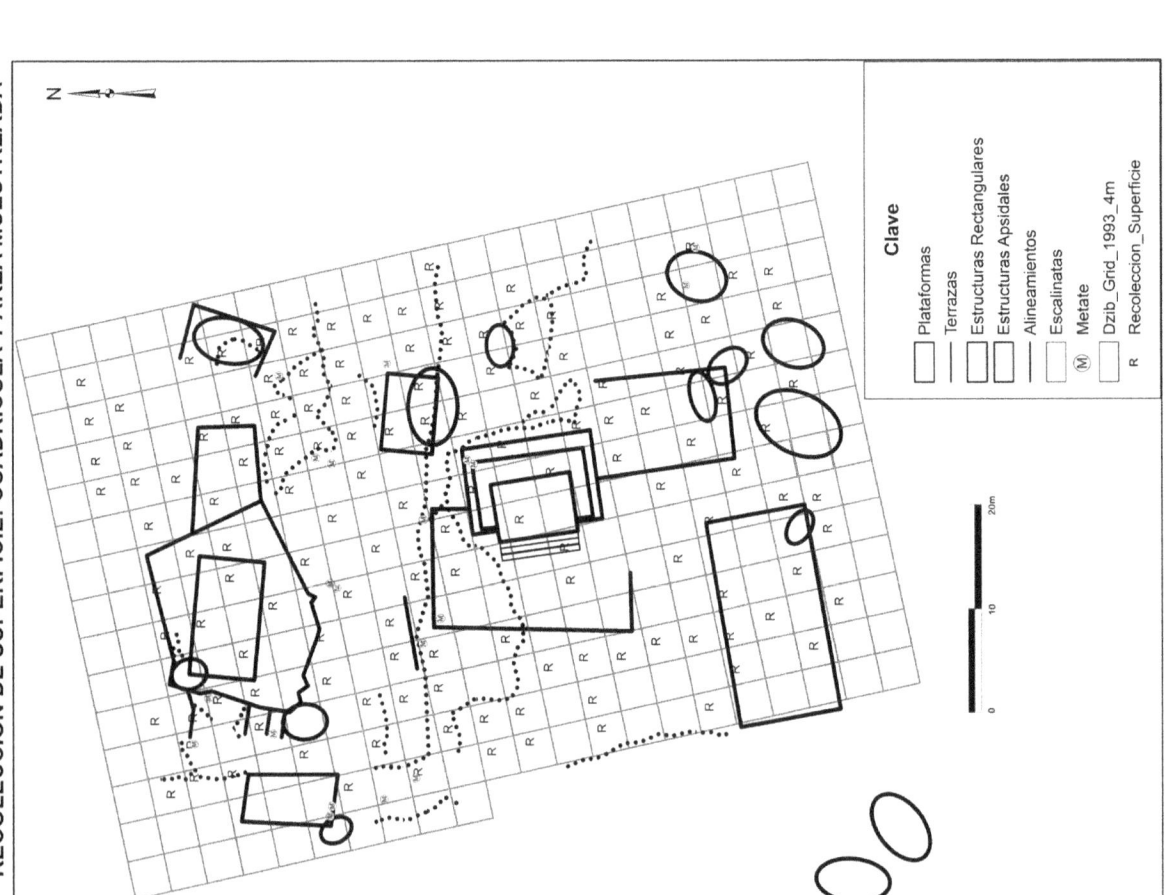

Figura 3.5. Áreas muestreadas en la recolección de superficie y excavación del contexto incluyendo liberación y sondeo con pozos y calas estratigráficas.

en Dzibilchaltún manifiesta suelos delgados, contribuyo a la presencia de un gran conglomerado de materiales culturales de todas las épocas de ocupación registradas en los pocos niveles estratigráficos hallados. Otros factores que afectaron el proceso de excavación incluyen factores temporales, logísticos y de presupuesto que limitaron el muestreo extenso de todas las estructuras. Por ejemplo, en el caso de los dos cimientos absidales localizados en la esquina suroeste del contexto, sólo pudimos excavar un par de pozos de sondeo por lo que la información obtenida es escasa. Finalmente, durante el análisis de los materiales fue evidente que un porcentaje de los datos (13 %) no estuvieron contextualizados y por lo tanto se eliminaron del análisis espacial de la muestra. Estos problemas son relevantes para la investigación arqueológica y constituyen limitantes analíticas notables en mi interpretación de los espacios, actividades desempeñadas, el grupo residente y su red de interacción en el contexto habitacional.

3.2. Descripción de las estructuras exploradas

En esta sección incluyo la descripción detallada de la arquitectura explorada en el contexto habitacional. La descripción incorpora las particularidades de cada estructura cubriendo tanto sus antecedentes de investigación, morfología, detalles de mi exploración como su cronología de ocupación basada en el análisis de los materiales cerámicos asociados. En mi fechamiento cerámico utilice los lineamientos cronológicos propuestos tanto para el noroeste de Yucatán como para Dzibilchaltún (ver Tabla 2.1). En el siguiente apartado incluyo un resumen de los artefactos obtenidos organizado por material. Tablas adicionales así como la descripción detallada de los pozos, cistas, entierros y artefactos culturales se incluyen en los Apéndices A y B.

3.2.1. Estructura 1

Ubicada en la esquina noreste de la cuadrícula en el mapa del M.A.R.I. (Stuart et al. 1979), la Estructura 1 (ver Figura 3.6) se describe como una plataforma cuadrangular baja con un cimiento elíptico en su superficie y cuyo acceso se orienta al oeste; el número asignado a esta estructura es 158. Se excavó un pozo (lote M-1523) al interior del cimiento, con una profundidad de 0.15 m., del cual se obtuvieron 16 tiestos. El pozo contenía tiestos de los grupos Chum sin engobe (4), Muna (1), Teabo (1), Chablekal (1) y no identificados (9) (Cottier 1982: 371).

El basamento consiste de una nivelación parcialmente delimitada en sus lados norte, este y sur por una retención elaborada con piedra mediana burda. Tiene un largo de 9.00 metros, un ancho de 6.40 metros y una altura de 0.15 metros. Las construcciones superiores incluyen un cimiento elíptico con muros y techo de material perecedero localizado al este de la nivelación. El sistema constructivo utilizado en la base del cimiento se encontró derrumbado pero consistía de una hilada de piedra grande (0.90 m a 0.45 m) burdamente cortada y con esquinas altas. El acceso se localiza al oeste y se elaboró con piedras grandes monolíticas (0.90 m, 0.75 m; 0.80 m, 0.80 m); el vano tiene un ancho de 0.70 metros. El espacio interior tiene un largo de 5.96 metros y un ancho de 3.00 metros. Los muros y techo eran de materiales perecederos, no hay restos de piso interior de estuco. Entre los elementos asociados a la Estructura 1 se localizó un fragmento de metate en superficie o Elemento 1, el cual se localiza en la esquina suroeste de la nivelación. La exploración de la Estructura 1 incluyo la excavación extensiva de un área de 188 metros cuadrados explorándose el área interior, acceso y costados del cimiento así, como los cuadros adyacentes al metate. El resto del área excavada comprendió la zona exterior al cuarto explorada en cuadros alternos. El corte estratigráfico revelo dos capas culturales: la capa I esto es un relleno piedra chica (*backchi'ich* en Maya Yucateco) y tierra café rojiza (grosor 0.10 m - 0.15 m) y la capa II, un relleno de piedra mediana (*bak peck* en Maya Yucateco) y tierra café (grosor 0.14 m - 0.30 m). Estas capas corresponden al embutido del aplanado interior del cuarto así como del área de la retención y la zona circundante al metate. El resto de los cuadros excavados sólo presentaron la capa I, aunque al noroeste del cimiento -fuera del área retentiva- se localizó una oquedad natural que fue rellenada artificialmente a fin de nivelar el terreno natural. Los materiales culturales recuperados de la exploración de la Estructura 1 y la cronología se detallan en la Tabla A.2. Conjuntamente, recupere varios fragmentos de carbón vegetal. Aunque no se localizaron pisos sellados, en las capas correspondientes al relleno constructivo del cimiento, el análisis de los materiales cerámicos asociados revelo una cronología de ocupación fechada para los complejos Copo (85.27%), Chechem (9.25%), Zipche (2.78%), Nabanche (1.96%) y Xculul (0.74%). El complejo Copó fases 1 y 2 (Clásico Tardío-Terminal) es el mejor representado aunque se percibe que la actividad cultural continua hasta el complejo Chechém (Posclásico Tardío). Respecto a la nivelación donde se ubica el cimiento, los materiales cerámicos pertenecen igualmente al Complejo Copó en sus dos fases, aunque observe una mayor proporción de tiestos del complejo Chechém.

3.2.2. Estructura 2

La Estructura 2 (ver Figura 3.7) se localiza en el lado norte de la cuadrícula. La cartografía del M.A.R.I. (Stuart et al. 1979), la describe como una plataforma baja de forma rectangular sin construcciones superiores, el número de la estructura es 166.

El basamento consiste de una plataforma baja de forma poligonal con muros retentivos en todos sus lados. Estos muros retentivos consisten en una hilada de piedra asentada sobre el relleno de la plataforma, por lo que su función retentiva es mínima. La plataforma presenta dos accesos, el primero localizado al sur sobre una elevación natural del terreno y el segundo acceso consiste de una rampa en talud ubicada en el costado oeste (largo 9.80 metros, ancho 1.90 metros, altura mínima 0.15 metros, altura máxima 0.40 metros) que presenta retención de piedras grandes poco labradas en sus lados norte y sur. La plataforma

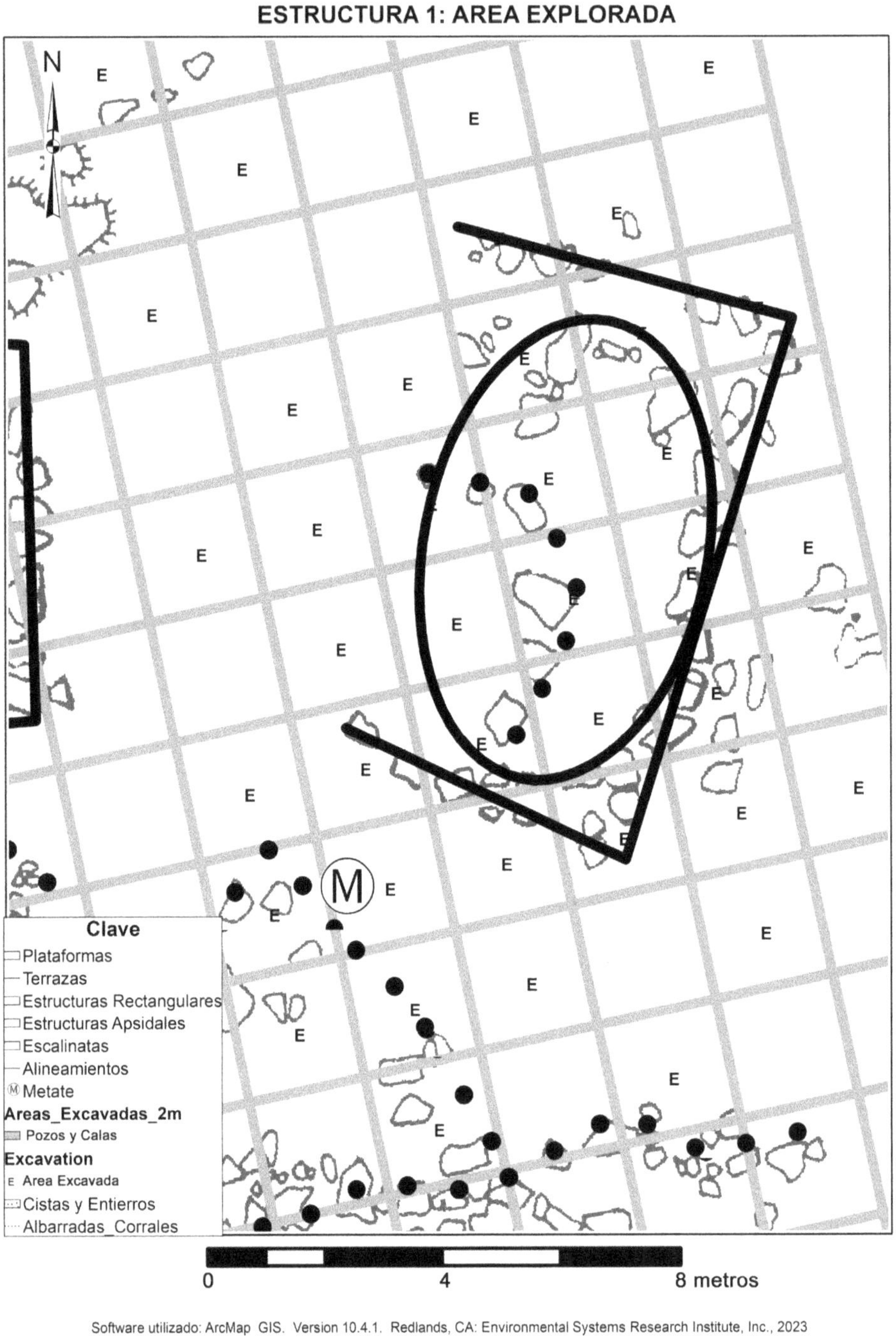

ESTRUCTURA 1: AREA EXPLORADA

Figura 3.6. Estructura 1: Planta y área explorada.

tiene un largo total de 40.30 metros, un ancho máximo de 16.00 metros y su altura es de 0.50 metros. Presenta dos adosamientos, el primero se localiza al este y consiste en una terraza baja de forma poligonal con muros retentivos en sus lados norte y este elaborados con piedras grandes burdas, ese adosamiento tiene un largo de 10.30 metros, un ancho de 4.50 metros y una altura de 0.40 metros; el segundo adosamiento se localiza al suroeste de la plataforma e incluye una pequeña nivelación como base de un cimiento absidal parcialmente desmantelado elaborado con piedra mediana y grande burdamente cortada. Este cimiento tiene un largo de 4.00 metros y un ancho de 3.00 metros y sólo se conservan los restos del lado oeste. Una rampa de acceso se localiza en el costado oeste del basamento. Las construcciones superiores de la Estructura 2 incluyen un cimiento rectangular localizado al norte de la plataforma y un cimiento elíptico con núcleo intruyendo en el muro retentivo noroeste. El sistema constructivo de la base del cimiento rectangular se encontró semienterrado en el relleno de la plataforma localizándose solamente los lados sur, norte, oeste y fragmentos del lado este. Este cimiento se elaboró con una hilada de piedras grandes (0.58 m, 0.38 m) burdamente cortadas unidas por medio de cuñas de piedras, no presenta un acceso visible, aunque probablemente se localizaba al sur del mismo. El espacio interior tiene un largo de 10.80 metros y un ancho de 6.20 metros, sus muros y techo eran de materiales perecederos. La base del cimiento absidal en el noroeste se elaboró con

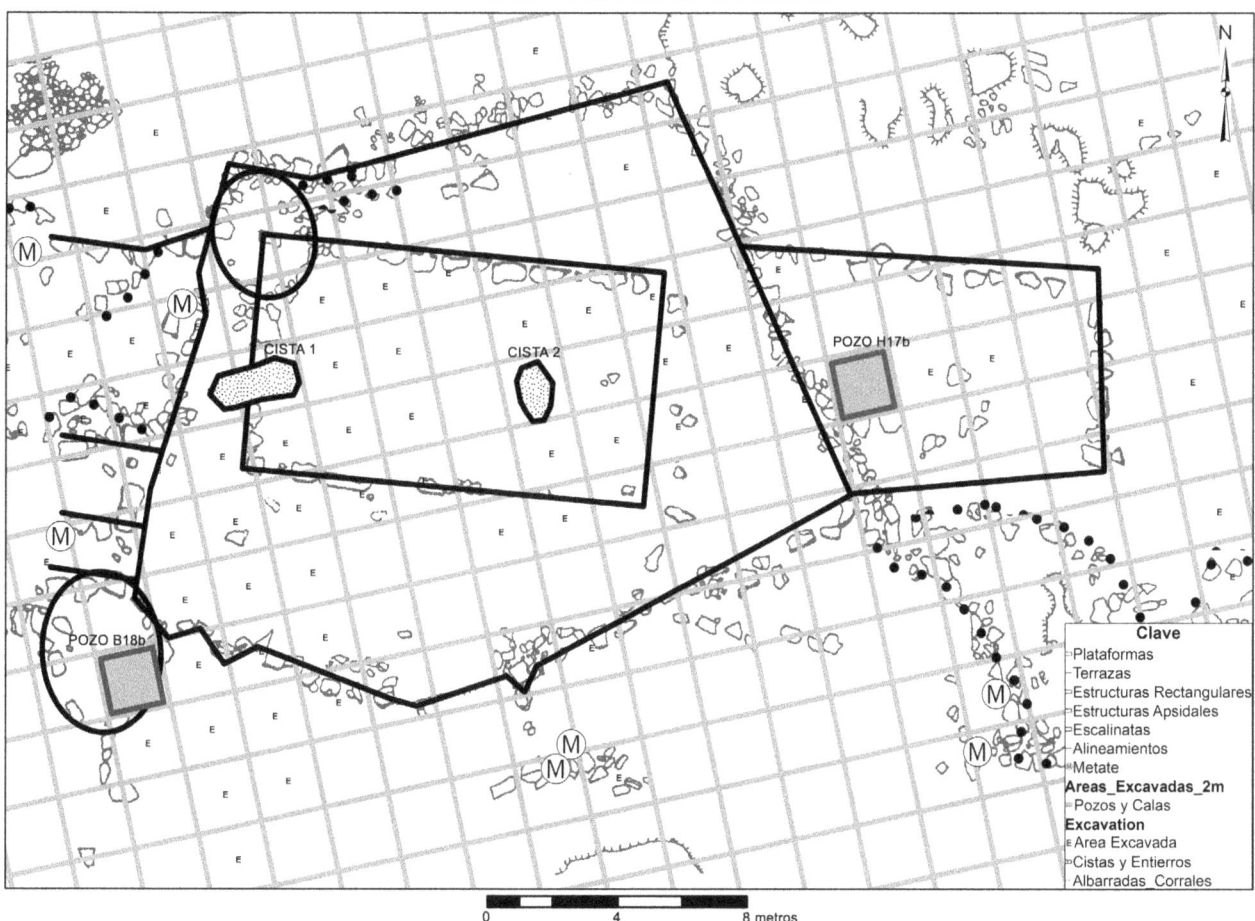

Figura 3.7. Estructura 2: Planta y área explorada.

una hilada de piedras medianas burdas rellenándose el interior con un embutido de piedras medianas. No presenta acceso ni esquinas altas, tiene un largo de 3.10 metros y un ancho de 2.20 metros. Sus muros y techo eran de materiales perecederos.

Entre los elementos asociados a la Estructura 2 se identificaron siete fragmentos de metates en superficie: Elementos 5 y 6 frente al acceso sur, Elementos 2 y 16 en la esquina sureste reutilizados en una albarrada, el Elemento 15 en la rampa oeste y los Elementos 3 y 4 en la esquina noroeste. Las excavaciones de la Estructura 2 cubrieron un área de 176 metros cuadrados excavándose tanto el interior del cimiento rectangular como dos pozos de sondeo (ver Apéndice B pozos H17b y B15b) en el adosamiento este y al interior del cimiento absidal suroeste. También exploramos la rampa de acceso oeste y el cimiento absidal con núcleo noroeste. La estratigrafía proporciono tres capas culturales: la capa I, compuesta por piedra chica (*bak chi'ich* en Maya Yucateco) y tierra café (grosor 0.10 m - 0.14 m); al retirar esta capa en el costado suroeste de la plataforma se localizaron los restos de una plataforma baja de forma poligonal con una retención de piedra mediana burdamente labrada, ésta tiene un largo de 2.20 metros, un ancho de 2.25 metros y una altura de 0.24 metros, localizándose únicamente parte de la retención este y sur ya que el lado norte intruye dentro del relleno de la plataforma y el costado oeste se encuentra adosado a una elevación natural del terreno. La capa II se compone de piedra mediana (*bak pek* en Maya Yucateco) y tierra café (grosor 0.10 m - 0.20 m); dentro de esta capa se localizaron en el interior del cimiento dos cistas -denominadas Cistas 1 y 2- ambas elaboradas con lajas de piedra burdamente cortadas y sin tapas (ver Apéndice B para la descripción e ilustración de las Cistas 1 y 2). La Cista 1 contenía los restos deteriorados del Entierro 1, una vasija completa y una navaja de obsidiana gris como ofrenda funeraria. El deterioro pronunciado de los restos humanos impidió identificar su edad y género. Las dos capas descritas conforman el relleno más tardío de la plataforma con el cual se cubrió parcialmente al cimiento rectangular; finalmente, la capa III se compone de un *bak chi'ich* con restos de *sascab* (tierra blanca en Maya Yucateco) y fragmentos de estuco dispersos que cubre un relleno de piedra grande burda y tierra (grosor 0.14 - 0.50 m). Esta capa solamente se encontró en el basamento principal y no se localizó en los adosamientos ni en la plataforma baja, en ella pudo apreciarse el arranque de la base del cimiento rectangular por lo cual puede decirse que representa los restos del primer nivel del basamento y del cimiento rectangular. En cuanto a la plataforma baja se localizó únicamente un relleno de piedra mediana con tierra. Además de los materiales culturales descritos en la Tabla A.3 y su cronología, recuperamos fragmentos del aplanado de estuco correspondiente al nivel de piso más temprano de la plataforma y fragmentos de material óseo. Con respecto a la cronología de la Estructura 2 no se localizaron pisos sellados pero si los restos fragmentados y pulverizados de ellos tanto en la plataforma principal como en el cimiento rectangular. Los materiales cerámicos de la capa correspondiente a los restos del primer nivel de piso comprenden los complejos Copó (88.58 %), Nabanché (4.19%), Zipché (3.61%), Xculúl (2.14%) y Chechém (1.47 %). En el segundo nivel de piso se encontraron materiales de los complejos Copó (88.98 %), Chechém (3.31 %), Nabanché (2.81 %), Zipché (2.79 %), Xculúl (0.75 %) y Piím (0.04 %). La distribución del material señala que la plataforma principal, el cimiento rectangular y el piso que las cubría así como el área nivelada localizada al suroeste del basamento principal, las dos cistas y sus entierros se construyeron durante el complejo Copó fase 2 (Clásico Terminal). El segundo piso -con el cual se niveló la plataforma hasta casi cubrir el cimiento rectangular-, así como la rampa de acceso en el lado oeste se construye a fines del complejo Zipché fase 1 (finales del Posclásico Temprano). Durante el complejo Zipche fase 2 se vacía el contenido de la Cista 2 rellenándose posteriormente con tiestos cerámicos. El cimiento elíptico con núcleo presenta materiales de los complejos Copó (77.29 %), Chechém (15.67 %), Zipché (4.86 %) y Nabanché (2.16 %),, esta evidencia permite inferir que la construcción de este cimiento se llevó a cabo en algún momento dentro del periodo comprendido en el complejo Chechém (Posclásico Tardío, fase Tases), ya que aunque la proporción de tiestos del complejo Copó fase 2 es alta, éstos se encontraron en la capa correspondiente al relleno constructivo de la plataforma principal producto de la construcción intrusiva del cimiento. La plataforma adosada al este de la plataforma principal presentó dentro de su relleno constructivo materiales cerámicos de los complejos Copó (92.92%), Zipché (3.03 %), Chechém (2.52 %) y Nabanché (1.51 %), la presencia de tiestos del Complejo Chechém (grupo Navulá) en los niveles más profundos del relleno permite suponer que esta plataforma se construye al mismo tiempo que el cimiento elíptico con núcleo. En el cimiento elíptico adosado al suroeste de la plataforma principal se encontraron tiestos cerámicos de los complejos Copó (94. 11%), Zipché (3.92 %) y Chechém (1.96 %); los materiales Copó pertenecen a la fase 2 (Clásico Terminal) de este complejo y están fechando la construcción del cimiento, aunque la presencia de materiales Zipché y Chechém en la primera capa del relleno sugieren el desarrollo de algunas actividades culturales en los inicios del Posclásico Tardío.

3.2.3. Estructura 3

La Estructura 3 (ver Figura 3.8) se localiza en la esquina noroeste de la cuadrícula. En el mapa del M.A.R.I. (Stuart et al. 1979) se describe como la base de un cimiento rectangular con el acceso orientado al oeste, el número de esta estructura es 164. La Estructura 3 no incluye un basamento sino que se encuentra localizada directamente sobre el terreno natural. La única construcción superior es un cimiento de planta rectangular.

El sistema constructivo de la Estructura 3 incorpora la base del cimiento que se elaboró con un hilada de piedra mediana (0.20 m - 0.40 m) burdamente cortada, no presenta esquinas altas y el acceso se localiza al oeste aunque las jambas están derruidas. En la esquina noreste se adosa una albarrada semiderruída. El espacio interior tiene un largo de 9.70 metros y un ancho de 4.60 metros, no hay restos del estucado interior del piso y sus muros y techo eran de materiales perecederos.

Los elementos asociados incluyen cuatro fragmentos de metates en superficie: los Elementos 13 y 14 se encontraron en el interior del cuarto cerca del lado sur y los Elementos 12 y 9 están al sur y sureste del cimiento reutilizados en albarradas. Exploramos la Estructura 3 por medio de una cala de 10 x 2 metros de largo en el interior del cimiento. Estratigráficamente se localizaron dos capas culturales, la capa I consiste de un *bak chi'ich* y se encontró en el área interior del cimiento (grosor 0.10 metros a 0.45 metros), mientras que la capa II incluyo un relleno de piedra mediana con el cual se nivelaron algunos desniveles del terreno natural (grosor 0.20 metros). Estas capas revelaron el apisonado interior del cimiento. Los materiales culturales obtenidos y su cronología se incluyen en la Tabla A.4. Cronológicamente no se localizaron pisos sellados, pero la muestra cerámica procedente del relleno constructivo refleja la presencia de los complejos Nabanché (5.30 %), Xcúlul (0.48 %), Copó (50.12 %), Zipché (39.76 %), Chechém (3.86 %) y Colonial (0.48 %). El principal periodo constructivo es el perteneciente al complejo Copó fase 2 (Clásico Terminal), aunque la actividad cultural continuó hasta la época Colonial.

3.2.4. Estructura 4

La Estructura 4 se ubica al sur de la Estructura 1 y al noreste de la Estructura 5 (ver Figura 3.9). En el mapa del M.A.R.I. (Stuart et al. 1979), sólo se describe el cimiento absidal presentándolo como un adosamiento de la Estructura 5; el número que se le asignó es 160.

La Estructura 4 se construyó sobre el apisonado del cimiento rectangular e incluyen tres construcciones superiores: a) una terraza de planta rectangular parcialmente desmantelada sobre la cual se localiza b) un cimiento absidal y c) una *albarrada* que cruza a ambos. La base de la terraza se elaboró con piedra mediana a grande (0.26 a 0.30 metros) unida con cuñas de piedra el cual se encontró semienterrado y no presenta esquinas altas; únicamente se localizaron los lados norte, este y oeste y su acceso probablemente se ubicaba al sur del cimiento. El espacio interior tenía un largo de 7.30 metros y un ancho de 6.00 metros con muros y techo de materiales perecederos y sin restos de piso de estuco. La base del cimiento absidal se encontró derrumbada, elaborada con piedras grandes (dimensiones entre 0.85 metros, y 0.65

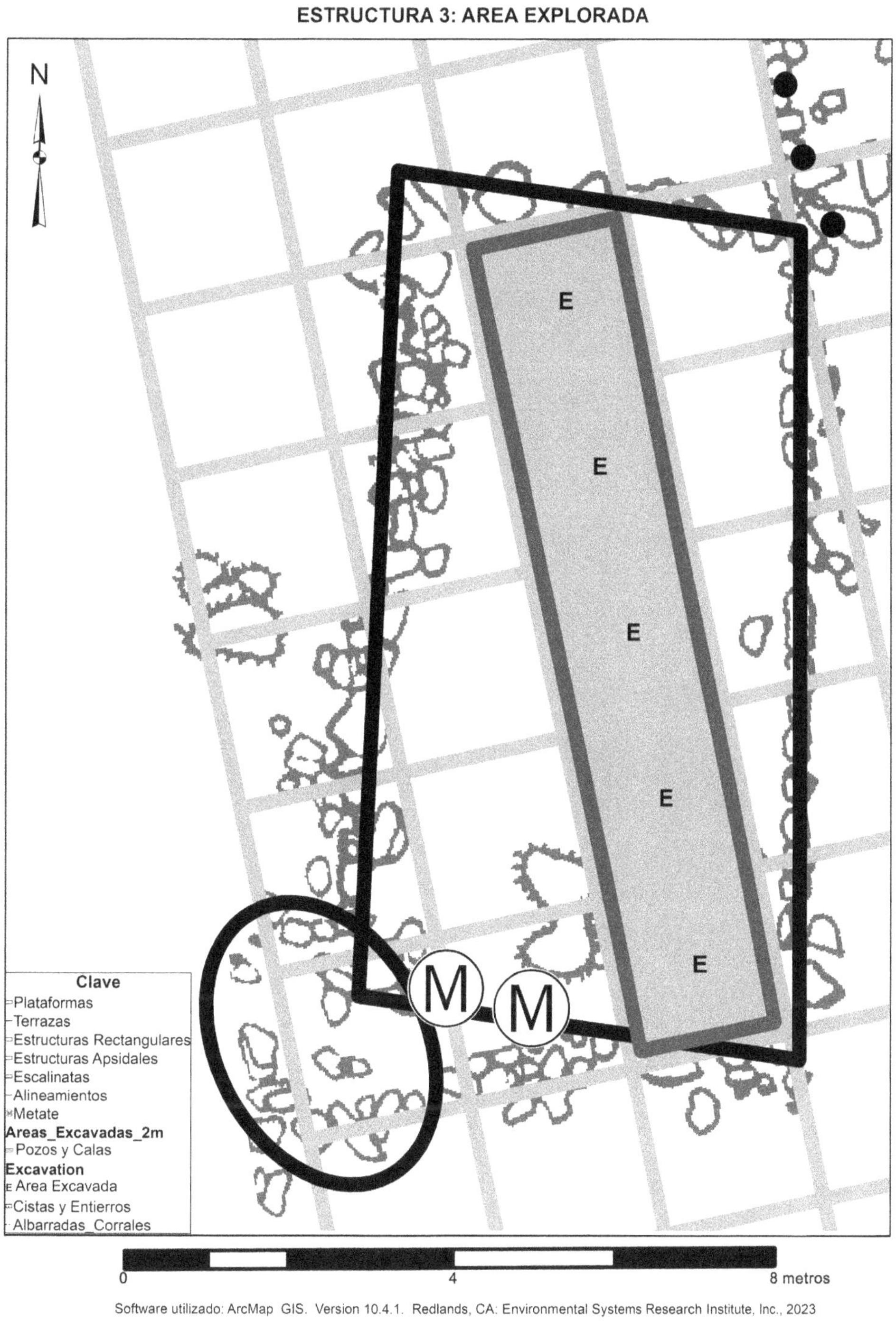

Mapeo y excavación de un grupo de estructuras sin bóveda en Dzibilchaltún

ESTRUCTURA 3: AREA EXPLORADA

Figura 3.8. Estructura 3: Planta y área explorada.

metros) burdamente cortadas, con esquinas altas. El acceso al cimiento se localizó al norte de la estructura elaborado con jambas monolíticas y con un vano de 0.80 metros de ancho. El espacio interior estaba cubierto con un techo y muros de materiales perecederos con un largo de 6.50 metros y un ancho de 3.30 metros; no se encontraron restos de piso de estuco. La albarrada cruza de este a oeste a los dos cimientos y se elaboró con piedras grandes y medianas procedentes del derrumbe de la Estructura 5. Un fragmento de metate en superficie, el Elemento 17, se encontró reutilizado en una albarrada al este de la cuadrícula. Las excavaciones de la Estructura 4 cubrieron un área de 44 metros cuadrados en la terraza y el interior del cimiento absidal. Previo a la exploración del cimiento se dibujaron y fotografiaron las piedras de *albarrada* a fin de removerlas del interior de la estructura. Posteriormente se exploraron los costados este, sur y oeste de este cimiento. La estratigrafía revelo dos capas culturares: la capa I consiste de un *bak chi'ich* que abarca tanto el interior de la terraza rectangular como del cimiento elíptico (grosor entre 0.12 y 0.15 metros); la capa II es un relleno de piedra mediana con tierra café que sólo se encontró en los desniveles profundos del terreno natural (grosor entre 0.26 y 0.35 metros). Las excavaciones revelaron que la terraza

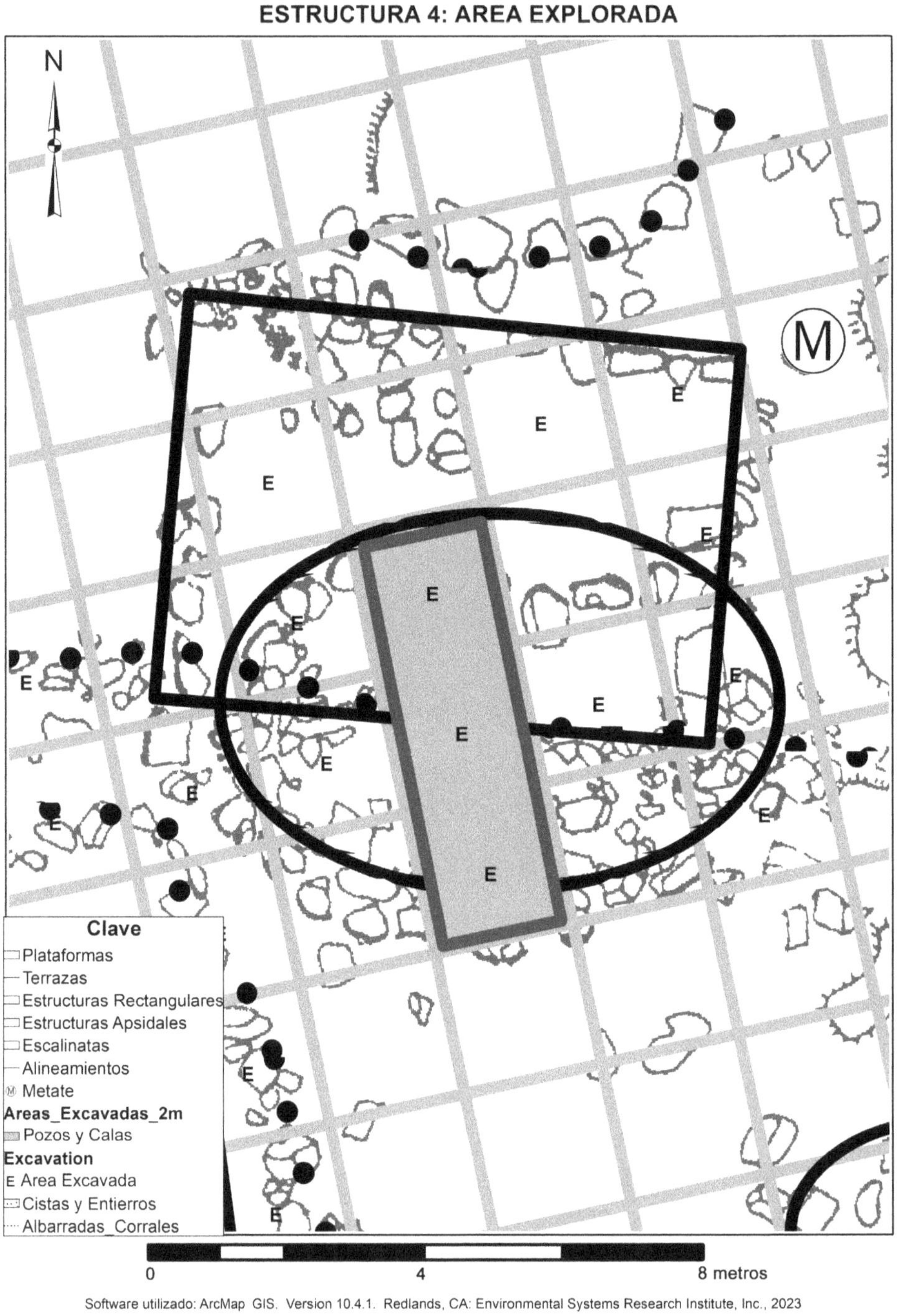

ESTRUCTURA 4: AREA EXPLORADA

Clave
- Plataformas
- Terrazas
- Estructuras Rectangulares
- Estructuras Apsidales
- Escalinatas
- Alineamientos
- M Metate

Areas_Excavadas_2m
- Pozos y Calas

Excavation
- E Area Excavada
- Cistas y Entierros
- Albarradas_Corrales

0 — 4 — 8 metros

Software utilizado: ArcMap GIS. Version 10.4.1. Redlands, CA: Environmental Systems Research Institute, Inc., 2023

Figura 3.9. Estructura 4: Planta y área explorada.

fue el primero en construirse y posteriormente se edificó sobre éste el cimiento elíptico utilizando el apisonado existente; en un periodo posterior se construye la albarrada utilizando piedras de la Estructura 5. Los materiales culturales de la Estructura 4 y su cronología se incluyen en la Tabla A.5. Aunque ambas estructuras exploradas no presentaron pisos sellados, los materiales cerámicos correspondientes al relleno constructivo de la terraza y el cimiento comprenden los complejos Copó (97.19 %), Nabanché (1.20 %), Chechém (1.20 %) y Zipché (0.40 %), por lo que puede inferirse que la construcción de ambas estructuras se llevó a cabo en el Complejo Copó fase 2 (Clásico Terminal), continuando la actividad cultural hasta el complejo Chechém (Posclásico Tardío).

3.2.5. Estructura 5

La Estructura 5 se localiza al centro de la cuadrícula, justamente al sur de la Estructura 2 y al oeste de la Estructura 4 (ver Figura 3.10). Según el mapa del M.A.R.I. (Stuart et al. 1979), la Estructura 5 consistía de un basamento de forma cuadrangular (número 160) con dos adosamientos: en la esquina noreste un cimiento elíptico y en la esquina sureste una plataforma rectangular (número 161). La construcción superior de la plataforma principal se describe como un basamento rectangular que presenta su acceso escalonado y orientado al sur, este basamento superior se exploró en los años sesentas mediante un pozo de sondeo (lote M-1521) localizado en el costado

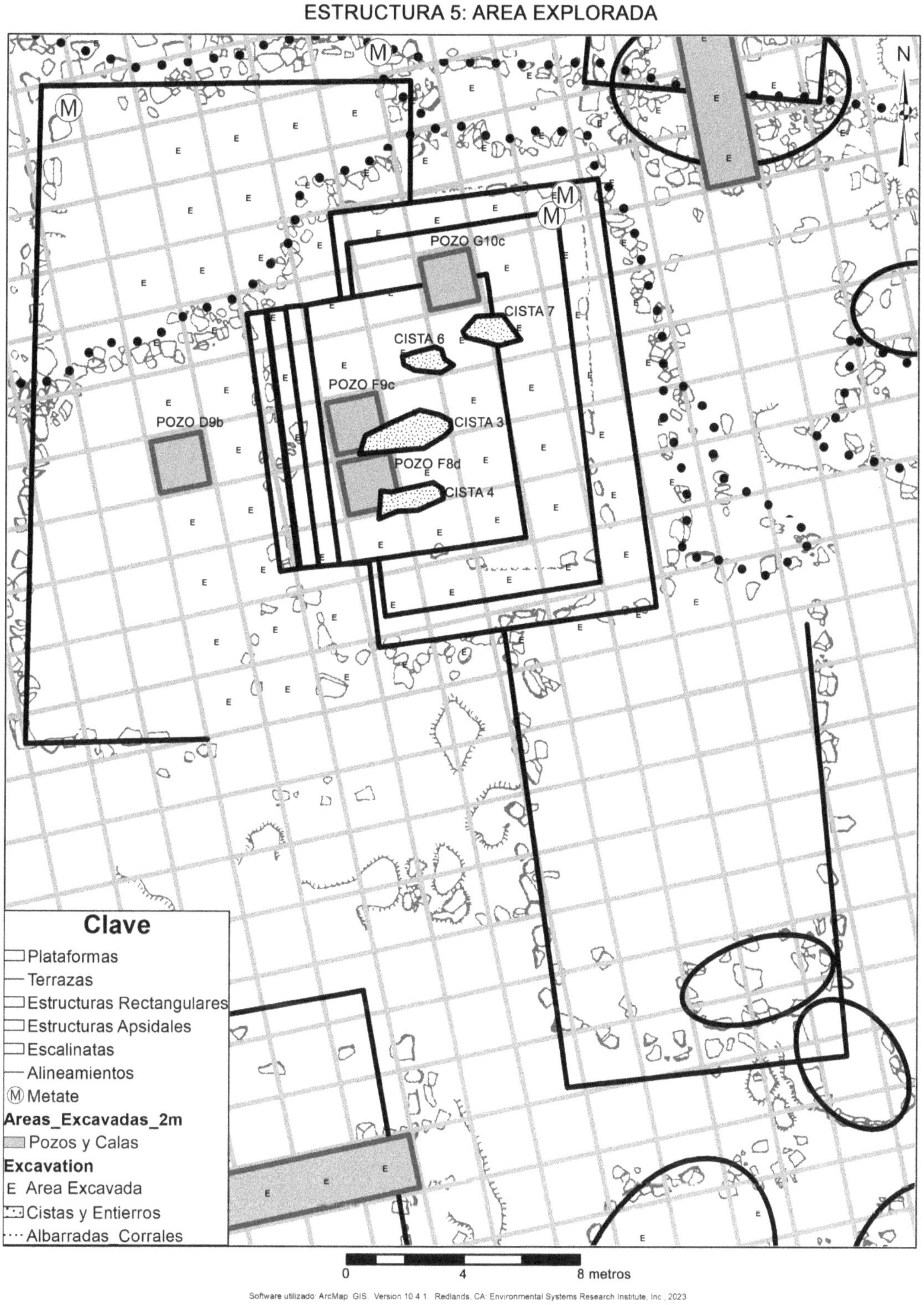

ESTRUCTURA 5: AREA EXPLORADA

Figura 3.10. Estructura 5: Planta y área explorada.

este. En el reporte de Cottier (1982: 370), sobre el pozo excavado en la Estructura 5 se refiere que el lote M-1521 B correspondiente a los primeros 10 centímetros del relleno constructivo es el que presento un mayor número de tiestos (60). Los otros dos lotes (M-1521 C y M-1521 F) tuvieron escasos materiales cerámicos. Los grupos cerámicos identificados en los lotes corresponden al Muna (28), Chum sin engobe (6), Chuburná (15), Teabo (5), Naranja fino (1), Chablekal (1) y no identificados (13). Los materiales obtenidos consistieron en 69 tiestos cerámicos además de que se localizó una cista (clave M-1527-A) conteniendo 3 vasijas fechadas para fines del complejo Copó 1 o inicios de Copó 2 (Andrews IV y Andrews V, 1980: 246-47; Cottier 1982: 370, 700).

El basamento consiste de una plataforma poligonal compuesta con muros retentivos altos apreciándose durante el reconocimiento inicial los restos de los lados norte, este y oeste. El montículo tenía un largo de 15.00 metros y un ancho de 13.00 metros con una altura máxima de 1.65 metros. Localizamos el acceso en el costado oeste ya que se apreciaba un derrumbe de menor altura (0.35 metros) y algunas piedras labradas alineadas que semejaban los restos de una escalinata de poca altura. Este montículo presenta dos adosamientos: al oeste se encuentra una plataforma baja con muros retentivos con un largo de 15.00 metros, un ancho de 7.20 metros y un altura entre 0.15 y 0.50 metros, presentando un acceso en el desnivel norte; al sureste, se localiza otra plataforma baja también con muros retentivos que tiene un largo de 15.00 metros, un ancho de 9.50 metros y una altura de 0.65 metros; al sureste de este adosamiento se localiza una estructura elíptica adosada que se halla sobre una elevación del terreno parcialmente desmantelada en su lado norte. El espacio interior de esta estructura elíptica tiene un largo de 4.00 metros y un ancho de 1.90 metros. La plataforma adosada oeste presenta en su superficie dos albarradas elaboradas con piedras del montículo principal. La primera albarrada atraviesa la plataforma de este a oeste adosándose al acceso de la plataforma principal y la segunda albarrada atraviesa el acceso norte de este adosamiento. Las construcciones superiores incluyen un cimiento rectangular del cual se localizaron restos del muro este. El sistema constructivo de la Estructura 5 contiene muros retentivos del basamento principal que se elaboraron con grandes bloques, más o menos desbastados, de roca caliza conformando cuatro hiladas *in situ*, los espacios entre los bloques fueron rellenados mediante cuñas de piedra algunas veces unidas con tierra y el exterior de estos muros posiblemente estaba recubierto mediante un aplanado de estuco. La base del cimiento rectangular se elaboró con dos hiladas de piedras medianas y grandes unidas con cuñas de piedra chica, el interior tiene un largo de 7.15 metros, un ancho de 5.00 metros y una altura *in situ* de 0.21 metros, y su acceso es abierto y orientado al oeste; la ausencia de escombro en la superficie del basamento indican el uso de materiales perecederos en la construcción de los muros y el techo de este cimiento. En cuanto a las plataformas adosadas, sus muros retentivos se elaboraron con piedras grandes burdamente cortadas con una hilada de altura; la base del cimiento elíptico adosado se construyó con piedras medianas burdas, aunque no localizamos esquinas altas ni jambas de acceso. Los muros y techos del cimiento fueron de materiales perecederos sin un embutido en el interior del mismo.

Los elementos culturales asociados incluyeron tres metates completos y un fragmento; el Elemento 11 se encontró entero y parcialmente enterrado al reutilizarse en la construcción del acceso norte de la plataforma adosada oeste (ver Figura 3.12).

El Elemento 18 es un fragmento que se encontró formando parte de la albarrada localizada al norte del basamento principal y cubierto por el escombro de los muros retentivos. El Elemento 19 se encontró en la esquina noreste del basamento principal dentro del relleno de la última etapa constructiva y el Elemento 20 se localizó derrumbado sobre la esquina noroeste de la plataforma adosada oeste.

Antes de iniciar la excavación de la Estructura 5 se removieron aquellos materiales naturales y/o de escombro que afectaban su conservación e impedían conocer su forma y cualidades particulares. La excavación dio inició con calas de aproximación alternas, de dos metros de ancho, variando su longitud de 2.00 a 4.00 metros, en los cuatro costados del montículo. Por medio de las calas se detectó el arranque de los muros de contención del basamento que se encontraron en buen estado de conservación y con una altura máxima de 1.30 metros, así como el escalonamiento de acceso oeste. Al tiempo que se liberaba el escombro, se excavaron cuatro pozos de sondeo: dos en el interior del cimiento rectangular, uno en la plataforma adosada oeste y otro más en la plataforma adosada sur (ver Apéndice B para la descripción e ilustraciones de los pozos H6c, F8d, D9c y G10c). A través de estos pozos se detectó la existencia de dos etapas constructivas anteriores del basamento principal y del acceso; se encontraron fragmentos *in situ* del recubrimiento de estuco así como las Cistas 3, 4, 6 y 7. Con respecto a la estratigrafía procedente de los pozos se identificaron tres capas culturales: la capa I que consiste en un relleno de piedra chica (*bak chi'ich*) con tierra café que se encontró a todo lo largo del basamento principal y adosamientos (grosor de 0.12 a 0.26 metros) al retirar esta capa en el basamento principal se encontró la Cista 6 y la base del cimiento rectangular; la capa II

Figura 3.11. Estructura 5: Metate reutilizado.

incluyo un relleno de piedra mediana burda con tierra café presente igualmente en todo el basamento principal y los adosamientos (grosor de 0.56 a 1.34 metros) al retirar esta capa se localizaron las Cistas 3, 4 y 7 y dos etapas constructivas tempranas del basamento principal. La capa III (grosor 0.82 metros), consistió de un relleno de *bak chi'ich* y tierra café con fragmentos de estuco *in situ* (grosor 0.04 metros) cubriendo una capa de piedra mediana y tierra café, esta capa sólo se localizó en el basamento principal -esquina noreste y acceso oeste- y en la plataforma adosada oeste -esquina noreste de la retención. Las cistas 3, 4 y 6 se descubrieron durante nuestras excavaciones mientras que los restos de la Cista 7 fueron excavadas por el proyecto del M.A.R.I., (clave M-1527-A) (Andrews IV y Andrews V, 1980: 246-47; Cottier 1982: 370, 700). Las tres cistas identificadas fueron de carácter funerario aunque ninguna contenía materiales óseos. El tamaño de la Cista 6 sugiere que fue utilizada inicialmente para depositar el entierro de un menor y posteriormente (fines del complejo Zipché fase 2), éste fue retirado y la cista se rellenó con piedras, tierra y basura cerámica. La exploración de las cistas produjo un total de 12 vasijas completas -tres de ellas en buen estado de conservación, parte de la ofrenda funeraria de las Cistas 3 y 4 (ver Apéndice B para la descripción de las Cistas 3, 4, 6 y 7). La mayoría de las vasijas estaban en posición invertida.

Posteriormente, se exploraron los muros tempranos del basamento para determinar la forma, sistema constructivo y altura de éstos, encontrándolos en buen estado de conservación; se excavó el acceso oeste localizándose una etapa más temprana en la cual el acceso al basamento era directo, es decir no tenía escalones de acceso. Una vez delimitadas las diferentes etapas constructivas del basamento se dibujaron y fotografiaron continuando con la consolidación. La estratigrafía obtenida a través de la excavación de los pozos, evidenció una secuencia constructiva representada por los diferentes crecimientos y modificaciones que sufrió esta estructura. En cuanto a la secuencia constructiva, hay tres etapas representadas en esta estructura (ver Figura 3.12): durante la etapa I se construye el basamento principal, éste tiene forma rectangular (largo 7.95 metros, ancho 5.70 metros) presenta muros retentivos elaborados con piedras grandes y medianas poco cortadas unidas con cuñas de piedra y recubiertas por una capa de estuco, la altura *in situ* de estos muros fue de 0.70 a 0.76 metros y probablemente tenía una construcción superior elaborada con materiales perecederos; el acceso estaba orientado al oeste, no localizamos los restos de un escalón asociado a esta etapa constructiva, el área alrededor de la plataforma presentaba un piso de estuco.

En la etapa II, este basamento crece en sus lados este, norte y sur, el largo entonces es de 11.30 metros con un ancho de 7.95 metros, los muros retentivos se elaboran con piedras grandes poco cortadas unidas también con cuñas de piedra y tierra quizás recubiertas con un aplanado de estuco. El basamento tiene esquinas altas remetidas 1.20 metros al este con una altura de 0.80 a 1.15 metros; en esta etapa se construye la plataforma adosada oeste rellenándose el acceso de la etapa I y construyéndose un nuevo acceso al frente del cimiento rectangular con tres escalones (huella de 0.50 a 0.64 metros, peralte de 0.08 a 0.21 metros) éste tiene un largo de 8.05 metros y un ancho de 1.40 metros. Los muros de la etapa anterior se cubren (el basamento tiene un altura de 1.62 metros) y utilizan como base de un cimiento rectangular con dos hiladas de altura, un acceso abierto orientado al oeste y techos y muro de materiales perecederos. En la etapa III, vuelve a aumentar el tamaño del basamento creciendo nuevamente en sus lados norte, sur y este (largo 12.95 metros, ancho 9.65 metros) los muros retentivos están elaborados con piedras grandes más desbastadas unidas con cuñas de piedra y probablemente recubiertos con una capa de estuco; se construye la plataforma adosada sur. Finalmente, se construye el cimiento absidal adosado al sureste de la plataforma adosada sur.

La materiales culturales obtenidos de la exploración de la Estructura 5 y su cronología se incluyen en la Tabla A.6. Adicionalmente, recobramos restos de carbón vegetal, varios fragmentos óseos de fauna así como fragmentos del aplanado de estuco. Cronológicamente, los materiales cerámicos procedentes del pozo F8d, excavado en el interior de la primera etapa constructiva del basamento principal, presentan evidencias de los complejos Copo (96.49%), Chechem (1.40%), Xculul (1.05%) y Zipche (1.05%). Mediante el pozo G8d se obtuvieron materiales cerámicos correspondientes a la segunda etapa constructiva, en los cuales se encontraron tiestos de los complejos Copo (96.29%), Xculul (1.85%) y Zipche (1.85%). En la tercera etapa constructiva los materiales cerámicos pertenecen a los complejos Copo (90.47%), Zipche (4.76%), Chechem (3.27%). Nabanche (0.89%) e Xculul (0.59%). Los tiestos procedentes del pozo D9c, excavado en la plataforma adosada al oeste del basamento principal, pertenecen al complejo Copó fase 1 (Clásico Tardío); mientras que en el pozo H6c, practicado en la plataforma adosada al sur, los materiales cerámicos pertenecen en su totalidad al complejo Copó fase 2 (Clásico Terminal). El material recobrado de las Cistas 3 y 4 se fecha para el Complejo Copo fase 2, mientras que las Cistas 6 y 7 se fechan para el Complejo Copo fase 2. Como ya mencione, los restos del menor enterrado en la Cista 6 se removieron durante el Complejo Zipche fase 2. Es pues, que la secuencia constructiva planteada previamente para la Estructura 5 puede fecharse tentativamente de la siguiente manera: las etapas constructivas I y II se llevaron a cabo a fines del complejo Copó fase 1 (Clásico Tardío), mientras que la etapa III se desarrolló en algún momento a fines del complejo Copó fase 2 (Clásico Terminal) e inicios del complejo Zipché (Posclásico Temprano). La última actividad asociada a la Estructura 5 fue la remoción del entierro en la Cista 6 a finales del complejo Zipche.

3.2.6. Estructura 6

La Estructura 6 (ver Figura 3.13) se localiza al noroeste de la Estructura 5 y no se reporta previamente en el mapa del M.A.R.I. (Stuart et al. 1979) Esta estructura no presenta

Domesticidad y vida cotidiana urbana en una capital del Norte de Yucatán

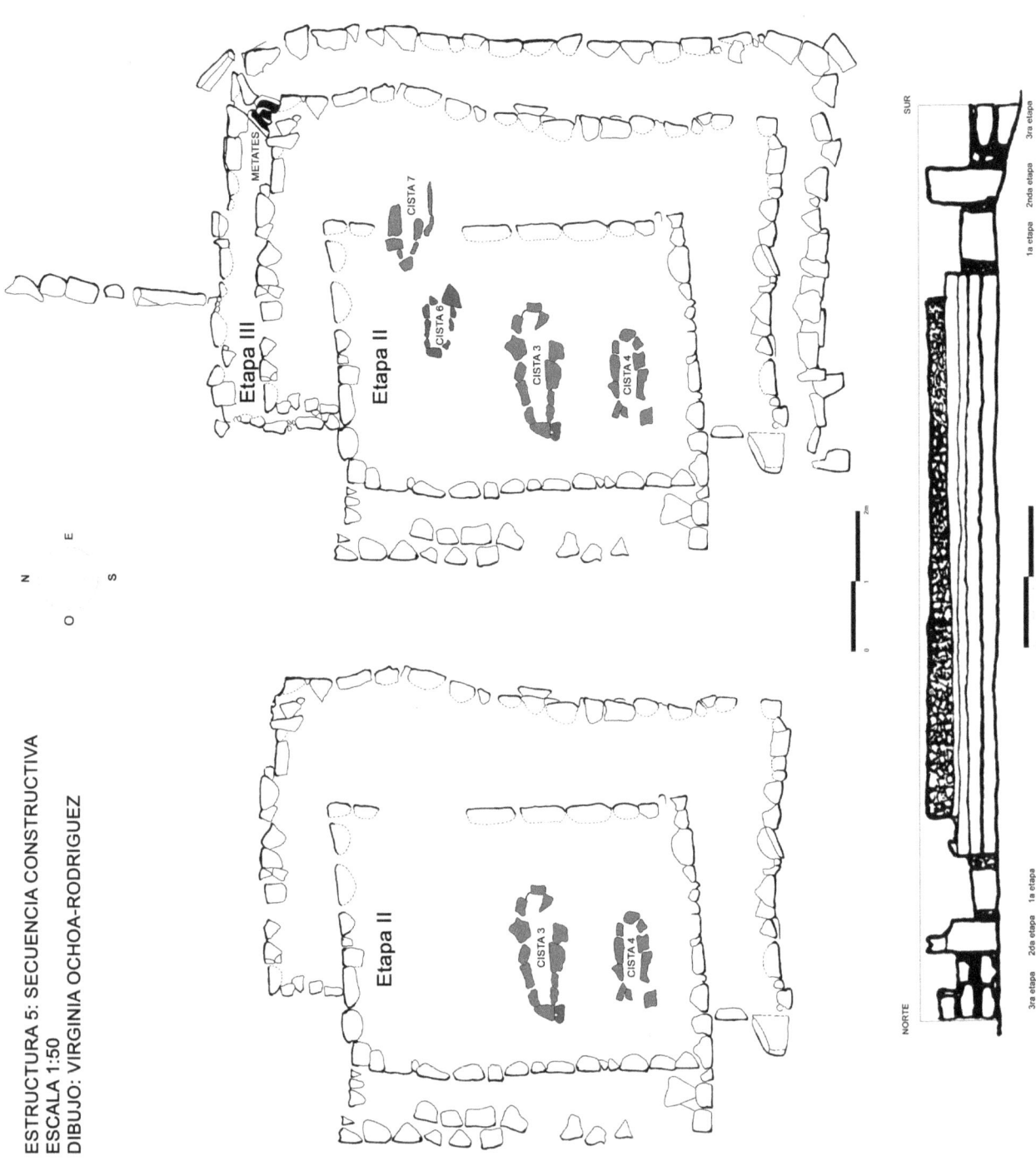

Figura 3.12. Estructura 5: Secuencia constructiva.

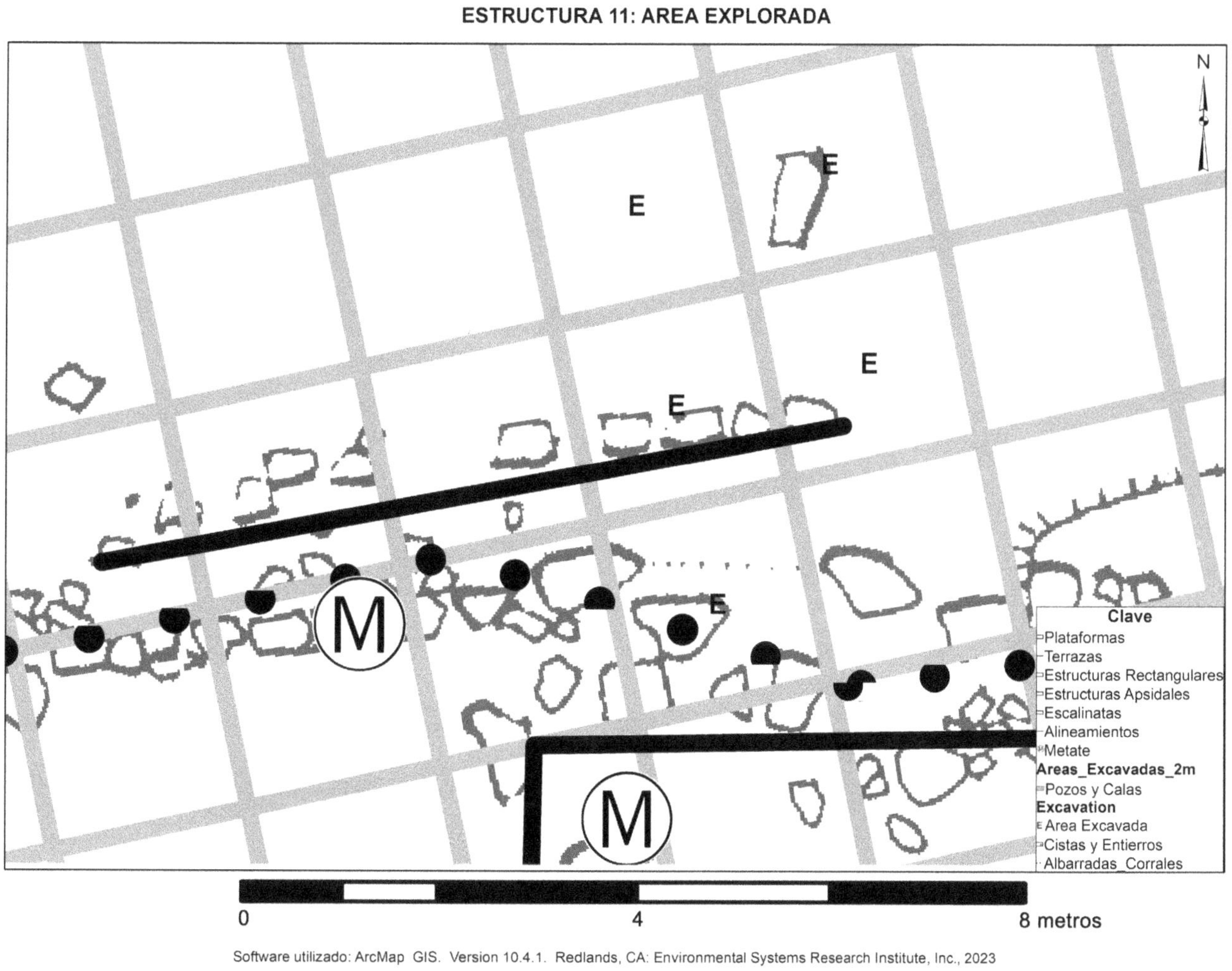

ESTRUCTURA 11: AREA EXPLORADA

Figura 3.13. Estructura 6: planta y área explorada.

un basamento ya que se localiza directamente sobre el terreno natural. Las construcciones superiores incluyen una alineación fragmentada que consiste de los restos de la base de un cimiento posiblemente con forma rectangular del cual solo se conserva parte del muro sur.

El sistema constructivo asociado señala que la base fue elaborada con piedras grandes (0.44 m, 0.56 m) poco cortadas unidas por medio de cuñas de piedra. Tiene un largo de 6.80 metros y el careamiento de las piedras mira al sur aunque no se localizaron restos adicionales de los muros. No se localizó el acceso ni los otros lados de la base, tampoco hay restos de piso de estuco. Un fragmento de metate en superficie, el Elemento 10 se encuentra reutilizado en una albarrada al sur de la alineación. Durante la excavación de la Estructura 6 se exploraron 20 metros cuadrados. La estratigrafía revelo solo una capa cultural, la capa I compuesta por piedra chica (*bak chi'ich*) y tierra café rojiza (grosor 0.40 m). Al retirarse esta capa se dejó al descubierto el arranque de las piedras que conforman la alineación lo que sugiere que este embutido son los restos del piso interior y exterior del cimiento antes de que fuera desmantelado. Además del material enlistado en la Tabla A.7 y su cronología, recobramos restos de carbón vegetal. La excavación de este cimiento revelo que los materiales cerámicos del relleno constructivo representan los complejos Copo (88.82%), Chechem (5.92%), Nabanche (2.63%) y Zipche (2.63%) indicando que la actividad constructiva del cimiento se llevó a cabo durante el complejo Copó fase 1 (Clásico Tardío) siendo desmantelada en algún momento a finales del complejo Zipché (Posclásico Temprano).

3.2.7. Estructura 7

La Estructura 7 se localiza en la esquina sureste de la cuadrícula (ver Figura 3.14). En el mapa del M.A.R.I. (Stuart et al. 1979), se describe como un cimiento elíptico con el acceso orientado al oeste; el número que se le asignó es 159.

La Estructura 7 no incluye un basamento ya que se encuentra sobre una elevación del terreno natural. Un cimiento de planta absidal es la única construcción superior. El sistema constructivo de la Estructura 7 incluye la base del cimiento que se encuentra derrumbada elaborada con una hilada de piedras grandes burdamente cortadas con esquinas altas. El acceso al cimiento se compone de jambas monolíticas (1.10 metros, 0.73 metros; 0.95 metros y 0.55 metros respectivamente) y está orientado al oeste; el vano tiene un ancho de 0.60 metros. El espacio interior tiene un largo de 5.10 metros y un ancho de 3.30 metros. Los muros y techos

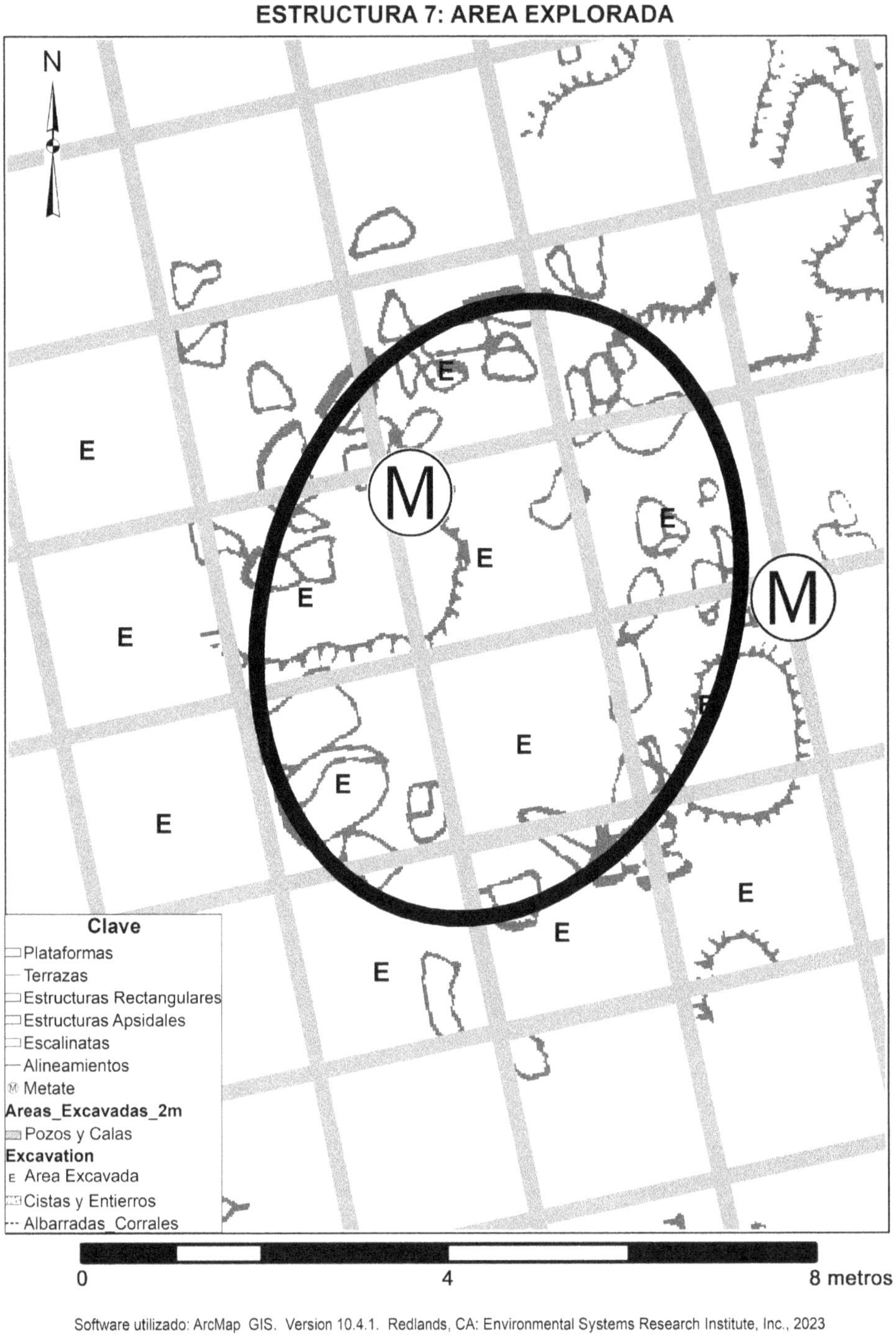

ESTRUCTURA 7: AREA EXPLORADA

Software utilizado: ArcMap GIS. Version 10.4.1. Redlands, CA: Environmental Systems Research Institute, Inc., 2023

Figura 3.14. Estructura 7: planta y área explorada.

eran de material perecedero y no se encontraron restos de piso de estuco. Dos metates se asocian a esta estructura, el Elemento 7 localizado en el interior del cimiento cerca de la esquina noroeste casi completo y el Elemento 8 ubicado al exterior del cimiento en el lado este el cual se encontró fragmentado. Se exploró un área de 52 metros cuadrados excavándose el interior del cimiento, los lados norte, este, sur y oeste. Estratigráficamente se localizaron dos capas culturales: la capa I es un relleno de piedra chica (*bak chi'ich*) y tierra café rojiza (grosor 0.15 metros) localizada tanto en el interior como en el exterior del cimiento; la capa II es un embutido de piedra mediana y tierra café (grosor 0.40 m) localizada únicamente en los desniveles profundos del terreno. Ambas capas conforman el relleno del piso interior del cimiento así como del área alrededor de éste. La excavación de la Estructura 7 proporciono los materiales culturales y su cronología cerámica incluidos en la Tabla A.8. No se encontraron pisos sellados, pero los tiestos cerámicos del relleno constructivo reflejan materiales asociados a los complejos Copó (93.62 %), Zipché (2.84 %), Chechém (1.89 %) y Nabanché (1.65 %). La evidencia señala que la principal actividad constructiva en este cimiento se desarrolló durante el complejo Copó fase 2 (Clásico Terminal) aunque la actividad cultural fue continua hasta el complejo Chechém (Posclásico Tardío).

Mapeo y excavación de un grupo de estructuras sin bóveda en Dzibilchaltún

ESTRUCTURA 8: AREA EXPLORADA

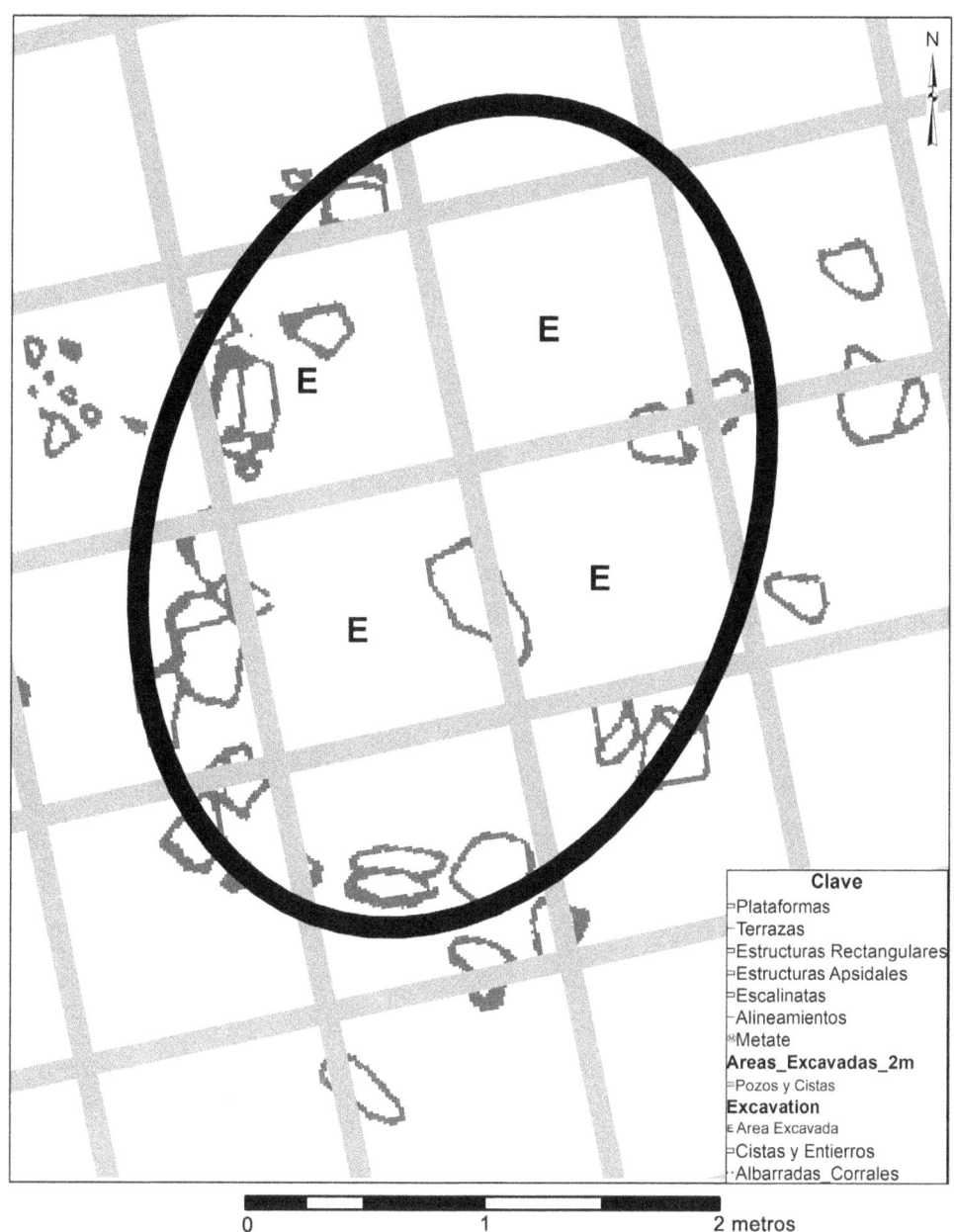

Figura 3.15. Estructura 8: planta y área explorada.

3.2.8. Estructura 8

Esta estructura se localiza al sur de la Estructura 5 y al suroeste de la Estructura 7 (ver Figura 3.15). En el mapa del M.A.R.I. (Stuart et al. 1979), se describe como un cimiento absidal no apreciándose claramente la orientación de su acceso y no fue numerada.

El basamento se localiza sobre el terreno natural incluyendo los restos de un cimiento absidal como construcción superior. Con respecto al sistema constructivo, la base del cimiento estaba derrumbada y se elaboró con una hilada de piedras grandes (0.80 m, 0.50 m) burdamente cortadas observándose esquinas altas. El espacio interior tiene un largo de 5.10 metros y un ancho de 3.20 metros. Sólo se conservan los restos del lado sur, oeste y parte del este donde se localizaba el acceso -no se conservan restos de las jambas. Los muros y techo eran de materiales perecederos y no se encontraron restos de piso de estuco. No se localizaron elementos asociados a esta estructura. La excavación exploro 12 metros cuadrados en el interior del cimiento identificándose dos capas culturales en la estratigrafía: la capa I: relleno *chi'ich* y tierra café rojiza (grosor 0.19 metros) y la capa II: relleno piedra mediana y tierra café (grosor 0.20 m). Ambas capas conforman los restos del piso interior del cimiento. Los materiales obtenidos de la exploración de esta estructura y su análisis cronológico se enlistan en la Tabla A.9. Aunque no hubo pisos sellados, los materiales cerámicos procedentes del relleno constructivo comprenden los complejos Copó (93.64 %), Nabanché (2.35 %), Zipché (1.63 %), Xculúl (1.08 %), Chechém (0.90 %) y Piím (0.18 %). Los materiales cerámicos reflejan que la construcción de este cimiento se llevó a cabo durante el complejo Copó fase 2 (Clásico Terminal), aunque la actividad cultural en el mismo continua hasta el complejo Chechém.

3.2.9. Estructura 9

La Estructura 9 se localiza al sur de la Estructura 5 y al oeste de la Estructura 8 (ver Figura 3.16). Esta estructura no está reportada en el mapa del M.A.R.I. (Stuart et al. 1979). La Estructura 9 no tiene basamento y se ubica directamente sobre el terreno natural. La única construcción superior consiste de un cimiento de planta absidal. El sistema constructivo identificado incluye la base del cimiento la cual estaba derrumbada y que se elaboró con una hilada de piedra mediana y grande (de 1.20 a 1.10 metros) burdamente cortada con esquinas altas.

El acceso se localizaba al este conformado por jambas monolíticas burdas y el vano tiene un ancho de 0.70 metros, el espacio interior tiene un largo de 7.50 metros y un ancho de 4.50 metros. No hay restos de piso de estuco y el techo y muros eran de materiales perecederos. No se localizaron elementos culturales asociados a la Estructura 9. Se exploró un área de 12 metros cuadrados en el interior

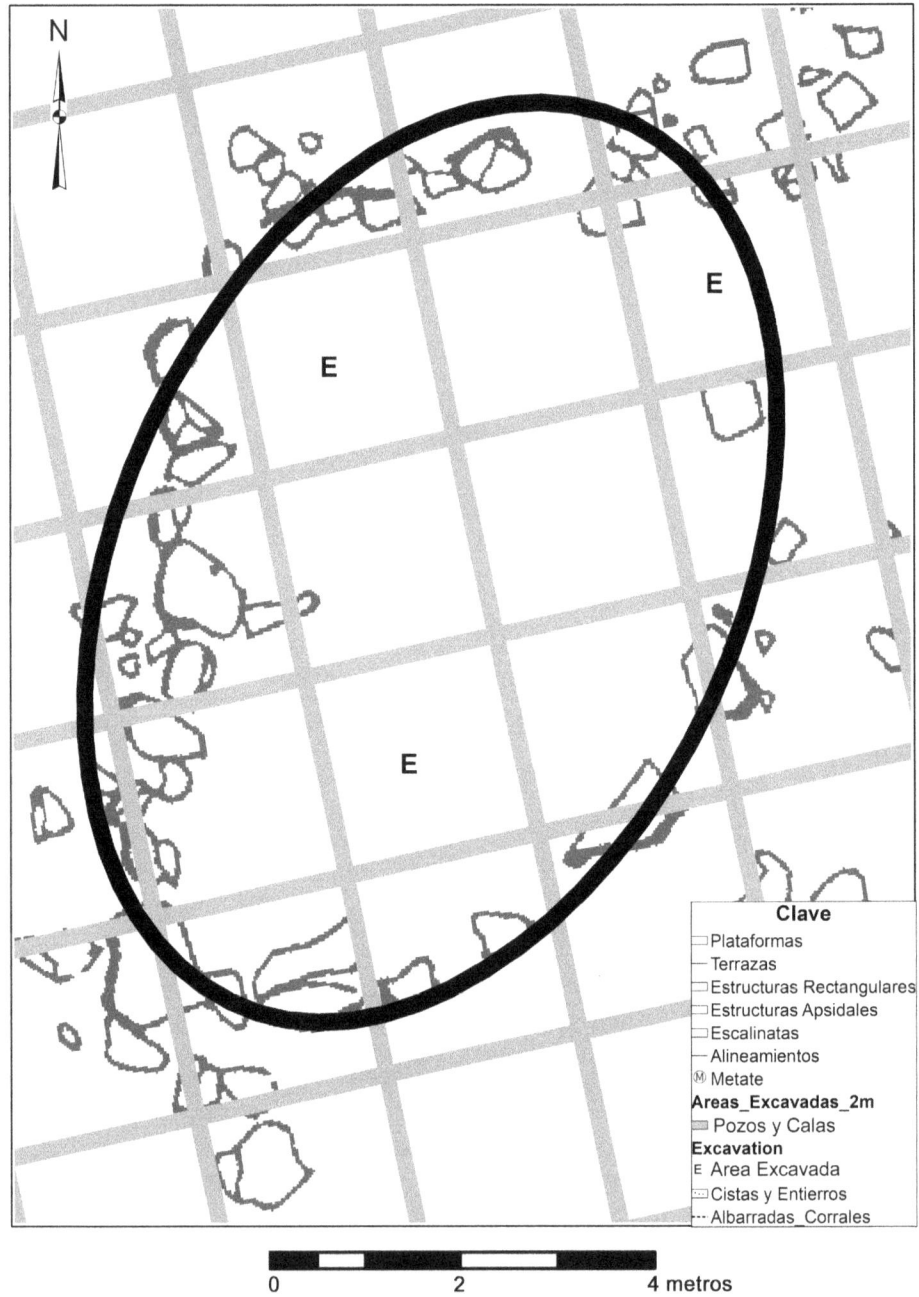

Figura 3.16. Estructura 9: planta y área explorada.

del cimiento identificándose dos capas culturales: la capa I es un relleno de *chi'ich* y tierra (grosor 0.32 metros) y la capa II corresponde a un relleno de piedra mediana y tierra (grosor 0.30 metros). Ambas capas conforman el apisonado interior del cimiento. Los materiales culturales recuperados y su cronología se incluyen en la Tabla A.10. Cronológicamente no se encontraron pisos sellados, pero el relleno constructivo del cimiento proporciono materiales cerámicos de los complejos Copó (89.86 %), Zipché (4.17 %), Nabanché (2.53 %), Chechém (2.23 %), Xculúl (0.89 %) y Colonial (0.15 %). La frecuencia con que está representado el complejo Copó fase 2 (Clásico Terminal), hace suponer que este es el momento en que el cimiento es construido aunque las actividades culturales continúan hasta el complejo Colonial.

3.2.10. Estructura 10

Localizada al suroeste de la cuadrícula y de la Estructura 5 y al oeste de la Estructura 9 (ver Figura 3.17), en el mapa del M.A.R.I. (Stuart et al. 1979), la Estructura 10 se describe como una plataforma rectangular sin estructura superiores; se le asignó el número 162.

El basamento consiste de una plataforma rectangular baja con muros retentivos de una hilada de altura elaborados con piedras grandes y medianas burdamente cortadas. La Estructura 10 tiene un largo de 20.50 metros, un ancho de 10.20 metros y una altura de 0.45 metros con un acceso al norte que consiste de un desnivel del relleno constructivo localizado sobre una elevación del terreno natural. No se encontraron restos de cimientos superiores prehistóricos o metates asociados a la Estructura 10. Se excavo un área de 56 metros cuadrados por medio de una cala que atravesó a la plataforma de este a oeste y algunos cuadros adyacentes al suroeste. Se identificaron dos capas culturales: la capa I es un relleno de *chi'ich* y tierra café con fragmentos dispersos de estuco (grosor de 0.10 a 0.20 metros) y la capa II, un relleno de piedra mediana y grande con tierra café (grosor entre 0.50 y 0.60 metros), en esta capa se localizó la Cista 5 y en el interior de la misma los restos del Entierro 2. Ambas capas conforman el relleno interior del basamento él cual estaba recubierto -en su superficie- por una capa de estuco. El material óseo del Entierro 2 se encontró muy destruido y sin posición anatómica y presenta características de una re-inhumación. Los tiestos cerámicos asociados fechan tentativamente este entierro para el complejo Copó fase 2. La excavación de la Estructura 10 produjo los materiales culturales y su análisis cronológico descrito en la Tabla A.11. Los tiestos cerámicos correspondientes al relleno constructivo localizado bajo los restos pulverizados del recubrimiento de estuco comprenden los complejos Copó (94.72 %), Chechém (3.16 %), Zipché (0.84 %), Nabanché (0.84 %) y Xculúl (0.42 %); la evidencia de los materiales

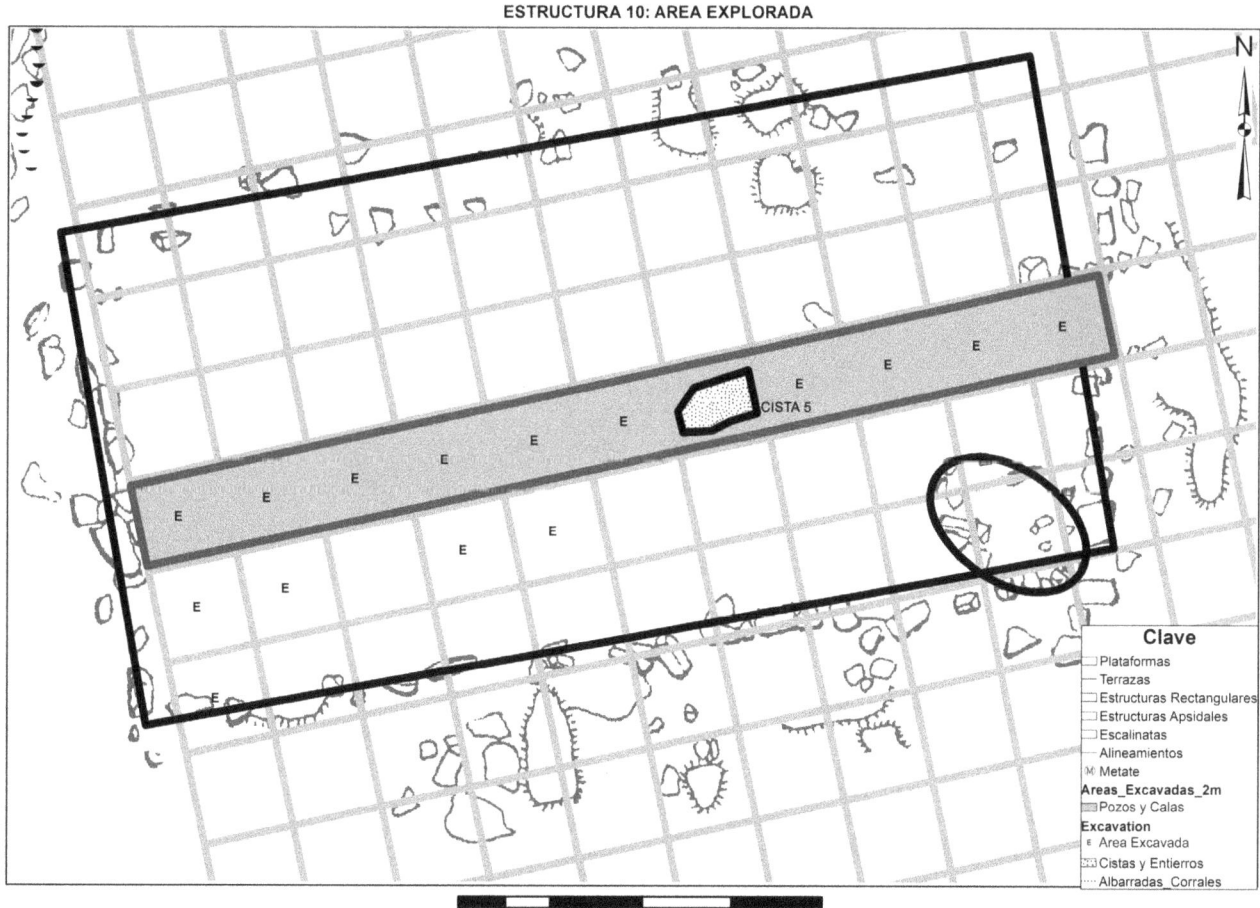

Figura 3.17. Estructura 10: planta y área explorada.

cerámicos sugiere que esta plataforma fue construida durante el complejo Copó en su fase 2 (Clásico Terminal), aunque continuó siendo utilizada hasta principios del Complejo Chechém (Posclásico Tardío).

3.2.11. Estructuras absidales asociadas al contexto habitacional

Estas estructuras se localizan al suroeste de la Estructura 10 y fueron previamente reportadas en el mapa del M.A.R.I. (Stuart et al. 1979) pero no están numeradas (ver Figura 3.18).

Ubicadas directamente sobre el terreno natural no incluyen un basamento y consisten de dos cimientos de forma elíptica: el Cimiento A se localiza a 1.60 metros al suroeste de la Estructura 10 y el cimiento B a 3.70 metros al sureste del primero. La base de ambos cimientos se encontró derrumbada y ambos fueron elaborados con una hilada de piedras grandes (de 0.40 a 1.30 metros) burdamente cortadas con esquinas altas. El Cimiento A presenta en su interior una alineación de piedras semicircular (largo 3.00 metros, ancho 2.50 metros), el espacio interior tiene un largo de 7.60 metros y un ancho de 3.60 metros, su acceso se localiza al este aunque las jambas ya no están en

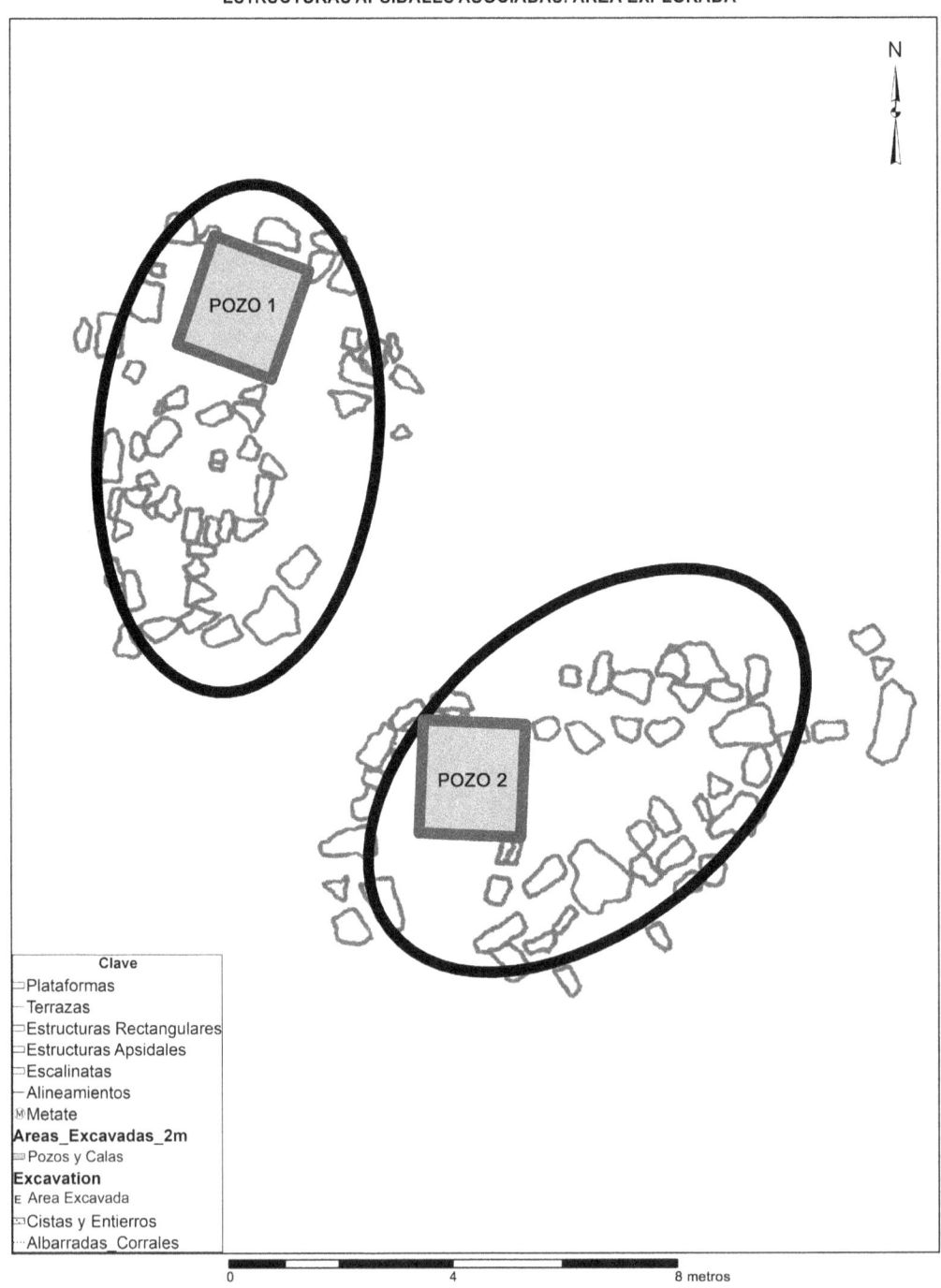

Figura 3.18. Estructuras apsidales asociadas al Contexto Habitacional: planta y área explorada.

su posición original. En el Cimiento B, el espacio interior tiene un largo de 6.60 metros y un ancho de 3.70 metros, su acceso se encuentra al oeste elaborado con jambas monolíticas y el vano tiene un ancho de 1.00 metro. Ambos cimientos tenían muros y techo elaborados con materiales perecederos. La exploración de estas estructuras incluyo la excavación de un pozo de 4 metros cuadrados (2.0 x 2.0 m) en cada cimiento (ver Apéndice B Pozos 1 y 2). Se identificaron dos capas culturales: la capa I es un relleno de *chi'ich* y tierra café rojiza (grosor de 0.10 a 0.12 metros) y la capa II, un relleno de piedra mediana y tierra café (grosor 0.22 metros). Ambas capas pertenecen al apisonado interior de los cimientos. Los materiales culturales obtenidos y su cronología se incluyen en la Tabla A.12. La excavación de los rellenos constructivos en el Cimiento A revelo la presencia de materiales de los complejos Copó (91.4 %), Zipché (5.71%) y Nabanché (2.85 %) mientras que el relleno constructivo del Cimiento B contenía únicamente tiestos del complejo Copó. La evidencia cerámica señala que ambos cimientos fueron construidos durante el complejo Copó fase 1 (Clásico Tardío), continuando su ocupación hasta principios del Complejo Zipché (Posclásico Temprano).

3.3. Cistas, entierros y materiales recuperados

Como elementos constructivos, las cistas han sido comúnmente identificadas como construcciones especiales para el depósito de entierros (Ruz Lhullier1989: 160) y se han reportado en diferentes sitios y contextos. Plunket (2002: 8) señala que cistas y entierros son la evidencia más frecuente de la actividad ritual en contextos domésticos. En el área Maya del periodo Preclásico al Clásico, los miembros de una unidad habitacional generalmente se enterraban debajo del piso de la casa-habitación lo cual ha resultado en la interpretación de los rituales funerarios en estos contextos en función de la veneración de los ancestros en sociedades basadas en linaje (Gillespie 2000a, 2000b, Healan 1993; Marcus 1998; McAnany 1995; entre otros). Para Whitehouse (1996:13), la definición de objetos rituales, esto es artefactos cuyo valor reside en su contenido simbólico, es muy amplia y sugiere la subdivisión de los mismos en categorías basadas en su papel en los rituales humano-divinos. Los objetos sagrados o *sacra* eran considerados divinos o que representaban lo divino. En las áreas domésticas estos objetos incluían esculturas (de dioses, ancestros, espíritus y otros seres naturales), bultos o manojos sagrados, la parafernalia ritual (vestimenta, incensarios, los instrumentos de desangrado), ofrendas (comida, incienso, animales para sacrifico) así como las ofrendas asociadas a los entierros. Plunket (2002: 6) añade que los restos de los ancestros también pudieron jugar el papel de objetos sagrados corporales en la realización de rituales domésticos. Finalmente, el autor (2002: 9) reitera el valor funcional de los rituales religiosos incluyendo el establecimiento y fomento de la solidaridad social del grupo (Durkheim 1955), la resolución de conflictos (Gluckman 1962), la formación de la identidad del grupo (Douglas 1973), como marcador de la transición social de los ciclos de vida humano (Van Gennep 1961) y facilitar la comunicación entre los miembros del grupo doméstico, la comunidad y los seres supernaturales (deidades, espíritus o ancestros) que forman parte de la cosmovisión Mesoamericana. McAnany (1995).

En Dzibichaltún las exploraciones realizadas en los años sesentas por el grupo del M.A.R.I - *Tulane University* reportaron un total de siete cistas de las cuales el 40 % tuvo una función funeraria y el resto contenía vasijas cerámicas (Andrews IV y Andrews V 1980). Durante la intervención de 1986 a cargo de la Arqueóloga Beatriz Repetto se localizó una cista en el sistema constructivo del *sacbé* número 1 que contenía un entierro en no muy buenas condiciones. En la temporada de 1993, localizamos un total de siete cistas en el contexto habitacional (ver Apéndice B para la descripción e ilustración de cada una) y la mayoría se encontró en el interior de los cimientos: dos en el cimiento rectangular de la Estructura 2, cuatro en el cimiento rectangular de la Estructura 5 y una en la Estructura 10 una plataforma baja sin restos de construcciones superiores. Las cistas tienen forma de cajas rectangulares y sus dimensiones varían, seis cistas tuvieron una orientación este-oeste y una estaba orientada norte-sur. Todas la cistas se construyeron con lajas de piedra burdamente cortadas y el interior se rellenó con tierra café revuelta con piedras pequeñas; tres de las cistas tenían tapas. Únicamente dos de ellas contenían entierros humanos y una de estas cistas -la número 7- fue excavada en los años sesentas por Cottier (1982: 700) reportando una ofrenda de tres vasijas (ver Andrews IV and Andrews V 1980: 246-247). Del resto de las cistas, dos se encontraron rellenas de tierra, piedras, fragmentos de cerámica y molusco, y dos más contenían *sacra* consistiendo de 12 vasijas completas en total. Los materiales cerámicos asociados a estos elementos los fechan para el complejo Copó (Clásico Tardío-Terminal 600 –1000 d.C.), aunque dos de ellas fueron vaciadas de su contenido original y rellenadas con materiales del complejo Zipché fase 2. Los dos entierros localizados (Apéndice B incluye la descripción detallada e ilustración de cada entierro) durante las excavaciones fueron individuales e indirectos, encontrándose en cistas de piedra -construcciones especiales para depositar el cadáver-, sin tapas y con vasijas y fragmentos de navajas prismáticas de obsidiana asociados. Los entierros se encontraron en posición extendida orientados en un eje este-oeste; aunque el material óseo se encontró bastante destruido por efectos del itemperismo y no estaba en posición anatómica. En el caso del Entierro 2 pudieron reconocerse fragmentos de huesos largos, costillas y se localizaron diez piezas dentarias (tres molares, dos incisivos inferiores, dos premolares, dos caninos y un incisivo superior). Por la forma de la cara oclusal de las piezas dentarias, se observó poco desgaste de las cúspides lo cual permite inferir que el individuo es un adolecente con una edad aproximada entre 12 y 16 años. La calidad del material no ha permitido la realización de análisis óseos más específicos, pero la evidencia señala que este entierro fue extraído de otro contexto "reinhumándose" en la cista donde se encontró. Los materiales cerámicos asociados fechan ambos entierros para el grupo Copó fases I y 2 (Clásico Tardío y Terminal 600 – 1000 d.C.).

3.3.1. Materiales cerámicos

Durante las exploraciones llevadas a cabo en el grupo habitacional, los tiestos cerámicos constituyeron el 97 % del material recuperado esto es un total de 15,330 fragmentos y 13 vasijas completas (ver Tabla A.13). El material extraído procede de la excavación horizontal, pozos, limpieza y consolidación de las estructuras excavadas (80.2 %). Otras fuentes de material cerámico fueron el material de la recolección de superficie (16 %), las ofrendas de dos entierros y seis cistas (2.4 %). En el aspecto contextual debe comentar que la mayor parte del material se localizó en contextos secundarios, esto es, rellenos constructivos que generalmente se encontraron muy alterados y/o "revueltos", ya que el sistema constructivo utilizado en la mayoría de las edificaciones exploradas y el tipo de alteraciones (naturales y culturales) que éstas sufrieron impidieron la conservación de los pisos y la obtención de muestras provenientes de contextos sellados; en cuanto a las cistas, cuatro de ellas presentaron ofrendas sin alteración evidente aunque en las tres restantes se encontró que habían sido rellenadas con una mixtura de materiales cerámicos. El material cerámico se clasifico mediante el sistema tipo-variedad implementado por Smith, Willey y Gifford (1960), a fin de obtener una secuencia cronológica, a nivel de grupo cerámico, que permitiera comprender los momentos de ocupación del grupo doméstico (la descripción detallada de la tipología cerámica se incluye en el Apéndice B). Los tiestos se agruparon en base a la semejanza en el acabado de superficie (color de base, presencia o ausencia de engobe, calidad de éste, etcétera) y por la variación presente en las formas. Posteriormente, se clasificaron en cuanto a la textura, color de la pasta, y desgrasante usado para conformar con ello grupos cerámicos. Se ha considerado al grupo cerámico como una herramienta útil para definir a cada uno de los distintos complejos ya que esta categoría es una unidad analítica no muy amplia que reúne varias unidades menores estrechamente relacionadas (tipos y variedades), permitiendo operar de una manera fluida en el cómputo de miles de tiestos (Robles, 1988: 24-25). En el análisis se utilizó el concepto de grupo cerámico tanto en la tabulación de los tiestos, como en su representación cuantitativa (tablas), cualitativa (diagramas) y distribución. Los materiales se registraron mediante un formato de captura en el cual se anotaba el grupo cerámico, la forma de la vasija, el área de la vasija representada por el tiesto -borde, cuerpo, base, asa-, las vasijas completas y algunas observaciones respecto al acabado de superficie y decoración. Posteriormente toda esta información se capturó utilizando una base de datos mediante la cual fue posible ordenar los materiales cerámicos para su cuantificación final permitiendo la elaboración de tablas y gráficas de representación.

Además del aspecto tipológico se identificaron las principales formas cerámicas presentes en la muestra a fin de poder determinar con ello el porcentaje de material "doméstico" encontrado, su distribución espacial y asociación con las diferentes estructuras exploradas. Para llevar a cabo esta labor se utilizaron los criterios modales y funcionales propuestos por Brainerd (1958: 47-48, 79-88), Castillo Tejero y Litvak (1968), Smith (1971: 68-100), Leventhal y Baxter (1988: 51-69) y Rice (1987: 208-237). Algunas de las principales funciones asignadas a las distintas formas cerámicas se dividen en:

funciones domésticas que incluyen: almacenamiento de líquidos o granos (ollas estriadas, lisas, *chultuneras*, cantaros), procesamiento y cocinado de alimentos (cazuelas o *apaxtles*, cajetes de base redondeada, molcajetes, comales), traslado de comida (platos y cajetes trípodes);

aquellas funciones relacionadas con la celebración de rituales: quema de resinas aromáticas (braseros o incensarios), depósito de ofrendas dedicatorias o mortuorias (platos y vasos de pasta fina, decoración polícroma o gubiada-incisa muy elaborada, tamaño normal o miniaturas, de importación o manufactura local)

otras funciones (botellones para resinas aromáticas, pigmentos u otros materiales).

Mi análisis identifico siete complejos cerámicos de los establecidos para Dzibilchaltún por Andrews IV y Andrews V (1980), representados por 37 grupos los cuales comprenden una temporalidad que parte del periodo Preclásico Tardío hasta el siglo 18. Los materiales cerámicos procedentes de la recolección superficial reflejaron que su representatividad es muy confiable en los aspectos tipológico y modal (ver Tablas 3.1 and A.14), ya que al analizarse estos tiestos se identificaron materiales pertenecientes a los siete complejos cerámicos identificados en los materiales de relleno y cistas, esto es un 73 % de los grupos cerámicos (27 grupos) y un 65 % de las modas cerámicas (13 formas cerámicas).

El material utilizado en actividades "domésticas" comprende el 95.6 % (2,132 tiestos), e incluye ollas, cazuelas, cantaros, platos, tecomates, cajetes trípodes y de base plana; las formas empleadas en actividades "ceremoniales" representa el 4.4 % (98 tiestos), e incluyen incensarios, cajetes-sonaja, vasos, cajetes de base anular y ollas miniatura (ver Tabla A.15.). El complejo cerámico mejor representado es el Copó (Clásico Tardío-Terminal) incorporando el 89.79 % del total; se observa una presencia importante de materiales del complejo Zipché (Posclásico Temprano) que comprenden el 3.13 %, y Chechem (Posclásico Tardío) con un 3.47 % del total muestreado. Los tiestos pertenecientes a complejos más tempranos como el Nabanché (Preclásico Tardío), Xculúl (Protoclásico) y Piím (Clásico Temprano), o muy tardíos como el Colonial están pobremente representados. Dentro del complejo Copó, los grupos cerámicos más frecuentes corresponden al Chum sin engobe (35.447 %), Muna (31.729%), Teabo (6.275 %), Ticul (6.18 %) y Chuburná (5.192 %). Respecto a los grupos Muna y Ticul se encontró que en un 90 % presentaban engobe de color cafetoso, hecho reconocido por Simmons (nd.) anteriormente. La

Tabla 3.1. Presencia numérica y porcentual de los principales grupos cerámicos identificados.

Complejo	Grupo cerámico	No. tiestos	Vasijas	Total	%	Peso (kg.)	Total Complejo	% Complejo
Colonial (1540 dC - ?)	Mayolica	1.00	0.00	1.00	0.01	0.03	3.00	0.02
	Olivera	2.00	0.00	2.00	0.01	0.05		
Chechem (1200 dC-1540 dC)	Mama	158.00	0.00	158.00	1.03	1.85	532.00	3.47
	Matillas	9.00	0.00	9.00	0.06	0.10		
	Navulá	358.00	0.00	358.00	2.34	3.63		
	Sulché	7.00	0.00	7.00	0.05	0.53		
Zipché (950/1000 dC-1200 dC)	Dzitas	21.00	0.00	21.00	0.14	0.17	481.00	3.14
	Dzibiac	5.00	0.00	5.00	0.03	0.03		
	Kukulá	7.00	0.00	7.00	0.05	0.15		
	Silho	99.00	0.00	99.00	0.65	0.28		
	Sisal	349.00	0.00	349.00	2.28	3.70		
Copó (600 dC - 950/1000 dC)	Balancan	5.00	0.00	5.00	0.03	0.01	13,767.00	89.80
	Celestun	2.00	0.00	2.00	0.01	0.03		
	Conkal	368.00	0.00	368.00	2.40	2.86		
	Chablekal	283.00	1.00	284.00	1.85	1.86		
	Chuburná	795.00	1.00	796.00	5.19	6.25		
	Chum	5,434.00	0.00	5,434.00	35.45	59.71		
	Dzitya	2.00	1.00	3.00	0.02	0.51		
	K'inich	163.00	2.00	165.00	1.08	3.03		
	Muna	4,857.00	7.00	4,864.00	31.73	77.24		
	Saxché	17.00	0.00	17.00	0.11	0.18		
	Teabo	961.00	1.00	962.00	6.28	4.54		
	Ticul	850.00	0.00	850.00	5.55	3.42		
	Timucuy	3.00	0.00	3.00	0.02	0.03		
	Yalcox	14.00	0.00	14.00	0.09	0.13		
Piím (250 dC - 600 dC)	Aguila	1.00	0.00	1.00	0.01	0.01	9.00	0.06
	Balanza	8.00	0.00	8.00	0.05	0.07		
Xculul (150 aC - 250 dC)	Flor	4.00	0.00	4.00	0.03	0.01	149.00	0.97
	Percebes	2.00	0.00	2.00	0.01	0.01		
	Polvero	19.00	0.00	19.00	0.12	0.10		
	Tipikal	29.00	0.00	29.00	0.19	0.30		
	Xanabá	95.00	0.00	95.00	0.62	0.81		
Nabanché Tardio (350 aC -150 aC)	Achiote	274.00	0.00	274.00	1.79	3.38	389.00	2.54
	Chunhinta	93.00	0.00	93.00	0.61	0.48		
	Nolo	10.00	0.00	10.00	0.07	0.05		
	Sierra	12.00	0.00	12.00	0.08	0.21		
TOTAL		15,317.00	13.00	15,330.00	100.00	175.66	15,330.00	100.00

Domesticidad y vida cotidiana urbana en una capital del Norte de Yucatán

cerámica pizarra cafetosa se ha reportado primordialmente en sitios como Yaxuná y Chichén Itzá (Brainerd 1958), El Meco (Andrews y Robles 1986), Cobá (Robles 1990), Xelhá (Canché 1992), y San Gervasio (Peraza 1993). El engobe cafetoso es considerado como uno de los atributos pertinentes a los grupos Muna y Ticul de la esfera oriental (Robles y Andrews 1986), aunque la variedad cafetosa o algunas de sus formas han sido reportadas en otros sitios del área norte de Yucatán como Acanceh (Brainerd 1958), Xcanactún (Robles 1990), Aké e Izamal (Maldonado comunicación personal), los cuales pertenecen a la esfera occidental y supuestamente deberían manifestar una engobe gris similar a las pizarras de la zona *Puúc*. Por lo que toca a las modas, en la muestra de Dzibilchaltún las formas más representativas de la variedad cafetosa del grupo Muna (como cajetes [forma A], platos [forma C], cantaros y ollas [forma G], Robles 1990: 184-185), se manifiestan mínimamente en la colección predominando las modas identificadas para la zona *Puúc*. Respecto al análisis de variación modal, la colección incluye 20 formas principales entre las que destacan ollas, cazuelas, cajetes, platos, vasos, tecomates, braseros, incensarios, cantaros, fragmentos de figurillas y los restos de una venenera. Las formas "domésticas" típicas utilizadas en el almacenamiento de agua y granos, preparación, cocinado y traslado de alimentos (ollas estriadas, *chultuneras* y lisas, cazuelas, cantaros, platos, tecomates, cajetes trípodes) comprenden el 95.29 % (14,602 tiestos y ocho vasijas), de la muestra total. La cerámica de tipo doméstica se distribuye ampliamente en el contexto con concentraciones asociadas a las estructuras 2, 5 y 9. Mientras que la mayoría de los tiestos policromos se localizaron en las estructuras 2, 7 y 9. Las formas relacionadas con la realización de actividades ceremoniales, rituales o utilizadas como ofrendas mortuorias (incensarios, braseros, vasos, cajetes-sonaja, cajetes de base anular, figurillas, ollas piriformes, ollas, cantaros y cajetes miniatura) (ver Figura 3.19), representan el 4.69 % de la colección (715 tiestos y cinco vasijas) y su concentración (100 fragmentos o más) se asocia a las estructuras 1, 2 y 5.

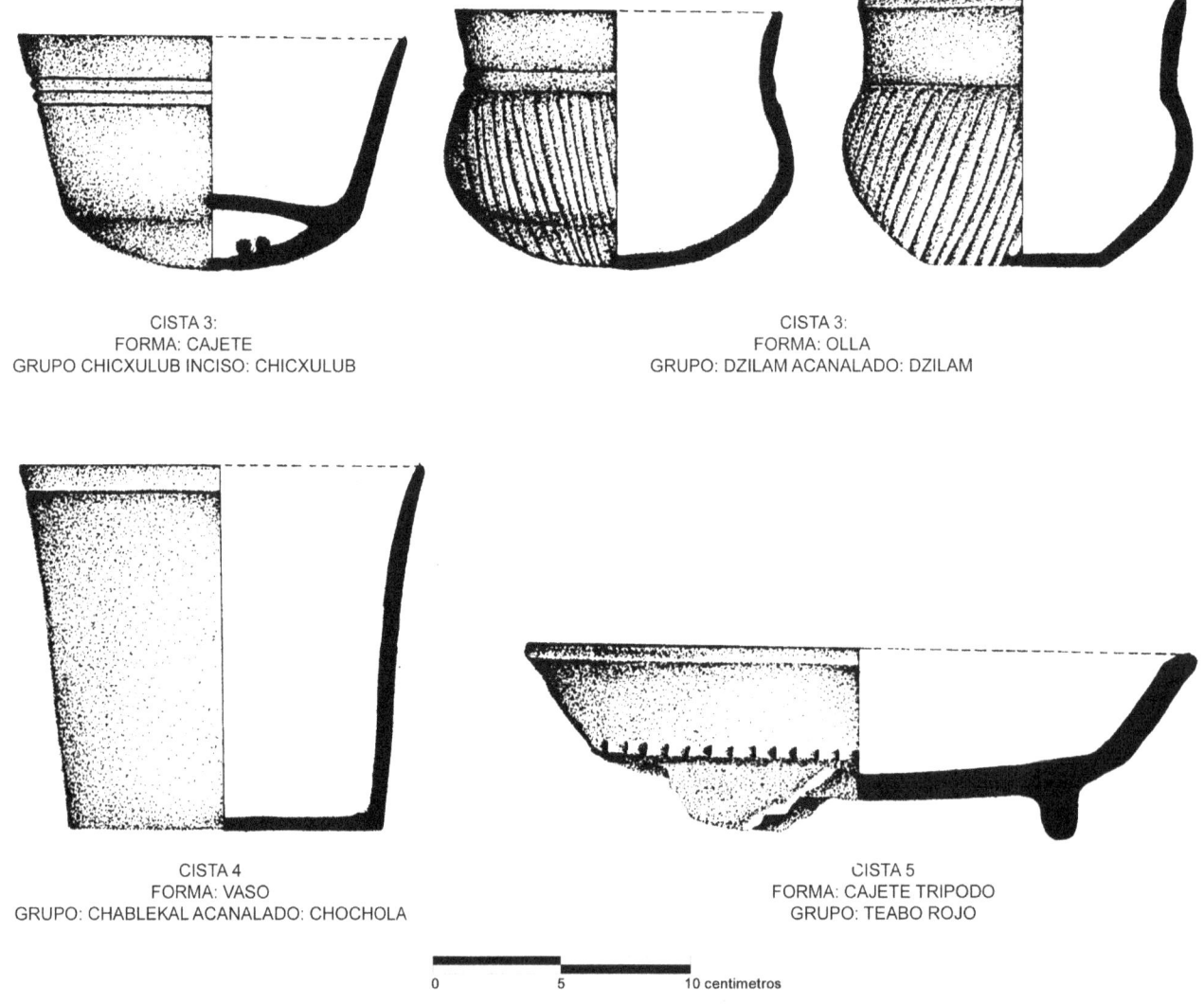

CONTEXTO HABITACIONAL: VASIJAS COMPLETAS
DIBUJO: VIRGINIA OCHOA RODRIGUEZ

Figura 3.19. Vasijas completas procedentes de la ofrenda recobrada de las Cistas 3, 4 y 5.

Las formas utilizadas en otras actividades (veneneras), no llegan siquiera al uno por ciento (un tiesto). El estudio de Loughmiller-Cardinala y Zagorevski (2016), de la manufactura y función de estos contenedores cerámicos pequeños indica que el tiesto recobrado del contexto posiblemente era de una "venenera" tipo panel decorado en su exterior con motivos pintados en la superficie. Desafortunadamente, la erosión del fragmento destruyo cualquier evidencia de su decoración exterior. Los autores indican que algunos de estos contenedores o "botellas" miniatura se utilizaron como pendientes y recipientes, dada su representación como tal en vasijas policromas. Loughmiller--Cardinala y Zagorevski (2016: 7-9) añaden que las "veneneras" pudieron contener substancias medicinales, drogas rituales, chiles molidos, perfumes, tabaco, incienso y pigmentos molidos. En el 2010, el análisis de laboratorio del contenido de una "venenera" procedente de la colección Kislak, revelo trazas de nicotina (Loughmiller--Cardinala y Zagorevski (2016: 7-9). La mayoría de estos artefactos se han recobrado de contextos funerarios proponiendo su función simbólica y religiosa lo cual es significativo pero no determinante de una sola función.

Los tiestos policromos de los grupos Timucuy y Sache fechados para el periodo Piim y Copo respectivamente, representan una mínima parte de la colección total del contexto (20 tiestos o 0.13 % de la colección total) y se asocian a las estructuras 1, 2 y 8. En comparación, 15.66% (esto es 2,402 tiestos y 5 vasijas completas) del total recobrado consistió de cerámica de pasta fina y sin decoración pintada de los periodos Xculul (Percebes), Piim (Aguila y Balanza), Copo 1 a 2 (Balancan, Chablekal, K'inich, Teabo), Copo 2 (Dzitya, Ticul, Yalcox), Zipche (Siho), Zipche 1 (Dzibiac) y Chechem (Matillas). La distribución espacial de estos materiales indica que el 85% (17 tiestos) de la cerámica policroma y el 45.83 % de la elaborada con pasta fina (1,101 tiestos) se asocian a la Estructura 2. En contraste, solamente 316 tiestos o 13.05 % de la cerámica tanto policroma como fina se recobraron de la Estructura 5. La colección cerámica del resto de las estructuras del contexto contuvo un número mínimo de esta clase de tiestos. El análisis sugiere que en el contexto habitacional las vajillas de pasta fina y sin decoración pintada se utilizaron preferentemente para servir alimentos tanto para el consumo diario, como parte de rituales religiosos, festividades marcando transiciones en el ciclo de vida, banquetes a nivel de la unidad habitacional así como ofrendas de entierros. El banquete (*feast*) se define como un evento de consumo de alimentos conscientemente diferente de una comida diaria (Twiss 2008: 419). Para Kassaboum (2019) existe inconsistencia en los criterios de identificación de los contextos arqueológicos asociados a los banquetes y su categorización. Sin embargo dos criterios predominan: el número de participantes o comensales (CP) y la competencia sociopolítica (CSP) que el evento genera. La autora utiliza ambos criterios para elaborar un modelo que permite identificar la categoría del banquete correlacionando datos como el lugar donde el evento ocurre, el tipo de arquitectura asociada, la calidad y extravagancia de los alimentos así como su modo de preparación, la cantidad de la comida consumida y desechada, la forma y decoración de la cerámica utilizada en el servicio y el tipo de deposición que los desechos crearon. Como resultado, los banquetes se clasifican en cuatro categorías: a) reducido número de comensales y competencia sociopolítica reducida (por ejemplo el consumo diario de alimentos o botanas), b) reducido número de comensales e incremento en la competencia sociopolítica (eventos con una exclusiva o restringida participación), c) numerosos comensales y competencia sociopolítica reducida (banquetes comunales con fines de redistribución) y d) numerosos comensales e incremento en la competencia sociopolítica (banquetes grandiosos asociados a eventos políticos o religiosos con numerosos invitados). Por la mayor parte, los estudios de banquetes y celebraciones en el área Maya se han enfocado en el uso de la cerámica policroma como marcadores de los banquetes (LeCount (2001: 935-953) asociados a la clase gobernante, rituales religiosos a gran escala, la conmemoración de alianzas y el establecimiento de redes de intercambio entre las elites. Vasijas policromas que conllevan glifos distintivos de su uso, como el caso de la vasija para chocolate de Rio Azul Guatemala (Hall 1986; Stuart 1988) y que en ocasiones incluyen el glifo indicando el nombre del poseedor (Krempel y Mateo 2020) son un ejemplo de la cultura material asociada a este tipo de banquetes. Siguiendo el modelo de Kassaboum, estos banquetes y su asociación con arquitectura monumental (palacios, templos y plazas) incrementan la competencia sociopolítica del organizador independientemente del número de los comensales. En el otro extremo, la abundancia de formas con decoración mínima, utilizadas en la preparación, almacenamiento y el servicio de alimentos, el uso de ingredientes comunes, el reducido número de vasijas especiales (policromas o modeladas) y la realización de los banquetes en espacios habitacionales o comunales indican eventos que no incrementan la competencia sociopolítica entre los comensales. Probablemente, este tipo de banquetes con mínimo o no impacto en la competencia sociopolítica del organizador son la categoría de convites que los residentes del contexto llevaban a cabo en ocasiones especiales.

La siguiente etapa en el análisis de los materiales cerámicos fue la selección de tiestos procedentes de las capas superficiales los cuales se incorporaron a un sistema de información geográfica para la representación y elaboración de mapas de distribución espacial. Estos mapas facilitaron la identificación visual de áreas donde se presentan concentraciones de materiales -o áreas de desechos- y conjuntamente con otros materiales arqueológicos y la arquitectura sirvieron como base en la caracterización cronológica y funcional de las estructuras domésticas y los espacios abiertos. Los resultados y mi análisis de los mismos se incluyen en la Sección 4.

Además de los tiestos cerámicos, recobramos 20 artefactos elaborados con barro durante esta temporada; el 80 % del material procede de rellenos constructivos y solamente un 20 % es material superficial. Las formas identificadas

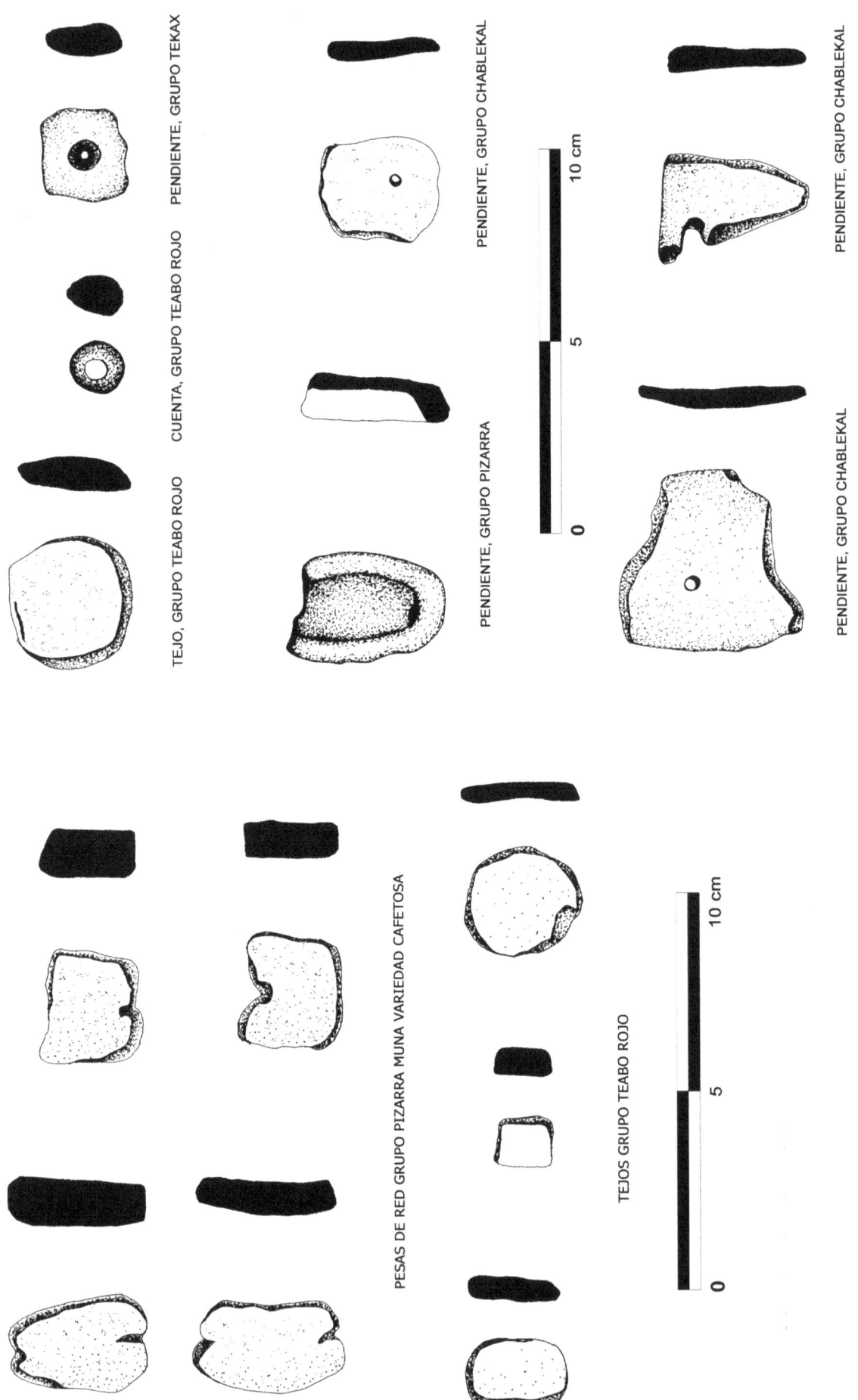

Figura 3.20. Pendientes y cuenta de cerámica.

incluyen cinco pesas de red, 11 tejos con o sin perforación y dos pulidores. Estos artefactos se crearon al reutilizar fragmentos de vasijas desechadas (ver Figura 3.20 y Tabla A.16 para la descripción detallada de estos artefactos).

Phillips (1979: 13) señala que en Dzibilchaltún las pesas de red, utilizadas en las labores de pesca, no ocurren antes del periodo Floreciente Modificado (Posclásico Temprano), Taschek (1981: 548) reporta una distribución temporal más temprana que abarca contextos fechados para el Formativo Medio; algunos ejemplares de piedra fueron utilizados durante el periodo Clásico. Las pesas de red han sido reportadas en San Crisanto, Dolores, Tambo, Río Copul, Laguna Chuburná (Eaton 1978: 56), Playa del Carmen (Pérez 1994: 134). Por su parte, los tejos, artefactos forma irregular, oval o rectangular con lados pulimentados que en algunos casos presentan una perforación, han sido reportados en Yapak, Isla Piedras (Eaton 1978: 56), Playa del Carmen (Pérez 1994: 134) (ver Figura 20). La función de los tejos es un tópico de debate y varias hipótesis han surgido asociadas a su utilidad. Por ejemplo Manzanilla (2011) sugiere que en Teotihuacán los tejos pudieren simbolizar raciones de tortillas, Hernández y Peniche May (2012: 454) los asocian con la producción de textiles funcionando como malacates y finalmente, como piezas de juegos (Culin 1975; Phillips 2002; Voorhies 2013; Panich et al. 2018; Jadot y Testart 2020: 156-157). Para Hernández y Peniche May (2012), el problema en la identificación de tejos con perforación como malacates limita su asociación con actividades de hilado y producción de textiles. Tiestos presentando una perforación central reutilizados como malacates se han identificado en sitios como Altar de Sacrificios (Willey 1972), Copan (Hendon 1995, 1997), Motul de San José (Halperin 2008), Pook's Hill (Morehart y Helmke 2008) y K'axob (Bartlett 2004) asociados en su mayor parte al periodo Clásico. En el caso de los tejos procedentes del contexto, la perforación en los dos tejos se ubica en uno de sus extremos y no en el centro excluyendo su uso como malacates en la producción textil. La ausencia de otros artefactos asociados a la producción de textiles cuya preservación es frágil como es el caso de los telares de cintura elaborados en madera, punzones o agujas de hueso y madera también es otra limitante para la asociación de los tejos en la producción de telas. Otra posible función de estos artefactos, dada la presencia de una perforación en ellos, pudo ser como elementos decorativos de efigies.

De acuerdo con Eduardo Toro (comunicación personal), los pulidores se utilizaron para dar acabado a las vasijas durante su proceso de elaboración. Un pendiente de forma ovalada y una cuenta circular pulimentada fueron los únicos artefactos elaborados en arcilla con la técnica de modelado. La distribución de los artefactos de barro se asocian principalmente con la Estructura 2 (tres tejos, uno de ellos con perforación; cuatro pesas de red, un pulidor y una cuenta, todas las capas), con algunos ejemplares asociados a la Estructura 5 (dos tejos, superficie y capa I), Estructura 7 (un pulidor, capa II) y Estructura 8 (un tejo con perforación, capa I). El 90 % de los tiestos "reutilizados" pertenecen al Complejo Copó (Clásico Tardío-Terminal), el 5 % al complejo Zipché (Posclásico Temprano) y el 5 % restante al complejo Chechém (Posclásico Tardío).

3.3.2. Artefactos líticos: *Obsidiana, sílex, caliza, travertino y estuco*

Durante las excavaciones realizadas en el grupo habitacional recuperamos una colección de 163 artefactos. Los materiales de elaboración de estos elementos son obsidiana (76 %), sílex (13 %), caliza (7 %), estuco (2 %), y travertino (1.2 %). Los materiales se clasificaron mediante la identificación de su materia prima, forma, categoría funcional, procedencia de los materiales de elaboración, contexto y distribución espacial (ver Tabla A.17). El análisis de los artefactos de obsidiana lo llevó a cabo Geoffrey Braswell mientras que la identificación de los artefactos elaborados en sílex, caliza y travertino la realizó David Salazar. El análisis de los materiales de obsidiana comprendió dos etapas, una primera fase, en la cual se identificaron las categorías tipológicas presentes en la muestra (navajas prismáticas, núcleos poliédricos, lascas, pedazos y discos), se establecieron algunas variables métricas de los materiales (largo, ancho, grosor, y masa), procediéndose a la identificación visual de las fuentes de abastecimiento de la materia prima y a su comparación con muestras procedentes de otros sitios. La fase subsecuente comprendió el análisis contextual y espacial de los materiales a fin de conocer su distribución en el contexto habitacional y su relación con las estructuras exploradas y los espacios abiertos. El análisis contextual del material revela que el 96.8 % de la muestra procede de rellenos constructivos, el 2.4 % es material superficial y el 0.8 % se encontró en cistas. El análisis tipológico señala que la muestra está constituida mayoritariamente por navajas prismáticas fragmentadas, aunque también se identificó un núcleo poliédrico exhausto, una lasca, un pedazo y un disco (Braswell 1994: 2-6) (ver Tablas A.18, A.19., y A.20). La mayoría de la muestra está conformada por fragmentos mediales y proximales, mientras que los fragmentos distales están ausentes en un 80 % de la muestra. Según Braswell (1994: 8), este fenómeno es causado por la forma de las navajas y la naturaleza de sus extremos distales que generalmente son más delgados y curvos lo que provoca su perdida al ser utilizadas; en el caso de los contextos domésticos, éstos tienden a tener más fragmentos proximales y mediales, por ser más útiles que los distales. Es pues, que la ausencia de fragmentos distales en la muestra de Dzibilchaltún, así como su clasificación como series terciarias o finales, esto es que contienen mínimos restos de córtex, sugiere que las navajas prismáticas no fueron manufacturadas por los grupos domésticos residentes, sino que la producción de navajillas prismáticas debió realizarse en el nivel de industria doméstica o industria de talleres como una labor de especialistas de medio tiempo (Braswell 1994: 8-9). Respecto a las fuentes geológicas del material, el análisis visual desarrollado por Braswell (1994.), señala que hay un predominio de obsidiana de color gris veteado (97.6 %) en relación con la obsidiana verde de la cual sólo

Domesticidad y vida cotidiana urbana en una capital del Norte de Yucatán

se encontraron tres fragmentos (2.4 %). El 80 % de los artefactos fueron elaborados con materiales procedentes de las minas de El Chayal en Guatemala, aunque también se encontraron materiales de las minas de Ucareo-Zinapecuaro (17 %), Ixtepeque (3.2 %), Pachuca (2.4 %) y Otumba (0.8 %). Las implicaciones temporales del uso predominante de materiales procedentes del Chayal y la presencia minoritaria de obsidiana del centro de México, hacen suponer a Braswell (1994: 16-17), que los conjuntos de obsidiana procedentes de Dzibilchaltún pueden fecharse para los periodos Clásico Tardío (complejo Copó 1), e inicios del Clásico Terminal (complejo Copó 2), por estar dominados principalmente por materiales procedentes de Guatemala. La distribución espacial de la obsidiana en el contexto habitacional (ver Figura 3.21) indica la presencia de este material en la mayoría de las estructuras con concentraciones de más de 10 artefactos asociadas a la Estructura 1 en su interior, la esquina suroeste de la Estructura 2 y la Estructura 5 en su lado norte, indicando áreas de desecho. Los únicos fragmentos de obsidiana verde se recobraron al sureste del cimiento absidal suroeste en la Estructura 2, capa I. El núcleo desgastado de obsidiana gris también se recobró al sur de la Estructura 2 en el espacio asociado a los Elementos 5 y 6. Dos discos de obsidiana gris, posiblemente parte de la decoración de una efigie, son parte de la colección. El primer disco se

CONTEXTO HABITACIONAL: ARTEFACTOS DE OBSIDIANA

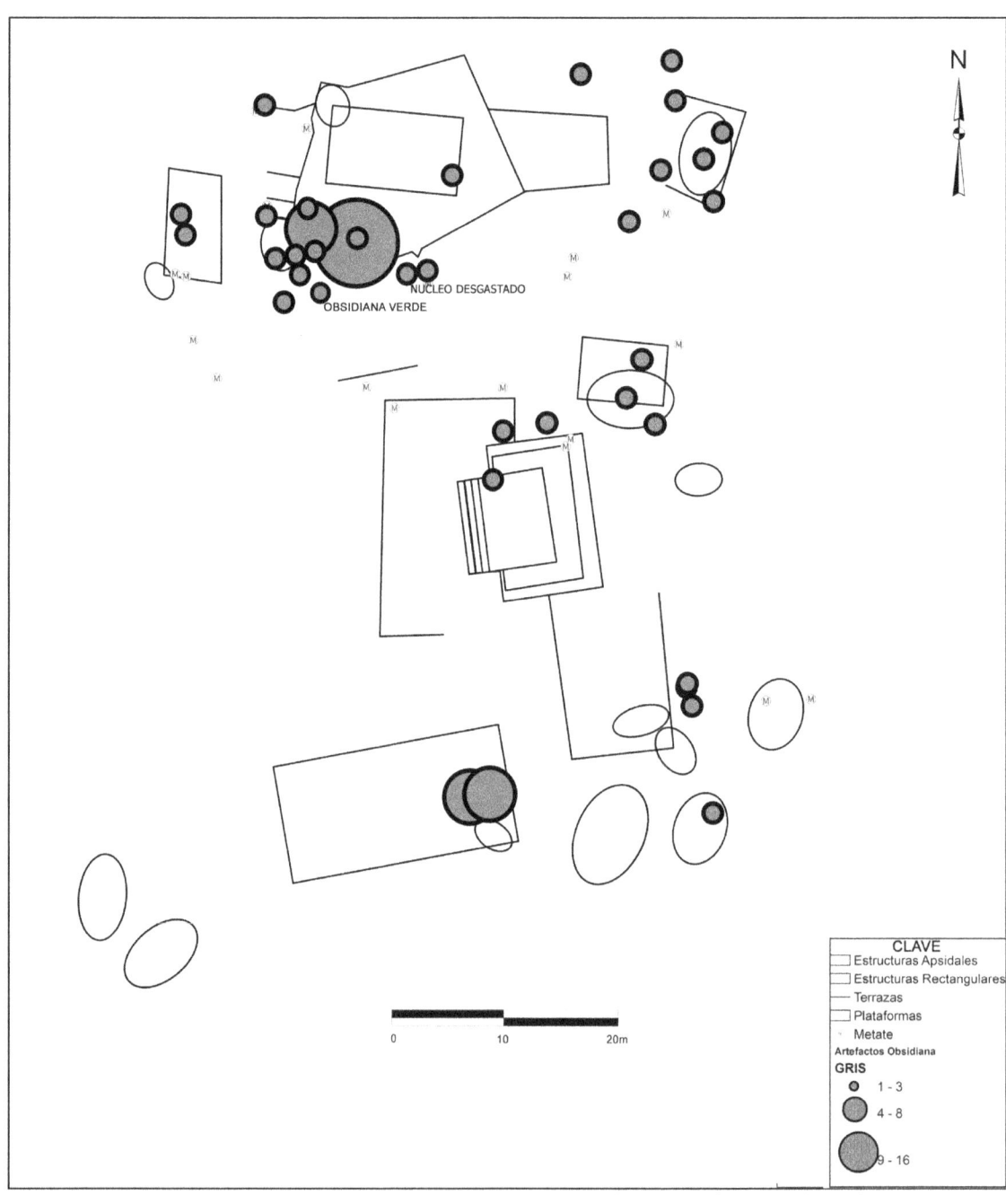

Software utilizado: ArcMap GIS. Version 10.4.1. Redlands, CA: Environmental Systems Research Institute, Inc., 2023

Figura 3.21. Distribución espacial de los artefactos de obsidiana.

localizó al sur de la plataforma de la Estructura 2, mientras que el segundo se recuperó de la capa I en la esquina noroeste de la plataforma de la Estructura 5.

Las exploraciones en el contexto habitacional resultaron en 21 artefactos elaborados en sílex. Las categorías funcionales identificadas consistieron en lascas, navajas, cuchillos fragmentados, alisadores, puntas, el fragmento de una mano de metate y una raedera. El sílex fue un material muy apreciado por las poblaciones prehispánicas para la elaboración de herramientas de corte. Por ser un mineral criptocristalino propio de zonas sedimentarias las fuentes de abastecimiento de este material, dentro del área peninsular, se localizan principalmente en la zona sur del estado de Yucatán, dentro de la región serrana conocida como "*Puúc*". En esta zona se han localizado talleres, ubicados dentro del área habitacional, dedicados a la producción de artefactos bifaciales en los sitios de Xkichmook y San José Xtunil así como afloramientos de mineral en Ucmil, San Martín Hili, Hunto Chac y Yalcoba Nuevo (Potter 1993: 288-290). En relación al contexto, los artefactos de Dzibilchaltún proceden en un 95 % de las capas correspondientes al relleno constructivo de las estructuras exploradas y sólo el 5 % de la recolección superficial. De los 31 artefactos de caliza localizados se identificaron metates apodos, manos de metate, proyectiles esféricos, alisadores, un percutor esférico, así como fragmentos de decoración arquitectónica. La caliza es una materia prima particular a toda la península debido a la conformación kárstica de ésta. La accesibilidad de obtención del material así como su maleabilidad lo convirtieron en uno de los materiales de construcción primordiales además de que fue utilizado para la elaboración de herramientas y artefactos utilizados en actividades domésticas como manos y metates. Los metates apodos, esto es sin soportes, presentan una amplia distribución en el área Maya del norte de Yucatán siendo los más comunes. El 80 % de los metates del contexto habitacional (ver Figura 3.22 y Tabla A.21) procede de la capa superficial y el 20 % se encontró en el relleno constructivo de las estructuras exploradas.

El 10 % de los metates fue reutilizado en actividades constructivas, durante el periodo de ocupación prehispánico, ya sea como piedras de relleno o formando parte de las edificaciones. El 15 % se encontró al interior de los cimientos y un 75 % en los espacios abiertos asociados a las estructuras; el 85 % de las muelas fue removido de su contexto de uso o reutilizado y sólo un 15 % se encontró *in situ* (Elementos 13, 14 y 7). El tamaño y peso de estos elementos de molienda, elaborados con un solo bloque de caliza, implica que probablemente su construcción y periodo funcional se llevaron a cabo en un solo lugar, esto es su portabilidad es limitada. Algunos de estos elementos se reutilizaron posteriormente en la construcción de *albarradas* y corrales durante los periodos Colonial y Moderno. Searcy (2011: 11-13, Figuras 1.4 y 1.5) en su estudio de estos artefactos en Guatemala, identifica dos formas de metates, occidental y oriental. Aunque su clasificación incluye por la mayor parte metates trípodes, las diferencias señaladas en la zona de molienda son útiles para reconocer la función de estos artefactos. La forma occidental se caracteriza por un área de molienda sin restricciones, esto es una superficie plana cuya amplitud permitió el uso de manos más largas o *brazos* que el área de molienda en el metate. La forma oriental se caracteriza por un área de molienda restringida, esto es una depresión tallada con más profundidad que el resto de la superficie del metate Los metates de tipo oriental utilizan una mano de metate para dos manos. La mayoría de los metates (95 %) en el contexto habitacional contienen un área de molienda restringida correspondiendo a la forma oriental. El tipo oriental se utilizó principalmente para la molienda de granos de maíz. Clark (1988) y Hayden (1987) han propuesto que cuando el desgaste del metate es considerable o éste se ha fracturado, la muela pudo ser utilizada para la molienda de otros materiales incluyendo sal, cacao, especies, pigmentos, arcillas, minerales utilizados como desgrasante cerámico o como receptor de semillas o agua ("pila"), hecho que etnográficamente ha sido reportado (Stromsvik 1931: 147-148; Schlanger 1991: 463; Searcy 2011). A fin de determinar la variabilidad presente en los 20 metates registrados, utilizo tanto medidas estadísticas descriptivas como el coeficiente de correlación Pearson. En promedio, los metates miden 0.47 metros de largo, 0.36 metros de largo con una altura de 0.23 metros. La desviación estándar de estas medidas indico una mayor variabilidad en el largo de los metates que en su ancho o altura. En cuanto al área de trabajo, la mayor parte de los metates presentaron en promedio un largo de 0.36 metros con un ancho de 0.21 metros y profundidad de 0.19 metros. La desviación estándar más relevante se presenta en el largo de estos elementos, esto es una diferencia de 0.17 metros. Una vez más, utilice el coeficiente de la correlación Pearson a fin de esclarecer si el tamaño general del metate (largo, ancho y altura) se relacionaba con las dimensiones del área de trabajo (largo, ancho y profundidad). Aunque en su mayoría los resultados produjeron una relación negativa, la correlación entre la altura del metate con la profundidad de su área de trabajo resulto en una relación directa positiva de 0.79. Esta relación sugiere que los metates de mayor altura fueron manufacturados a fin de proporcionar un área de trabajo que requería la molienda de pie del material. La altura del metate imposibilitaba el moler de rodillas, posición frecuentemente asociada con la molienda del nixtamal en metates portables o de menor altura. El ejercicio de la molienda en posición vertical y su relación directa con una huella de uso pronunciada sugiere que probablemente estos metates de mayor altura se utilizaron en la molienda de otros productos que requerían un esfuerzo adicional y quizás el uso de un implemento diferente. La profundidad de la zona de trabajo es un parámetro utilizado como indicador del desgaste resultante de la molienda, el tipo de material que se molía y quizás su posterior reutilización como pilas para el almacenamiento de agua o granos. El Elemento 11, apodo, de forma occidental y con un área de trabajo central y de forma circular es la excepción. La presencia en el contexto habitacional de percutores esféricos, alisadores, un núcleo de obsidiana desgastado, el fragmento de una "venenera" así como de una paleta de concha sugieren que este metate probablemente fue parte del equipo necesario para la producción de pigmentos, funcionando como mortero en la molienda de los mismos (ver Coe 1997, Haude 1997 para detalles relacionados con la composición, manufactura y el uso de pigmentos por los antiguos Mayas). El Elemento 11 fue finalmente reutilizado como relleno constructivo de la Estructura 5. Otro aspecto asociado a los metates es su relación con actividades de género (Hendon 2010: 87-89) y su complementariedad en los contextos domésticos. Searcy (2011: 137-143) sugiere que aunque la molienda de granos de maíz y la preparación de alimentos es una actividad de carácter femenino en el área Maya, los metates también incorporan actividades complementarias, esto es masculinas, en su producción, mantenimiento y posterior desecho. Los miembros masculinos de la población y/o el grupo residencial son agentes activos en la selección de la materia prima, su traslado al contexto de uso y la elaboración final del metate. Dado el tamaño y peso de los metates apodos en Dzibilchaltún, la cooperación aunque

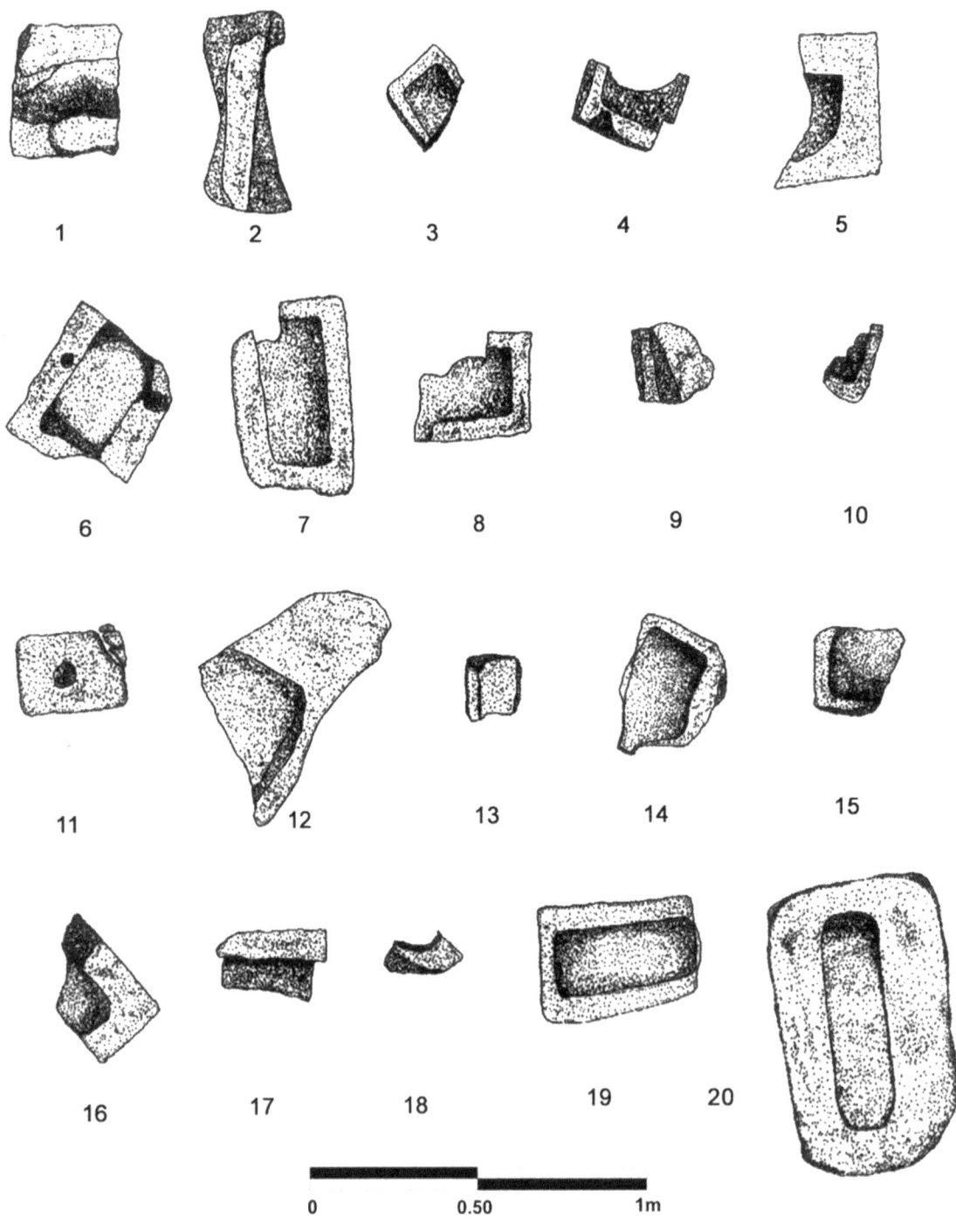

Figura 3.22. Metates procedentes del contexto habitacional.

no necesariamente la complementariedad, es relevante en la definición de actividades y espacios de género.

Finalmente, en la categoría de artefactos líticos aquellos elaborados con travertino incluyeron solamente dos ornamentos. Además de algunos fragmentos del aplanado de estuco que generalmente recubría estructuras con paredes de piedra, abovedas, o la superficie del *sacbe* 1. Sólo de colectaron tres artefactos adicionales muy deteriorados elaborados con estuco modelado. La presencia de estos fragmentos en contextos de relleno indica el reuso de materiales diversos, disponibles en las cercanías en la construcción de plataformas, terrazas y áreas niveladas.

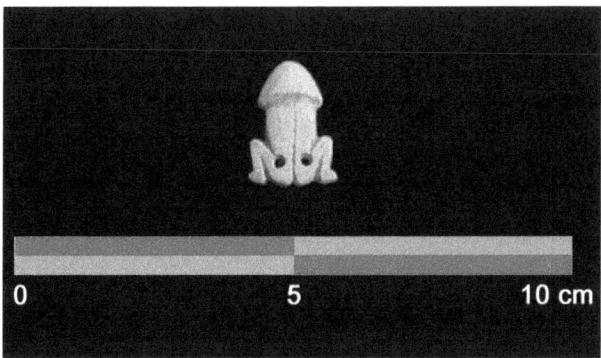

Figura 3.23. Pendiente tipo fálico zoomórfico, especie *Strombus Costatus*, recobrado del Contexto Habitacional.

3.3.3. Ecofactos: Concha y caracol

Durante las excavaciones efectuadas en el Contexto Habitacional recuperamos una variada colección de restos de moluscos (ver Tabla A.23 y Apéndice B para la descripción detallada de estos artefactos). El análisis de los restos malacológicos se realizó bajo la asesoría de Rafael Cobos profesor del departamento de Arqueología en la Facultad de Ciencias Antropológicas, Universidad Autónoma de Yucatán. La colección representada por fragmentos y ejemplares completos de conchas y caracoles, incluye un total de 263 piezas. Están representadas 25 especies, de las cuales 12 pertenecen a la clase Gasterópoda o univalva y 13 a la clase Bivalva (Andrews IV 1965, Vokes y Vokes 1983). La mayoría (80.2 %) de los moluscos del Contexto Habitacional son nativos de la Costa Norte de Yucatán, tres especies provienen de Cabo Catoche, una especie procede de la zona de los ríos en Tabasco y un especie es nativa del Cenote *Xlacah*. El 9 % del total colectado son artefactos y ornamentos manufacturados (ver Tabla A.24), un 87 % son fragmentos que presentan huellas de corte y un 4 % son moluscos completos. En la colección del contexto habitacional *Strombus costatus* fue la especie más común como materia prima en la manufactura de artefactos ya que se utilizó en doce de ellos, seguida por *Oliva reticularis* (cinco), *Oliva sayana* (dos), *Prunum apicimum* (dos) y *Busycon contrarium* (uno). La colección incluye cuatro ejemplares de *Nephronaia sp.*, una especie bivalva de gran valor en la talla de joyería, dos de los cuales se emplearon en la creación de una paleta y el restante presenta marcas de corte. Los artefactos recobrados, tanto completos como fragmentados, incluyeron ornamentos como 16 pendientes amorfos recobrados de las estructuras 2 (capas I, II y III) y 4 (capa I), cuatro cuentas labradas circulares provenientes de las Estructuras 1 (capa 1), 2 (superficie) y 4 (capa I), dos pendientes labrados en forma de estrella de las estructuras 1 (capa 1) y 2 (capa II), un pendiente labrado representando una rana fálica (Estructura 4, superficie; ver Figura 3.23), un adorno inciso de forma circular y una orejera ambas de la Estructura 1 (capa 1) y un botón procedente de la Estructura 10 (capa II). La colección también contiene artefactos de tipo utilitario como una cuchara (Estructura 2, capa III), una azuela (Estructura 4, capa II) y un implemento de cuerpo plano con forma de paleta de la Estructura 2 (capa II). Finalmente, el único artefacto de tipo musical consistió de un fragmento de una trompeta localizada en la superficie de la Estructura 4.

Isaza Aizpurua y McAnany (1999: 117) mencionan que los moluscos, tanto marinos como de agua fresca son el material más común en la elaboración de ornamentos personales. Como materia prima, las conchas y caracoles son fáciles de perforar, cortar y transformar en diferentes formas. Artefactos y ornamentos de concha y caracol han sido reportados previamente en Dzibilchaltún (ver Taschek 1981) asi como en otros sitios de la Península de Yucatán como Chichen Itzá y Caracol (Cobos 1991 y 1994), Colha (Dreis 1982, 1984; Potter 1982) y Cerros (Garber 1989) entre otros. Para Isaza Aizpurua y McAnany (1999: 124), los pendientes se asocian cualitativamente con la identidad dado que se llevan puestos en el pecho, como se observa en representaciones de gobernantes, los cuales usaban pendientes que incluían imágenes de dioses o ancestros como vínculos asociados con el poder. En el caso del pendiente labrado en forma de rana fálica recuperado del contexto habitacional, las imágenes de ranas (*much* en Maya Yucateco) se asocian a la deidad Maya *Chaahk* patrón del rayo, el agua, y la lluvia así como con los rituales agrícolas asociados a la lluvia, la fertilidad y el parto (Gonlin 2007:107 y Figura 7). Ruiz Rivera (2009:155) sugiere que para los Mayas las ranas y los sapos anuncian el arribo de *Chaahk* con su croar, esto es son músicos y huéspedes de esta deidad. El autor señala que una especie de rana pequeña de color negro con una banda anaranjada en su dorso (*Rynophrynus dorsalis un* en Maya Yucateco), se asocia con el jaguar del inframundo y generalmente su coloración "predice" la lluvia. Redfield y Villarojas (1934:138-143) en su descripción etnográfica de Chan Kom notan la participación de ranas y sapos en los rituales agrícolas, interpretados por niños que atados a una estructura de madera imitaban el croar de las ranas a manera de canto al dios *Chaahk*. La iconografía de ranas es abundante y como símbolos, las ranas se han reportado como parte del texto de códices como es el caso del Dresden 74 y el Tro-Cortesiano (Tozzer 1910: 291). Ejemplos del glifo 740, identificado como el de la rana, han sido reconocidos por Thompson (1976: 320, 322, 323) generalmente acompañando nombres o fechas. El motivo de ranas también está presente en la iconografía de vasijas policromas (ver ejemplos de ranas en el Maya Vase Database, Kerr números 1081, 1184, 1198,1440, 1453, 1645 y 3201), modeladas en figurillas (Ruiz Rivera 2009: 155-156), esculpidas en piedra o como estatuaria (Copan: Maudslay 1889-1902, Gonlin 2007 Figura 4.5, Seler 2008: 287; Yaxchilan estela 26: Dupiech Cavaleri 2017: 204), incorporadas en la decoración modelada de edificios y depósitos de agua como los *chultunes (*Thompson 1897 Figura 4, 1898 Figura 31; González de la Mata 2002) y como ornamentos (Taschek 1994: 144 Figura 10 a y f; Isaza Aizpurua y McAnany 1999: 121 Figura 2; Pantoja et al 2022: 201 Figura 15). Dupiech Cavaleri (2017: 169-210) añade que las ranas, en especial la pequeña *uo*, es un símbolo de fertilidad. El pendiente recobrado del contexto es único en que combina un cuerpo anfibio con una cabeza fálica, esto es una representación simbólica que exhibe conjuntamente las propiedades de fertilidad tanto agrícola como reproductiva. Como ornamento revela preferencias estéticas y la participación del portador en la cosmovisión religiosa y mitológica dominante. Dada su simbología asociada a la fertilidad, este pendiente quizás expresa el deseo del portador de una vasta fecundidad reproductiva.

Taschek (1981: 37), menciona que la escasez de ornamentos manufacturados en Dzibilchaltún se relaciona cercanamente con el bajo valor de estatus que estos adornos poseían debido a la facilidad con que la población podía obtener la materia prima. Dzibilchaltún posee una localización potencialmente favorable para el desarrollo de una industria de concha tanto para el consumo local como para la exportación. Evidencias de la explotación extensiva y persistente que los habitantes del sitio hacían de los recursos naturales de la costa norte se manifiestan en la considerable cantidad de restos malacológicos que se han obtenido en el sitio, pero a pesar de ello todavía no ha sido posible identificar los implementos utilizados en su procesamiento así como las áreas o talleres donde se llevaba a cabo el proceso productivo ya que la mayoría de la evidencia procede del relleno constructivo de los edificios (Taschek 1981: 40). Este uso sistemático de los fragmentos de molusco en rellenos constructivos es explicado por Taschek (1981: 40), como el resultado de la escases de suelo en el sitio y por lo tanto de materiales de relleno, por lo que el desecho obtenido en el procesamiento del molusco así como la basura producida en el ámbito doméstico reemplazaron los materiales tradicionales de relleno. La colección del contexto habitacional incluye una variedad extensa de especies (12 Gasteropoda, 13 Bivalva en total) sugiriendo que los moluscos no eran el resultado del consumo como alimento (ver Feathers and McKillop 2018: 275-285) sino de su uso como materia prima para la producción artesanal de artefactos utilitarios (hachuela), musicales (trompeta) y de joyería (pendientes y cuentas). Además de la variedad en especies, la colección incluye marcadores de producción (ver Emery and Aoyama 2007: 69-89 para el caso de los talleres de concha y caracol en Aguateca), esto es materia prima intacta, parcialmente procesada, material de desecho y artefactos completos. Artefactos de corte como navajas de obsidiana se encontraron en los mismos contextos que contenían abundante material malacológico los cuales posiblemente funcionaron como herramientas en el procesamiento y tallado. Dado que mi investigación no se enfocó en la producción de artefactos de concha y caracol, el análisis incluido es incompleto. Sin embargo, la presencia de marcadores de producción sugiere la participación de los residentes en este tipo de actividad probablemente durante los periodos Copo 1 y 2. Para Taschek (1994: 11-12), la relativa rareza de artefactos de concha y caracol en Dzibilchaltún se asocia con su abundancia como recurso marítimo y la amplia disponibilidad de este recurso para los habitantes. Estas circunstancias propiciaron el bajo valor en el estatus de estos productos que probablemente se produjeron para el comercio local y con comunidades vecinas. Es de notar que durante los periodos Copo 1 y 2, las elites de Dzibilchaltún incrementan su consumo de artefactos extravagantes de concha y caracol importados de otras áreas aunque localmente, ornamentos y pendientes elaborados con *Spondylus* también adquieren mayor status. Taschek relaciona estos cambios con la posible influencia en las elites locales de otros gobernantes y su predilección por este tipo de artefactos como marcadores de prestigio. Es posible que estos cambios en el estatus de los objetos de concha y caracol hayan sido un factor que apoyo la producción de estos artefactos en el contexto. La distribución espacial de los fragmentos de concha y caracol (ver Figura 3.24) identificó dos áreas con concentraciones de 10 fragmentos o más localizadas al sur y suroeste de la Estructura 2 (64% del total de los fragmentos recobrados) y suroeste de la Estructura 1 (interior del cimiento absidal) procedentes en su mayoría del relleno constructivo lo cual apoya lo señalado anteriormente por Taschek (1981). El uso de fragmentos malacológicos como material de relleno también incluyo contextos funerarios como es el caso de la Cista 2 (Estructura 2), la cual fue vaciada del material óseo y cuyo relleno posterior incluyo fragmentos de la especie *Busycon spiratum plagosum* asociados al fin del complejo Zipché fase 2. Catorce artefactos se localizaron en superficie asociados a los espacios abiertos separando las estructuras.

3.3.4. *Artefactos de metal y vidrio*

Siete artefactos de metal y dos de vidrio se recobraron de la superficie del contexto habitacional comprendiendo dos fragmentos de botella, dos monedas, una coa, un tornillo de carretilla y un cartucho de escopeta los cuales se asocian a actividades contemporáneas como la limpieza de maleza, la cacería de fauna local, la preparación de materiales constructivos para la restauración previa del *sacbé* 1 y el consumo de bebidas (ver Apéndice Tabla A.22 y Apéndice B para la descripción detallada de estos artefactos). Su presencia demuestra las alteraciones que el contexto habitacional ha sufrido a lo largo del tiempo

Además de los artefactos mencionados, identificamos un cascabel de cobre plano y fragmentado de forma semitriangular con asa soldada, plataforma superior y sin decoración (Estructura 2, capa III) y un anillo (pasillo entre las estructuras 2 y 6, capa superficie), también de cobre,

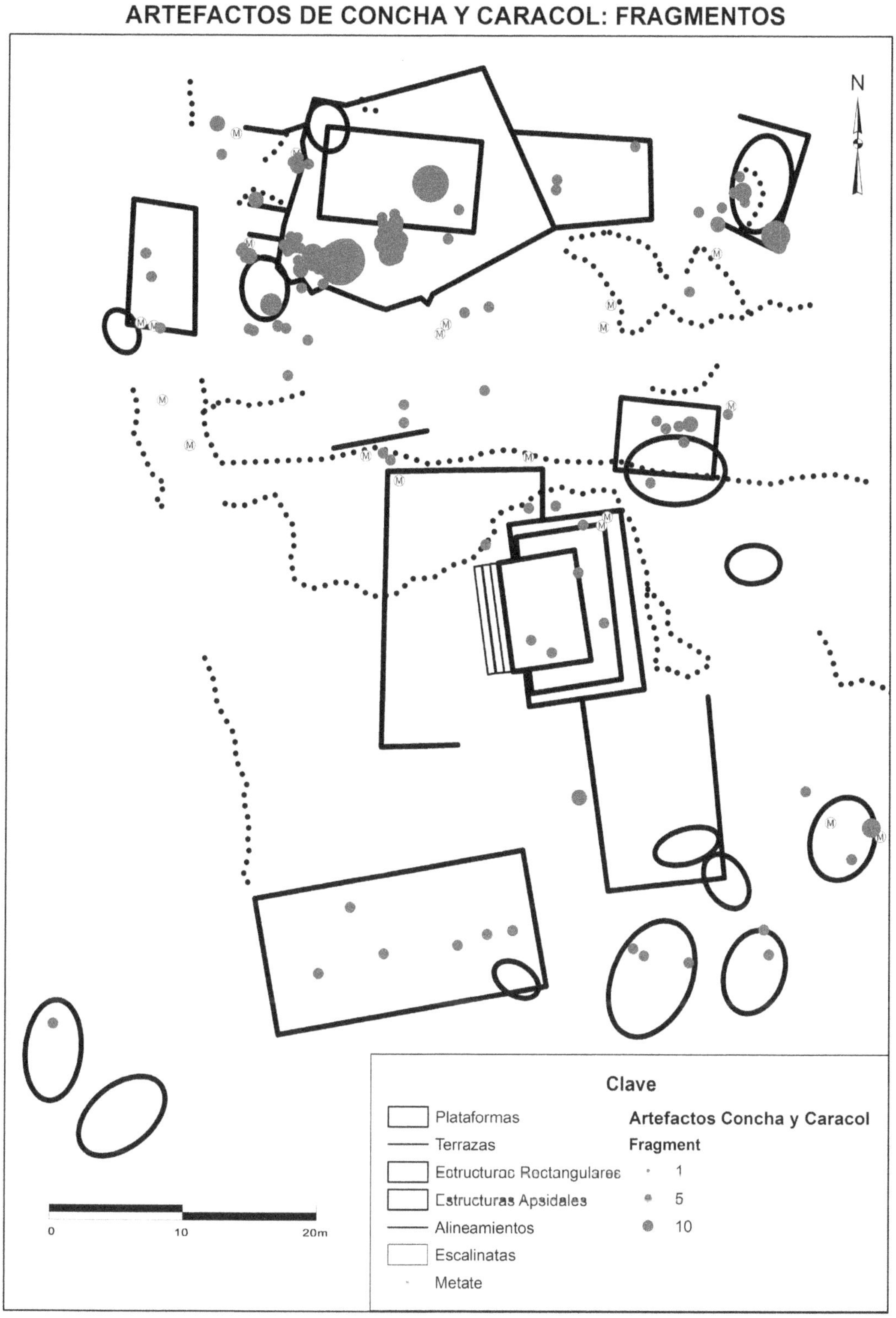

ARTEFACTOS DE CONCHA Y CARACOL: FRAGMENTOS

Software utilizado: ArcMap GIS. Version 10.4.1. Redlands, CA: Environmental Systems Research Institute, Inc., 2023

Figura 3.24. Distribución espacial de los fragmentos de concha y caracol.

compuesto de tres piezas, el aro, un adorno fitomorfo (representando una flor) movible elaborado mediante la técnica del repujado y un tornillo que une ambas piezas. Cascabeles similares han sido reportados en sitios como Chichén Itzá, San Filippo, Tamulté de las Sabanas, el Valle de Motagua, Zaculeu, Mixco Viejo y Tajumulco (Bray 1977: 371-372) y Lamanai (Simmons et al 2009) entre otros.

Taschek (1981: 527-543) no incluye esta categoría dentro de los artefactos de cobre que analiza, aunque menciona que la presencia de estos artefactos en Dzibilchaltún se inicia durante el periodo Floreciente Modificado (Posclásico Temprano) continuando e incrementándose hasta el Decadente (Posclásico Tardío). De acuerdo con Simmons et al (2009), los artefactos de cobre antiguos formaban

Domesticidad y vida cotidiana urbana en una capital del Norte de Yucatán

parte de una red peninsular de intercambio macro-regional que incorporaba una variedad de artículos importados como el cascabel recobrado. Los autores agregan que el comercio de cascabeles, elaborados con una aleación de cobre, fue vasto en el periodo Posclásico de Mesoamérica (Smith 2003: 214). Su valor económico, como divisa de intercambio, se aunaba a su función simbólica en la práctica de rituales y como ornamentos identificando el status social (Hosler y Macfarnale 1996, 2003). El estilo y la técnica de manufactura del anillo fitomorfo sugieren que es un artefacto tardío posiblemente el resultado de actividades históricas en el contexto. Así también, otros artefactos recuperados elaborados en metal (tornillos, coa, monedas, cartuchos de escopeta) y vidrio (botellas) cuya función y materia prima es contemporánea, se asocian con actividades agrícolas, de caza y constructivas –asociadas a

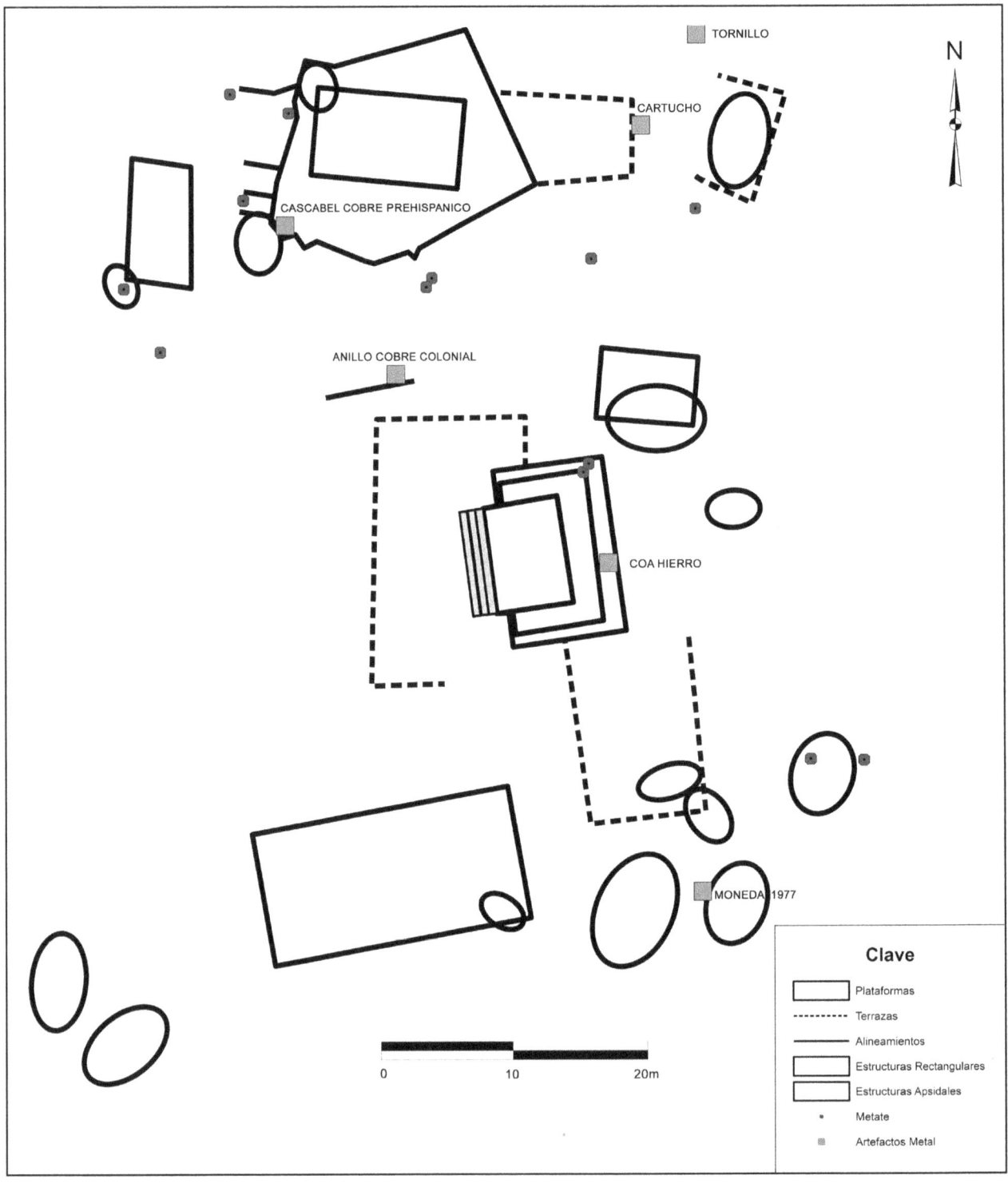

Software utilizado: ArcMap GIS. Version 10.4.1. Redlands, CA: Environmental Systems Research Institute, Inc., 2023

Figura 3.25. Distribucion espacial de los artefactos de metal.

la restauración del *sacbe* 1-, que han afectado al contexto habitacional.

En resumen, la investigación de diez estructuras sin bóveda en el sitio de Dzibilchaltún proporciono un *corpus* de evidencia sustancial para la comprensión y el análisis comparativo de este tipo de arquitectura, su organización espacial, los elementos y materiales asociados. Como detalle previamente, la variedad arquitectónica incluye plataformas, terrazas, alineaciones, estructuras rectangulares y absidales de diverso tamaño. La integración del contexto se define utilizando espacios definidos alrededor de la Estructura 5, una plataforma compleja cuya altura y construcción más elaborada le proporcionaron un carácter focal. La localización de cuatro cistas en esta estructura refuerza esta interpretación. En el aspecto funcional, las variantes artefactuales identificadas y su distribución en las estructuras 1, 2 y 7 sugieren una participación más directa de estos espacios en las actividades desempeñadas en el contexto, algunas de ellas probablemente de carácter productivo. La presencia de artefactos "elite" como fragmentos de vasijas policromas, obsidiana verde, ornamentos de caracol y metal así como la localización del contexto en el área central del sitio colindando con el *sacbe* 1, aluden al estatus socioeconómico de sus residentes. Sin embargo su "dependencia" del pozo 15 para el procuramiento de agua es un factor relevante a considerar en el tipo de relación existente con el grupo colindante. En el siguiente capítulo integro esta evidencia con el fin de examinar las actividades de los espacios y su relación con la naturaleza del grupo residente. Finalmente los datos se comparan con aquellos procedentes de sitios en el área Maya que se asemejan en su carácter urbano a Dzibilchaltún.

4
Domesticidad y uso del espacio: El contexto habitacional

En este capítulo presento la integración de la evidencia con el fin de determinar el desarrollo diacrónico, funcional y relacional de los elementos arquitectónicos, espacios y residentes del contexto. Dada las limitantes de método y la ausencia de datos procedentes del análisis químico de los suelos, incorporo un marco etnoarqueológico en mi interpretación del uso del espacio doméstico y el manejo de los desechos. Cuando pertinente, los resultados se compararon con otros sitios del área Maya similares a Dzibilchaltún en su tamaño, densidad, cronología y nivel de urbanismo. Así también, incluyo mis comentarios sobre quienes fueron los residentes del contexto utilizando las perspectivas de interpretación arqueológica que hoy en día se enfocan en la historia de los individuos, los artefactos o materiales y las relaciones existentes entre ellos.

4.1. Espacio, arquitectura y materiales culturales

Las características urbanas de Dzibilchaltún, como una población de gran tamaño, densamente nucleada y aparentemente sin seguir un patrón global durante el periodo Clásico, permitieron el desarrollo arquitectónico de innumerables unidades habitacionales dentro de su asentamiento. Como ya se mencionó, estas unidades conforman grupos integrados únicamente por la orientación y cercanía de sus edificios o en algunos casos por su localización sobre un mismo basamento. El contexto habitacional comprende un espacio compuesto tanto de unidades arquitectónicas como de áreas abiertas y *albarradas*. La arquitectura incluye plataformas con o sin vestigios de mampostería, terrazas, áreas de terreno niveladas con grava, cimientos apsidales y rectangulares. Las plataformas y los cimientos definen las vías de circulación entre las estructuras. Estos pasillos se elaboraron nivelando las irregularidades del terreno natural con lo cual se logró una circulación adecuada además del drenaje de los estancamientos de agua. La circulación principal se centra alrededor de la estructura más importante y sobresaliente arquitectónicamente (Estructura 5) facilitando su acceso. Las plataformas localizadas al norte (Estructura 2), sur (Estructura 10), y centro (Estructura 5), del área son el eje central alrededor del cual se localizan los cimientos. Las plataformas norte y sur así como los cimientos presentan sus accesos orientados hacia la Estructura 5. Su forma es atípica -al contar tanto con terrazas-plataformas como con cimientos sobre el terreno natural-, y contiene características tanto del agregado arquitectónico (*cluster*), como del complejo terraza-plataforma. Las *albarradas* identificadas están definiendo espacios irregulares en las áreas norte, oeste y este del contexto a manera de vías de circulación. Estos muros a junta seca no presentan características constructivas que señalen su asociación temporal a los edificios prehispánicos esto es, no están definiendo espacios particulares sino por el contrario semejan "caminos" o corrales de contención temporal para el trasporte y manejo del ganado desde las pasturas hacia los corrales y el abrevadero central, en este caso el cenote *Xlacah*. Las *albarradas* en Dzibilchaltún están asociadas a los momentos en que el sitio formaba parte de las estancias ganaderas durante el periodo Colonial. La circulación dentro del contexto habitacional es confortable ya que las vías de circulación son amplias y las estructuras contaban con un espacio techado que permitía el desarrollo de las actividades domésticas. El contexto cuenta tanto con un espacio residencial donde se concentran las estructuras como áreas despejadas (plataformas, nivelaciones) a manera de patios que proporcionaron espacios bien iluminados para la realización de tareas al aire libre y una zona semidesmontada donde se concentran la basura. Estas características son muy similares a las reportadas para los solares domésticos en comunidades modernas Mayas particularmente no urbanas (cfr. Hayden y Cannon 1984; Pierrebourg 1989, 2000, 2014; Killion 1990; Santley and Hirth 1993). La evidencia arquitectónica en superficie corresponde a las últimas etapas de actividad cultural en el contexto y por lo tanto integra todos los periodos de ocupación en el contexto. La correlación entre los materiales cerámicos (ver Sección 3.2 y Apéndice A Tablas) y las diferentes etapas constructivas de algunas estructuras son la base para la reconstrucción diacrónica del contexto habitacional (ver Figura 4.1). Los datos sugieren siete momentos primordiales de actividad con una duración total de más de un milenio, su definición temporal fue retomada de la establecida por Andrews IV y Andrews V (1980):

Preclásico Tardío (350 a.C. – 250 a.C.): Durante los complejos Nabanché tardío e Xculul (ver Apéndice A Figuras 4.3 y 4.4) se inician las actividades culturales en el contexto; no se encontraron restos arquitectónicos asociados a este periodo pero tanto en superficie como en rellenos constructivos hay presencia de materiales cerámicos tempranos en el área de la Estructura 1 por lo que existe la posibilidad de que las estructuras, elaboradas con materiales perecederos, fueran cubiertas o desmanteladas por las edificaciones de piedra del Clásico.

Clásico Temprano (250 a.C. – 600 d.C.): Los materiales cerámicos particulares al complejo Piím son mínimos y fueron localizados principalmente en rellenos constructivos; la forma en que esta evidencia se relaciona con actividades culturales en el contexto no es muy clara y puede interpretarse como un *hiatus* en la ocupación durante este periodo y la posterior reutilización de desechos cerámicos provenientes de otros grupos que ocupados durante los inicios del Clásico.

Domesticidad y vida cotidiana urbana en una capital del Norte de Yucatán

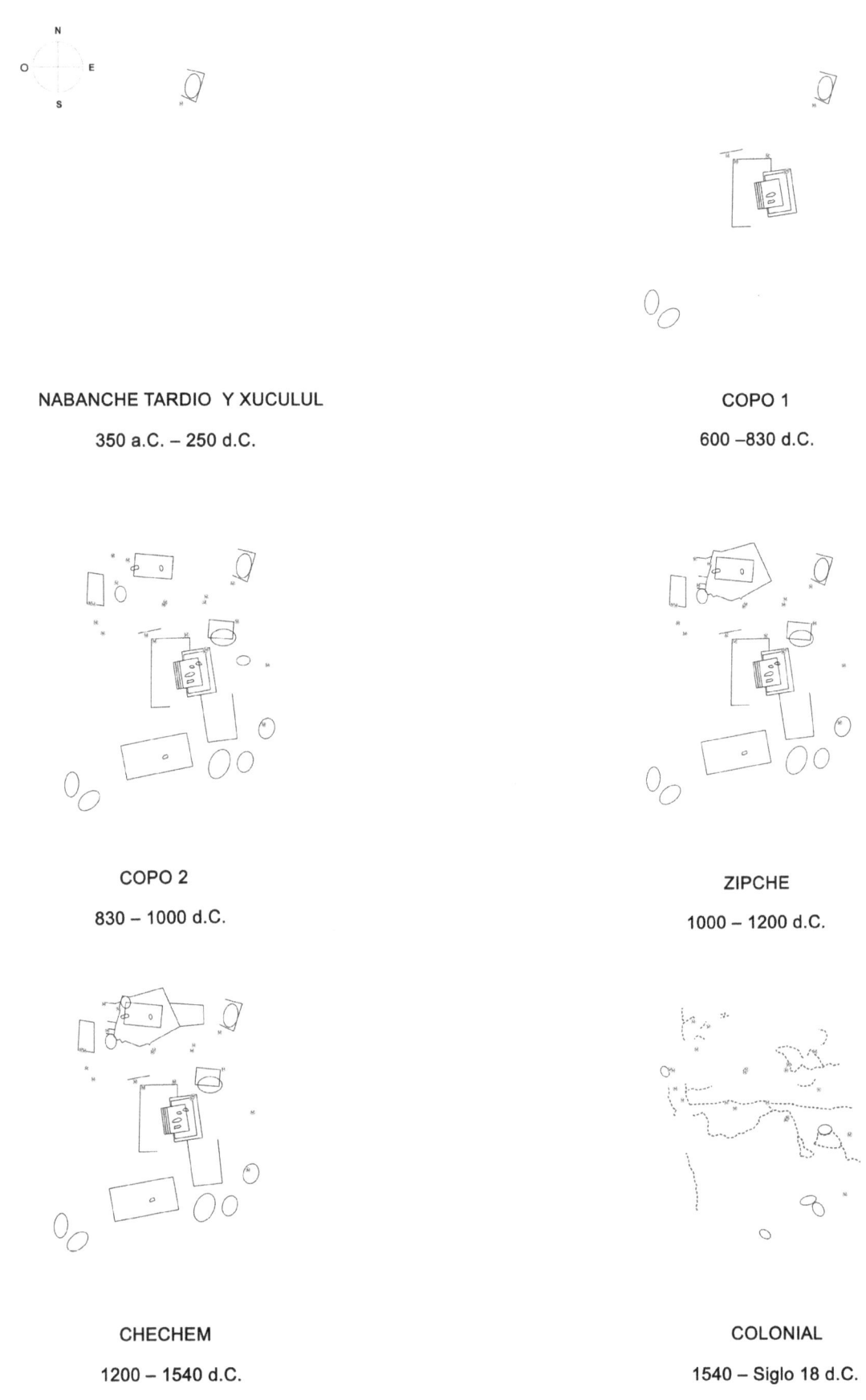

CONTEXTO HABITACIONAL: SECUENCIA CONSTRUCTIVA

Figura 4.1. Secuencia constructiva del Contexto Habitacional.

Clásico Tardío (600 d.C. – 800 d.C.): Correspondiendo con el momento de auge en la ocupación de Dzibilchaltún, este periodo de 200 años representa el apogeo constructivo en el contexto habitacional. Comienzan a edificarse estructuras con piedra y mortero en el contexto; se construyen la Estructura 6 y los dos cimientos elípticos asociados. A fines del complejo Copó fase 1 se edifica la primera etapa del basamento de la Estructura 5 la cual contaba con un cimiento de material perecedero; la Estructura 1 se renueva anadiendose la retencion de la terraza y la cimentacion de piedra. Posteriormente la Estructura 5 sufre nuevos cambios (etapa II) al aumentar el área del basamento principal, se construye un cimiento rectangular de mayor tamaño y el acceso escalonado, se adiciona la plataforma oeste y se colocan las ofrendas de las Cistas 3 y 4. El sistema constructivo utilizado es característico del periodo Temprano incluyendo tanto piedras más o menos labradas como monolitos burdos.

Clásico Terminal (800 d.C. – 900/1000 d.C.): Durante el complejo Copó fase 2 se construye la primera etapa de la Estructura 2, esto es, un cimiento rectangular sobre una plataforma de menor altura (cuyos restos se localizaron al suroeste), de forma no determinada así como el cimiento elipsoidal ubicado al suroeste de esta estructura. También se edifican las Estructuras 3, 4, 7, 8, 9 y 10; a fines de este periodo, se registra un nuevo crecimiento en el basamento principal de la Estructura 5 (etapa III), se construye la plataforma adosada sureste y las Cistas 2, 6 y 7 re-inhumándose un individuo en la Cista 5. Se observa la reutilización de algunas piedras labradas típicas del estilo Puúc en la construcción de la Cista 2 aunque en general la arquitectura pertenece al estilo Temprano en Dzibilchaltún.

Posclásico Temprano (900 d.C. – 1150 d.C.): En los inicios del complejo Zipché la Estructura 2 sufre otra modificación, se cubre parcialmente el cimiento rectangular construyéndose la rampa de acceso oeste, se practica un entierro en la Cista 1 y se vacían de su contenido las Cistas 2 y 6 rellenándose de desechos cerámicos y malacológicos. La Estructura 6 es desmantelada y la actividad disminuye en la Estructura 5. La ocupación continúa en el resto de las estructuras; esta etapa presenta una arquitectura elaborada con piedras burdas característica del periodo Decadente.

Posclásico Tardío (1150 d.C. – 1540 d.C.): Durante el complejo Chechém la actividad constructiva persiste, en la Estructura 2 se construye un cimiento elíptico al noroeste y la terraza adosada al este, ambos dentro del estilo Decadente. A fines de este periodo la actividad cesa en el contexto.

Colonial (1540 d.C. – ¿?): La actividad durante este periodo es escasa; las estructuras 1, 3, 4 y 7 han sido abandonadas aunque se encontraron materiales asociados a este complejo en las Estructuras 2, 3, 9 y 5. Se construye el grueso de las albarradas que cruzan el área reutilizando piedras de los derrumbes y varios de los metates.

Durante este largo periodo de uso en el contexto habitacional se realizaron funciones domésticas y artesanales para después convertirse en un área de pasto para el ganado y finalmente para la agricultura de *milpa* de maíz, esto es previo a la incorporación, por el gobierno federal, de Dzibilchaltun como patrimonio cultural. La evidencia indica que durante la antigüedad, el contexto habitacional fue objeto de una serie de modificaciones arquitectónicas básicamente enfocadas a la adición de espacios, tanto techados como al aire libre. Sin embargo, el crecimiento arquitectónico tuvo lugar alrededor de la Estructura 5, preservándola como punto focal. Este proceso de expansión posibilito un mayor número de residentes y el desarrollo de las actividades dada la disponibilidad de áreas mejor iluminadas, ventiladas y sin problemas de drenaje. Es de notar que estas renovaciones y adiciones probablemente se asocian a un incremento en el estatus que permitieron el acceso a los recursos materiales y temporales necesarios para mantener esta secuencia de modificaciones del espacio. La diversificación de las actividades de producción o su expansión justificaría la necesidad de más estructuras a fin de crear espacios adicionales para estas actividades. Así también, el crecimiento del grupo residente y su subsecuente alojamiento en el espacio resultaría en una expansión similar. Aunque los materiales cerámicos indican una larga ocupación, la mayoría de la actividad constructiva tuvo lugar en un periodo de 400 años. Durante este periodo, se edifican seis plataformas, una terraza y catorce cimientos de piedra siguiendo un patrón constructivo simple, él cual enfatiza la utilización de grandes piedras de acabado burdo para la edificación tanto de muros de contención como de cimientos con muros y techo de material perecedero, y que continua con variaciones mínimas a lo largo de la ocupación del contexto. La secuencia constructiva se inició con la Estructura 1 seguida por la Estructura 6. La desmantelacion de la Estructura 6 coincide con la construcción de la Estructura 5 y el subsecuente crecimiento de su basamento, esta expansión de los espacios sugiere un aumento de estatus del grupo mientras que la adición de las estructuras 2, 3, 4 y 10 probablemente se asocian a cambios morfológicos y productivos en el contexto. Las estructuras absidales, por la mayor parte, funcionaron como ancilares a las plataformas y estructuras rectangulares, sirviendo como cocinas o residencias. McAnany (1993) sugiere que este tipo de cimientos de menor tamaño ubicados en la periferia pudieron ser ocupados por sirvientes, afines o consanguíneos de menor estatus, o parejas que residían temporalmente en el conjunto hasta formar su propio grupo doméstico independiente. Es de notar que probablemente se elaboraron otros cimientos de materiales perecederos que no pudieron ser registrados al no quedar huella alguna. Ahora bien, la correlación entre los materiales culturales obtenidos y el desarrollo arquitectónico descrito indica grandes diferencias tanto cualitativas como cuantitativas entre el conglomerado de artefactos obtenidos en superficie y aquellos procedentes de rellenos constructivos. Los materiales superficiales incluyeron una mayor diversidad en las materia primas utilizadas así como en las formas de los artefactos que aquellos procedentes de las excavaciones. Así también, los artefactos de superficie cubren todas las etapas temporales de ocupación del contexto. Como ya señale previamente, desafortunadamente las áreas excavadas no proporcionaron pisos de estuco bien conservados ni muestras selladas o *in situ* y no contamos con estudios químicos de los mismos. Por el contrario, observamos grandes alteraciones en los rellenos constructivos ocasionados por las diferentes etapas constructivas que reflejan los disturbios post-ocupacionales que impactaron el área después de su abandono. Estos factores limitan mis inferencias en relación al *locus* de las actividades domésticas.

La comparación de los datos arquitectónicos y el uso del espacio en el contexto habitacional revelo patrones comunes con otros sitios urbanos del área Maya. A semejanza de Seibal (Tourtellot 1982, 1983, 1988), Tikal (Haviland 1988), Sayil (Dunning 1989) y Copán (Andrews y Fash 1992) los límites del contexto parecen definirse mediante espacios abiertos que al no contar con elementos arquitectónicos visibles limitan el "ámbito doméstico" donde se concentran edificios y materiales culturales a manera de una unidad mínima de asentamiento. Estas unidades también se distribuyen en forma dispersa dentro del asentamiento. El tipo de conformación identificada es muy similar al de Joya de Cerén (Sheets 1979) y contiene algunas características de la parcela de Seibal y del grupo de patio en Tikal Copán y Aguateca (Inomata y Stiver 1994). En estos sitios se observa la distribución de un determinado número de edificios cuya relación se establece a partir de la orientación y cercanía de las estructuras en un terreno no delimitado aunque en Seibal, Tikal, Copán y Aguateca definen un cuadrángulo arquitectónico central con algunas estructuras distribuidas fuera de él pero cercanas espacialmente. Las diferencias formales entre el contexto habitacional y estos sitios ocurren a nivel del tipo de arquitectura predominante ya que en el caso del contexto y Joya de Cerén el espacio doméstico se conforma básicamente de edificios de un solo cuarto con arquitectura sencilla de material perecedero mientras que en Seibal, Tikal, Copán y Aguateca las estructuras son de varias habitaciones y con una arquitectura de mampostería más elaborada. Así también, el fenómeno de crecimiento arquitectónico es similar al reportado en unidades domésticas de Seibal y Tikal. En ambos casos ha sido interpretado como una manifestación constructiva de los cambios morfológicos ocurridos en el grupo residente. Finalmente, la mayoría de las actividades referidas son particulares a la generalidad de las áreas domesticas investigadas en el área Maya y su identificación define el carácter habitacional del contexto; en Seibal y Aguateca se ha reportado la utilización de algunos espacios domésticos para la realización de otro tipo de actividades como la preparación de pigmentos, papel, piel y madera hecho que corresponde ampliamente con la evidencia obtenida en el contexto habitacional.

4.2. Usos del espacio

LaMotta y Schiffer (1999: 18-29) recomiendan cautela en la identificación de actividades directamente asociadas a los pisos de estructuras domésticas cuando están se basan en la variabilidad de la colección de artefactos sin considerar los procesos de formación del contexto arqueológico. La historia de "vida" de las estructuras habitacionales incluye su uso como habitación, su abandono y etapas de post-abandono durante las cuales ocurren patrones por los cuales se añaden (*accretion*) o eliminan (*depletion*) objetos de estas áreas. Por lo tanto, no hay que asumir una relación directa entre los objetos localizados en el interior de una estructura y las actividades antiguas que se llevaron a cabo en ella. Así también, los depósitos de artefactos pueden ser palimpsestos, esto es acumulaciones densas al azar de desechos acumulados a través del tiempo sobre una superficie o formando parte de una capa de excavación. Los autores (1999: 20-21) añaden que usualmente los objetos utilizados en una estructura habitacional no se depositan en su área de uso y similarmente los objetos recobrados en un área no necesariamente fueron utilizados en ella. Es pues que los materiales asociados a actividades de carácter domestico se incorporan al registro arqueológico a través de tres procesos de deposición: primaria, por el cual los objetos se añaden al contexto arqueológico en su lugar de uso ya sea como desecho o deposición accidental (extraviados); secundaria, por la cual los desechos se remueven de un área de actividad y depositan en áreas alejadas como basureros, rellenos constructivos o cementerios; y terciara, la cual ocurre cuando los objetos rotos o desgastados no se desechan pero se almacenan a fin de reutilizarlos. El último aspecto de notar se refiere al momento de abandono de las estructuras. LaMotta y Schiffer (1999: 22) señalan que usualmente los residentes seleccionan las pertenencias que llevaran consigo a su nueva localidad creando dos tipos de deposición de los desechos, *de facto* (o de hecho) y organizado. Bajo la primera categoría, los objetos se abandonan aunque todavía sean servibles, son difíciles de transportar y se pueden reemplazar con facilidad. Algunos de los metates en el contexto de gran peso y tamaño y con áreas de trabajo semi-desgastadas ejemplifican esta categoría. La segunda clase se refiere a objetos portables, de valor, en buena condición y difíciles de reemplazar. Este aspecto es relevante porque la categoría de deposición puede indicar la rapidez del abandono del espacio. Esto es, estructuras que contienen una gran cantidad de objetos portables, de valor y en buena estado indicaría un abandono rápido y no planeado mientras que la presencia de desechos *de facto* es el resultado de un abandono paulatino y planeado. Estos criterios, cuando se utilizan en el análisis de la deposición de los artefactos y elementos recobrados del contexto indican un abandono paulatino y variado caracterizado por la deposición secundaria de los mismos y la abundancia de materiales arqueológicos *de facto*.

Dentro de una perspectiva general, la evidencia superficial y de excavación indica que en el contexto habitacional se desarrollaron actividades tradicionalmente designadas como "domésticas" (preparación de alimentos, procuramiento de agua y lavado, entre otras), así como reproductivas y de formación de los hijos, religiosas (rituales y funerarias), productivas, de limpieza y manejo de los desechos. Aunque no localice contextos de uso *in situ* debido a la característica secundaria de los depósitos y la naturaleza *de facto* de los materiales, en la colección cerámica sobresale la abundancia de formas relacionadas con actividades diarias esto es, ollas estriadas y lisas para el almacenamiento de agua o granos, cazuelas utilizadas en la preparación de comida, así como platos, cajetes -planos y trípodes-, y tecomates donde se trasladaban los alimentos para el consumo. A lo largo de la ocupación del contexto los grupos cerámicos identificados contienen principalmente formas utilizadas para el desempeño de esta clase de actividades caracterizadas por su acabado de superficie simple y decoración mínima. Las navajillas prismáticas de obsidiana eran el instrumento de corte predilecto aunque también se encontraron algunas navajas, cuchillos y raederas de sílex. La gran cantidad de metates presente en el contexto refiere que la molienda era una actividad básica dentro del contexto la cual se llevaba a cabo tanto al aíre libre como en áreas techadas; la presencia de un número considerable de metates es indicativa de la relevancia de esta actividad. Varios metates fueron reutilizados como contenedores de agua o reciclados como relleno de construcción. En contraste, solo se encontraron dos manos de molienda completas y dos fragmentos de otra elaborada en sílex. Probablemente, dada su portabilidad y "valor" como una herramienta indispensable para la molienda, los residentes llevaron consigo la mayoría de estas herramientas durante el abandono paulatino del contexto. La presencia de metates apodos y altos así como las diferencias formales y de materia prima en las manos son un indicador de la molienda de otros materiales aparte del maíz. Como ya se mencionó, las estructuras absidales 1, 4, y 7 están directamente asociadas a metates y probablemente sirvieron como áreas de preparación de alimentos. Pesas de red y puntas (de flecha o lanza) señalan el desarrollo de tareas que probablemente permitían el abastecimiento de pescado, conchas, caracoles y carne los que aunados al maíz, frutos y vegetales formaban parte de la dieta alimenticia Mesoamericana. La presencia de pulidores cerámicos se asocia al desempeño de actividades adicionales como la reparación de vasijas en estos espacios.

Las actividades religiosas dentro del contexto probablemente incluían rituales, banquetes y ritos funerarios desarrollados principalmente durante el Clásico Tardío y Terminal. Los materiales asociados son escasos e incluyen incensarios, braseros, vasos, platos, cajetes-sonaja y de base anular, formas cerámicas de pasta fina, miniaturas, importadas y pocos polícromos. Los fragmentos de la decoración de efigies como el disco de obsidiana y estuco modelado procedentes de la Estructura 5, los tejos recobrados de las estructuras 1, 2, 5 y 8 así como la alta densidad del material cerámico de tipo "ritual" recuperado de las estructuras 2 y 5 sugieren la práctica de estas actividades en el contexto pero no necesariamente indican una locación específica para las mismas. Una trompeta fragmentada de *Strombus costatus* y un cascabel de cobre (asociado a la Estructura 4) sugiere la música como elemento de eventos y rituales. El pendiente de *Strombus costatus* tallado en forma de rana fálica y su simbolismo asociado a la lluvia y la fertilidad posiblemente representa un ejemplo de la mitología y cosmovisión prevalente entre los residentes. Los ritos funerarios se asociaron directamente con las estructuras 2, 5 y 10 favoreciendo los entierros en cistas. Se encontraron cistas de dos dimensiones, las de mayor tamaño podían albergar el cuerpo de un adulto o adolescente y aquellas de tamaño menor el de un infante o quizás una ofrenda. Las plataformas son el *locus* de las actividades funerarias, más que nada porque eran las únicas áreas donde se podía construir una tumba, en Dzibilchaltún los suelos naturales son delgados y rocosos. Los entierros localizados en cistas se construían tanto al interior como al exterior de los cimientos rectangulares o de material perecedero siguiendo las líneas axiales de las estructuras. A pesar del amplio periodo de ocupación del contexto el número de cistas es mínimo (siete) y la cantidad de entierros todavía menor (dos). Dada las características ambientales, la humedad y temperatura son altas y la acidez de los suelos (Baxter 2004), los restos óseos generalmente están muy deteriorados o fragmentados; otra posibilidad se relaciona con el significado cultural de la inhumación de los cuerpos. Al respecto, la evidencia refiere que el enterrar a un individuo no tenía un carácter definitivo ya que en el caso del Entierro 2 y de tres de las cistas, los restos humanos se retiraron de su caja mortuoria para depositarse en otra cista o sufrieron otro tipo de tratamiento adicional como la cremación (una práctica común en el área aunque empleada generalmente por las elites) y por lo tanto no es posible registrarlos arqueológicamente. Posteriormente las cistas desocupadas se rellenaron con desechos cerámicos. Es de notar que la parafernalia mortuoria es pobre consistiendo de vasijas cerámicas como cajetes y vasos, navajillas de obsidiana o lascas de sílex, aunque las cistas localizadas en la Estructura 5 -la más importante del contexto- proporcionaron ofrendas más numerosas que aquellas asociadas a las Estructuras 2 y 10.

Con respecto a la ornamentación personal, la evidencia refiere que los residentes del contexto habitacional producían adornos elaborados en concha y caracol tanto para el consumo personal como con fines de intercambio. Los artefactos ornamentales de cerámica, travertino o cobre son mínimos. La variedad formal incluye pendientes de diversa forma, caracoles perforados, cuentas, orejeras, botones así como un cascabel. Algunos de los ornamentos presentan una gran calidad en su elaboración y su presencia en el contexto así como la de lascas trabajadas se asocia con la práctica de actividades artesanales y la destreza en la labor de los residentes. Otros artefactos relacionados con actividades productivas adicionales a la talla de concha y caracol, indican la preparación de pigmentos (núcleo poliédrico de obsidiana utilizado como mano y una paleta ambos recobrados de la Estructura 2 además de un metate pequeño con área de trabajo circular de la Estructura 5), la reparación de vasijas (pulidores procedentes de las Estructuras 2 y 7) posiblemente la preparación de papel o piel (un alisador recobrado de la Estructura 2 y una mano) localizados tanto en superficie como en rellenos constructivos.

Domesticidad y vida cotidiana urbana en una capital del Norte de Yucatán

Las dos estructuras apsidales pequeñas que forman parte de la Estructura 2 presentaron un espacio muy reducido y materiales cerámicos escasos en su interior. Etnoarqueológicamente estas estructuras se asemejan a aquellas descritas en el modelo de almacenaje planteado por Smyth (1990), para la zona del *Puúc*. Por su parte, el modelo etnoarqueológico de Kent (1999: 82) para la identificación de espacios de almacenaje y de desecho sugiere que la baja diversidad de las categorías de materiales aunado a una gran cantidad de los mismos se asocia a la homogeneidad de las actividades en esa localidad indicando un área de almacenamiento. En contraste, áreas donde se desarrollan un mayor número actividades diferentes contienen una mayor diversidad en las categorías de los materiales en relación con el número de artefactos por categoría, esto es, el incremento en la diversidad de las categorías de los artefactos, denota la redundancia de la actividad, lo cual caracteriza a las áreas de desecho. Su análisis estadístico es útil en la identificación de la diversidad de las categorías y cantidades de materiales. Tomando en consideración el abandono paulatino y organizado del contexto y los dos tipos de deposición mencionados anteriormente, procedí al análisis espacial de los desechos asociados a esta estructura utilizando un sistema de información geográfica (SIG) y herramientas geo estadísticas de los espacios y materiales. Mi intención fue el visualizar la concentración de eventos o datos y representarlos en un mapa. De acuerdo con Johnston et al (2003), el análisis geo estadístico utiliza valores de punto en una muestra tomados en locaciones diferentes en un paisaje y crea (o interpola) una superficie continua. La muestra de puntos representa medidas de un fenómeno en particular, en este caso la cantidad de artefactos recobrados de una posición especifica en el contexto. Estas medidas son utilizadas para crear una superficie que predice los valores para cada posición en el paisaje, esto es una superficie predictiva optima que incluye una medida de confidencia respecto a la probabilidad de que la predicción es certera. Las herramientas geo estadísticas utilizan tanto métodos estadísticos como matemáticos. A fin de examinar los patrones espaciales utilize el análisis de Kriging ordinario, el patrón de puntos, y el análisis de punto clave (*hot spot*) (ver Johnston et al 2003: 49-78 para la descripción detallada de cada una de estas herramientas). Los mapas se crearon utilizando el software ArcMap GIS, versión 10.4 (ver Figura 4.2). Mis resultados se interpretan utilizando inferencias procedentes del estudio etnoarqueológico de este tipo de espacios de almacenamiento y el manejo de los desechos ya mencionados. El patrón de puntos por categoría de material sirvió para identificar las áreas de concentración. El método geoestadistico de Kriging ordinario proporciono el paisaje predictivo de las categorías y finalmente, el análisis de la detección de puntos clave o *hot spots* facilito la identificación de la concentración espacial de los parámetros establecidos por Kent en la identificación de la diversidad de los materiales -esto es la distribución espacial y estadística de las categorías de artefactos, el número de las mismas y la cantidad de materiales por categoría- asociados a las estructuras absidales pequeñas. Los resultados revelaron dos puntos clave (*hot spots*) localizados en el área interior de la estructura absidal pequeña localizada al suroeste de la Estructura 2. Estos puntos clave representan materiales tanto malacológicos como de obsidiana (dos categorías). Al parecer, los datos corresponden con el patrón descrito por Kent para áreas de almacenamiento. Sin embargo, las concentraciones de materiales también pueden interpretarse como palimpsestos. Es de notar que la concentración del material incluye materia prima, desechos de talla, fragmentos semitrabajados, herramientas de corte (navajas de obsidiana y sílex) y los artefactos finales, categorías asociadas a la producción a nivel de taller (ver Emery y Aoyama 2007). La práctica artesanal del tallado de concha se llevó a cabo en el contexto ya que hay evidencia de todas las etapas de elaboración y herramientas aunque no fue posible identificar directamente las áreas de trabajo de los artesanos ni las estructuras de almacenamiento de los materiales. Los desechos de talla probablemente se acumulaban en áreas de desecho para ser reutilizados como relleno constructivo posteriormente. La baja densidad de artefactos acabados es de esperarse ya que probablemente el grosor de la producción se destinaba al intercambio con algunos ornamentos reservándose para el consumo del grupo dado su significado. El análisis geo estadístico también revelo dos puntos claves adicionales al exterior de esta estructura absidal pequeña localizados en sus áreas noreste y sur, los cuales incluyen acumulaciones de tiestos de superficie así como categorías adicionales de materiales, esto es fragmentos de obsidiana y malacológicos, artefactos de metal y barro (esto es cuatro categorías). El empleo del modelo de Kent interpretaría este patrón como dos áreas de desecho.

Los análisis geo estadísticos de Kriging ordinario y puntos clave (*hot spot*) aunados al patrón de puntos también facilitaron la representación de la densidad total de los materiales superficiales sin incluir su asociación cronológica (ver Figura 4.2, las áreas oscuras representan valores altos) permitiendo identificar espacios con acumulaciones de desecho que presentaron una densidad de fragmentos cerámicos mayor a cinco tiestos. Estas áreas de alta densidad se localizan en las inmediaciones de las plataformas (estructuras 2 y 5), sobre las mismas (estructuras 2, 5 y 6), en el interior de los cimientos (Estructura 2 cimiento rectangular, estructuras 4, 8 y 9), en el exterior y asociados a los cimientos (Estructuras 1, 3, 4, 6, 7, 8 y 9), o en áreas abiertas (espacio conectando las estructura 1 y 4, esquinas noroeste y suroeste de la Estructura 2, esquina suroeste de la Estructura 3 y espacios al este, sureste y oeste de la Estructura 5). En contraste, las zonas con densidades mínimas de fragmentos cerámicos (esto es con menos de cinco tiestos), se localizan al interior de los cimientos (estructuras 2 y 3) y en áreas sin construcciones y pasillos localizados al noreste, oeste y sureste del contexto. En general, el comportamiento de los desperdicios presenta similitudes al reportado por Killion (1989), en su estudio de Sayil aunque en Dzibilchaltún no es un patrón continuo a la ocupación del contexto. Sin embargo, existen diferencias en el contenido de los desperdicios con aquellas reportadas por Góngora et al

ANALISIS ESPACIAL DE LA CERAMICA DE SUPERFICIE

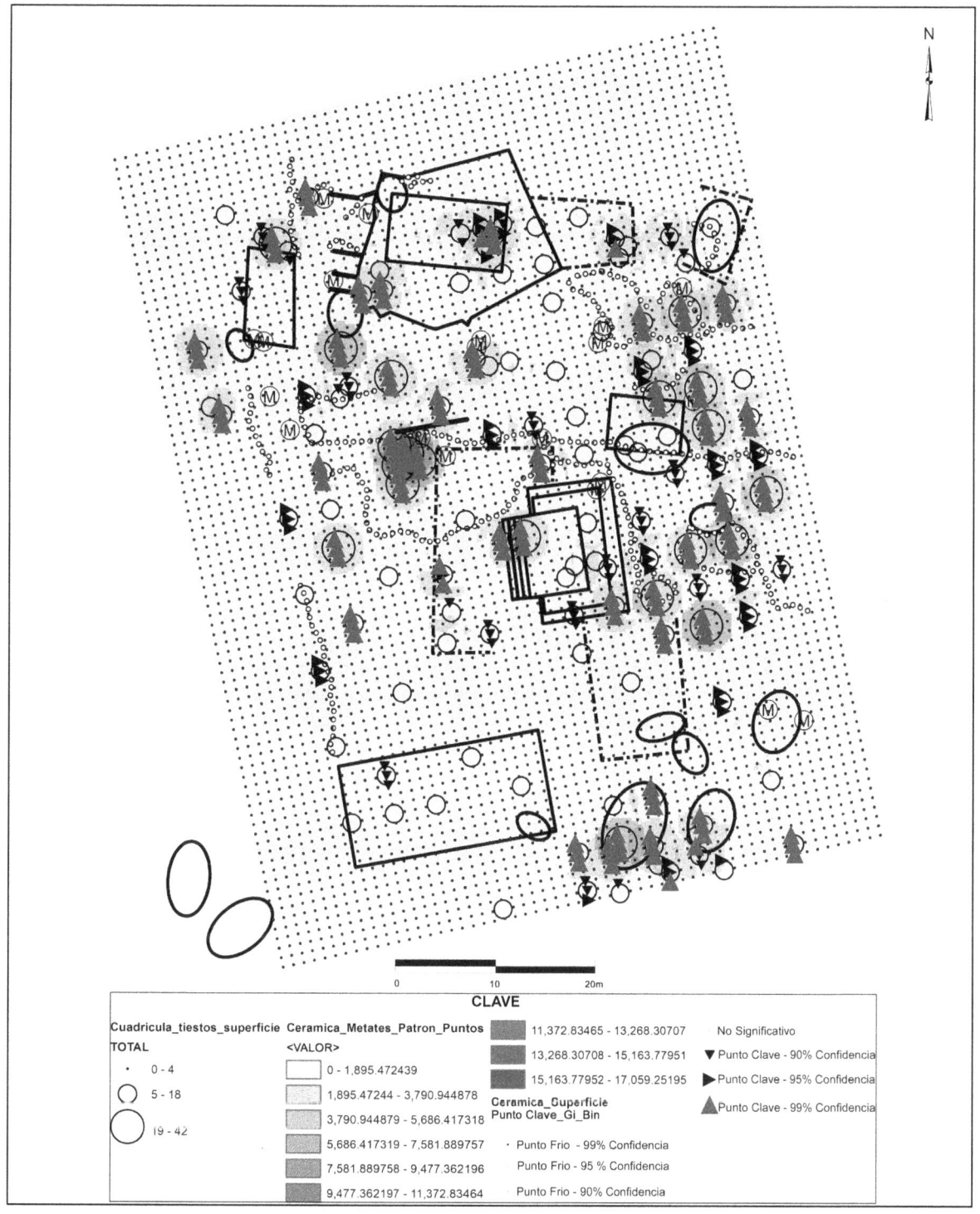

Software utilizado: ArcMap GIS. Version 10.4.1. Redlands, CA: Environmental Systems Research Institute, Inc., 2023

Figura 4.2. Análisis espacial de los materiales cerámicos de superficie. Herramientas geo estadísticas: Análisis de patrón de puntos (*point pattern*) y punto clave (*hot spot*).

(2009c) para los basureros del sector norte y oeste del sitio. Por ejemplo, en el contexto habitacional los desechos revelaron la abundancia de desechos malacológicos incluyendo todas las etapas en el proceso de manufactura de artefactos así como herramientas para el corte y tallado y ejemplares de *Nephronaia sp.*, una clase Bivalva apreciada en la talla de joyería. Así también, existen diferencias con los patrones reportados en el análisis de desechos para Chunchucmil (Hutson y Stanton 2007: 123-144). En particular las discrepancias se relacionan con el tratamiento de los fragmentos de obsidiana, los cuales en Chunchucmil presentan una distribución similar a la de la cerámica. El patrón de desecho del material de obsidiana en el contexto habitacional se adhiere al reportado por Hayden y Cannon (1983). De los 125 fragmentos de obsidiana, solamente tres se recobraron en superficie, esto es el 2.4% mientras que el restante se recuperó del relleno constructivo de las plataformas y estructuras. Una diferencia adicional entre las unidades habitacionales de Chunchucmil y el contexto habitacional se asocia con la zona de concentración de los desperdicios. Hutson y Stanton (2007: 139) reportan que en Chunchucmil los depósitos de basura más densos se localizan en el lado oeste de las unidades habitacionales. Los autores argumentan que la ausencia relativa de depósitos de basura en la porción este se asocia probablemente con la ubicación de templos y altares en esa parte del patio y con la asociación cosmológica de esta orientación cardinal. En el caso del contexto, el análisis espacial de los desechos identificó acumulaciones sustanciales de desecho tanto en las áreas oeste, este y sur. A diferencia de Chunchucmil, las estructuras del contexto se localizan al norte, centro y sur del espacio con el edificio principal, la Estructura 5, orientándose al oeste. Estas diferencias pueden ser únicas al contexto y de ser un patrón es una hipótesis que es necesario contrastar con más datos.

Una vez que el material de superficie se separó por periodo cronológico cambios en la distribución de las concentraciones de desecho fueron evidentes. La distribución de la basura temprana (asociada a los complejos Nabanché Tardío e Xculul) se asocia a concentraciones localizadas al sur de la Estructura 6 y al sureste del contexto. Este patrón de desecho continúa durante el periodo Xculul pero no el Piim (ver Figura 4.3). Es en el periodo Copo (ver Figura 4.4) que observamos concentraciones adicionales en el pasillo entre las estructura 1 y 4, la esquina suroeste de la Estructura 2, al norte de la Estructura 3, en el espacio abierto al este del contexto y al sur de las estructuras 8 y 9. Sin embargo, la mayor concentración de desechos continúa siendo el área sur de la Estructura 6. Durante el periodo Zipche, las acumulaciones de desecho disminuyen y solo se aprecia un área en la sección noroeste de la escalinata de la Estructura 5, la cual continúo en uso en el periodo Chechem (ver Figuras 4.5). Los desperdicios asociados a la ocupación Posclásica se acumularon principalmente alrededor de las Estructura 5 y escasamente sobre las Estructuras 2, 3, 8 y 9 (ver Figuras 4.5 y 4.6). Estos cambios en la distribución de la basura pueden estar asociados a modificaciones intencionales en la disposición de los desperdicios o ser el resultado del proceso de abandono de algunas estructuras. Dentro de las conductas relacionadas con el manejo de desperdicios se observa que los artefactos al no ser necesarios, estar fragmentados, desgastados o inservibles eran reutilizados como rellenos de construcción, modificados o simplemente desechados. Los fragmentos de cerámica, obsidiana, concha y caracol son los más abundantes en los rellenos constructivos aunque también se observaron restos de sílex y decoración arquitectónica. Algunos de los desperdicios reutilizados como material constructivo son potencialmente peligrosos (sobre todo en el caso de los fragmentos de obsidiana), por lo que pueden ocasionar accidentes. En comunidades de las Tierras Altas Mayas este tipo de basura se recicla en áreas lejanas a su lugar de uso (cfr. Hayden y Cannon 1983) y si se cuantifica la cantidad de estos materiales obtenida de los rellenos constructivos podría decirse que los habitantes del contexto practicaban en gran medida el reciclado de artefactos elaborados con materiales exóticos lo cual explicaría la escases con la que se encontraron en superficie. La reutilización era otra práctica común entre los residentes del contexto, los cuales modificaban aquellos artefactos cuya función primaria ya no era posible a fin de elaborar instrumentos (por ejemplo los fragmentos de cerámico se transformaron en pesas de red, tejos, pulidores y alisadores) necesarios para la práctica de otras actividades así como de algunos ornamentos. Este proceso de reutilización de los desechos también ha sido reportado como una actividad particular de algunas comunidades modernas (ver Sullivan 1989). Ahora bien, aunque las estructuras no llegan a conformar un núcleo estructural, esto es un arreglo espacial alrededor de una plaza, es de notar que existe un espacio donde los edificios se agrupan y alrededor del cual se distribuyen los desechos. La distribución de los desechos señala que las actividades de limpieza incluían el barrido periódico de los espacios techados; se encontraron concentraciones de basura al interior de algunas estructuras aunque dado su contexto y el tipo de deposición no necesariamente indica un depósito de desechos *in situ*. De ser así, es posible suponer que la basura se acumulaba inicialmente en algunas áreas de los cimientos para posteriormente ser depositada en zonas donde no estorbaran, esto es adyacentes a las plataformas o en espacios abiertos.

4.3. La Casa *Uo (nah uo)*

En los apartados anteriores he discutido mis inferencias relacionadas con el desarrollo diacrónico observado, la variedad de actividades domésticas, productivas y el manejo de los desperdicios en el contexto habitacional. Los datos me permiten explorar algunos aspectos relacionados con el estatus, la identidad, las actividades de género, y las relaciones de los residentes del contexto. La evidencia sugiere que los residentes conformaban una unidad posiblemente compuesta de una o más generaciones de una familia que quizás incluía otros miembros agnados, consanguíneos o posiblemente sirvientes. Como grupo, esta unidad coopero en el desempeño de una variedad de actividades, estrategias que les permitieron perdurar a lo largo de más de un milenioo en un espacio definido por la cercanía y orientación de la arquitectura. El ámbito era tanto un espacio multifuncional como una arena de acción social en el desarrollo de relaciones entre sus miembros. Como grupo ocuparon una serie de estructuras que presentan diferencias formales, aunque todas contaban con muros y techo de materiales perecederos, posiblemente distinguiendo el estatus generacional, el desempeño de actividades productivas específicas o actividades de género. La evidencia sugiere que los residentes del contexto utilizaban artefactos comunes para el desempeño de sus tareas domésticas pero no los fabricaban *in situ*. No hay evidencia de producción cerámica o lítica aunque la presencia de pulidores sugiere la reparación de vasijas. Probablemente, los residentes del contexto cooperaron

Domesticidad y uso del espacio: El contexto habitacional

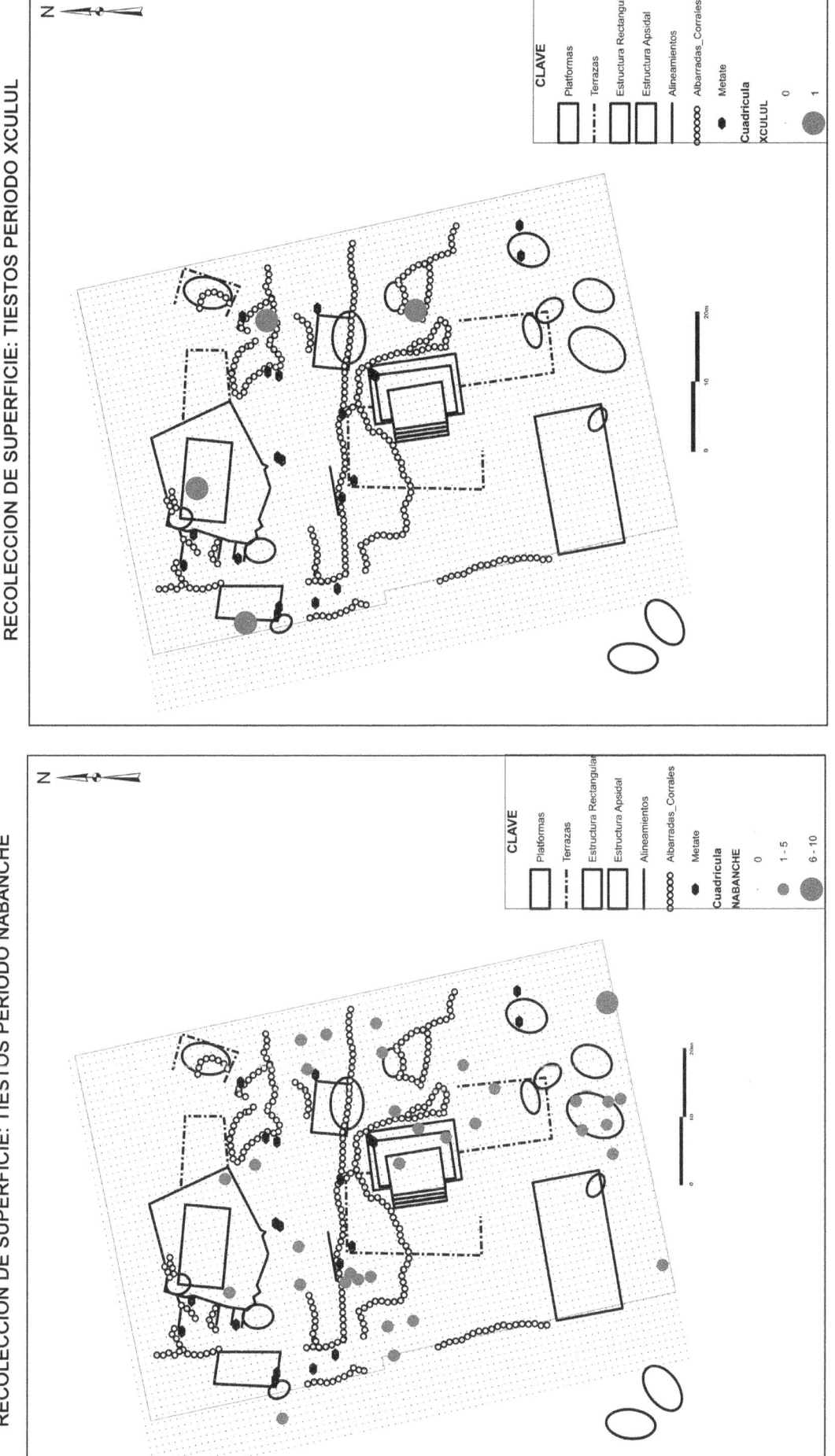

Figura 4.3. Cerámica de superficie de los periodos Nabanche y Xculul: Distribución espacial.

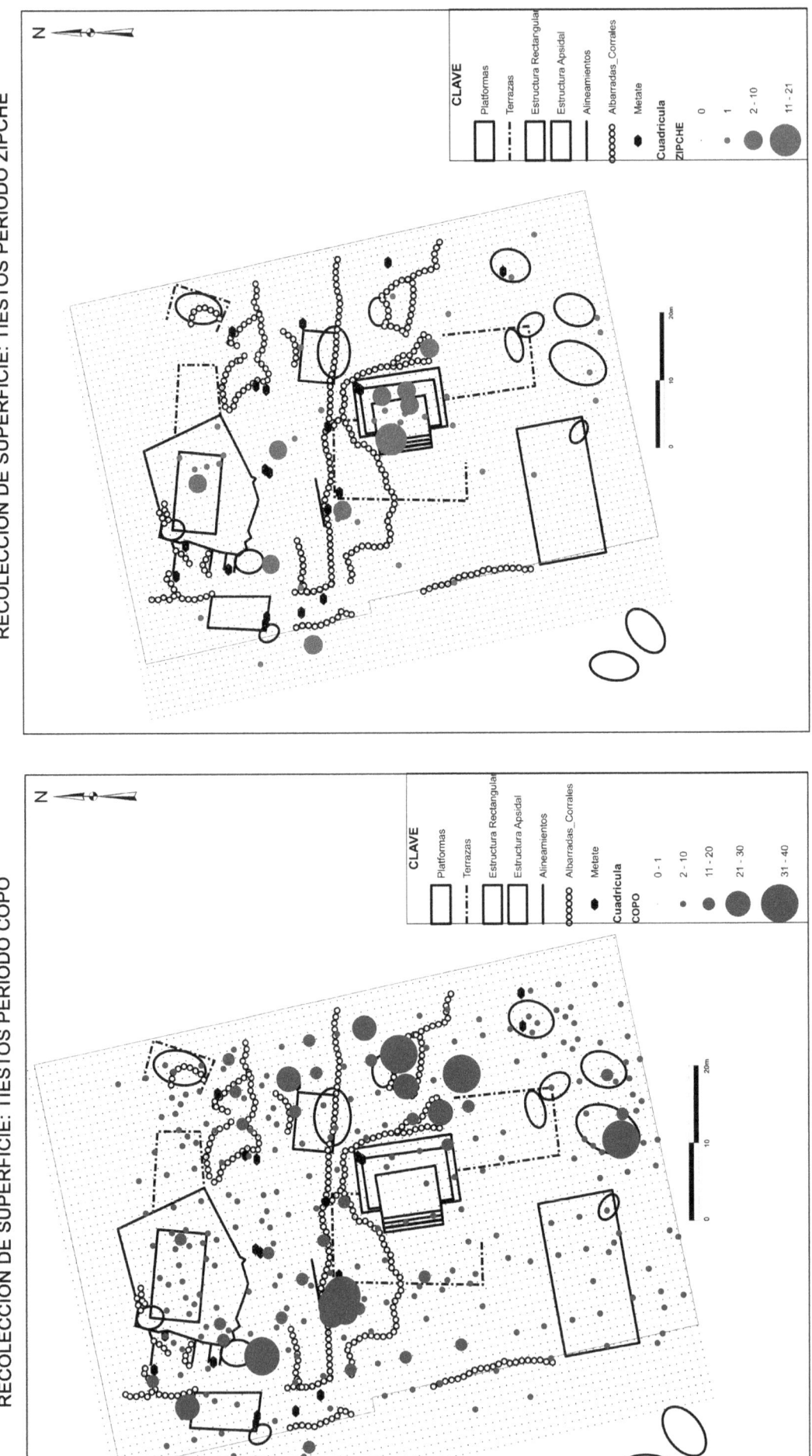

Figura 4.4. Cerámica de superficie de los periodos Copo y Zipche: **Distribución espacial.**

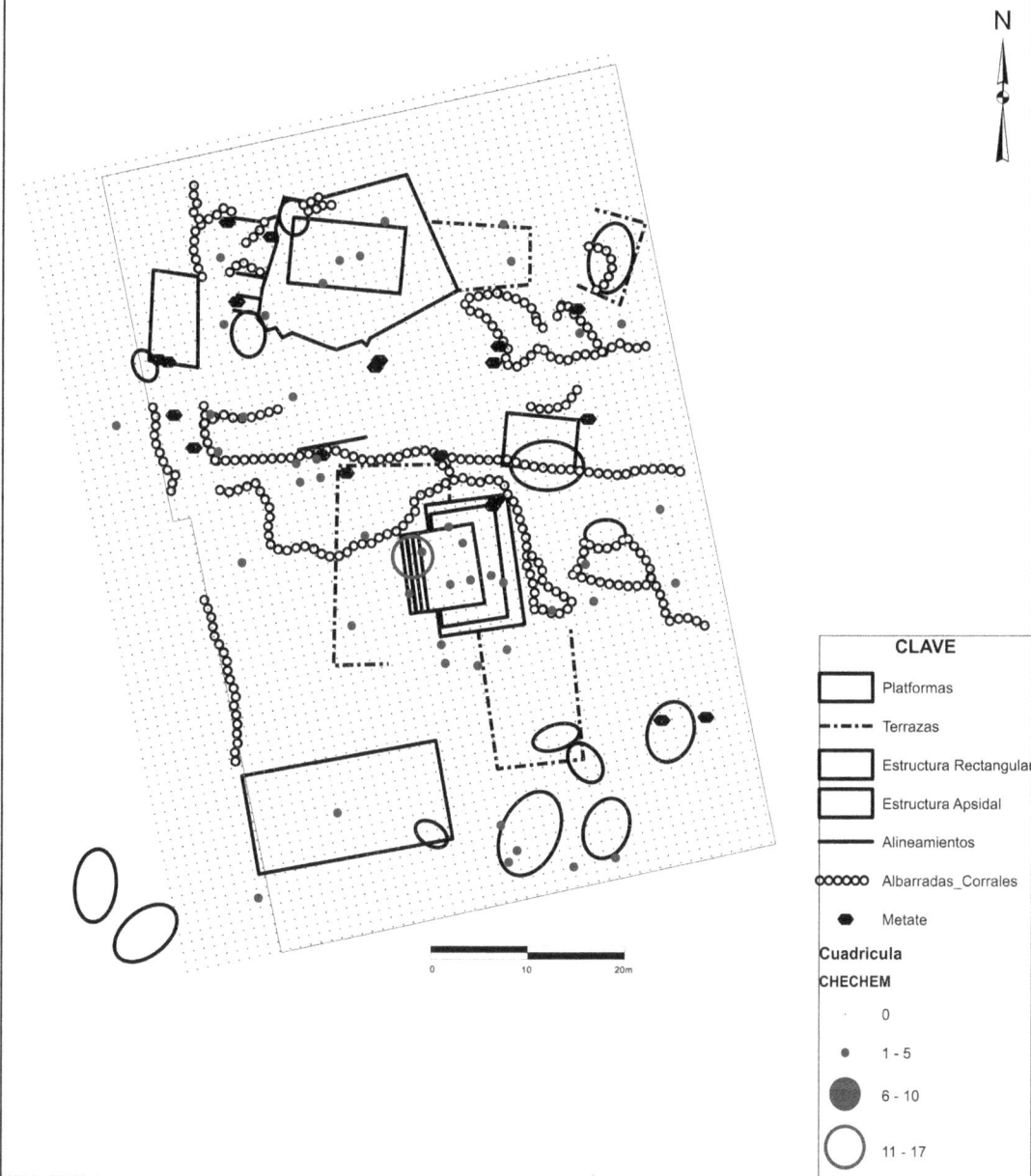

Figura 4.5. **Cerámica de superficie del periodo Chechem: Distribución espacial.**

en la construcción de sus edificios domésticos ya que aunque el sistema constructivo empleado necesita de la labor de un número de personas para la elaboración de una estructura o su acondicionamiento, ésta se desarrollaba con facilidad gracias a la abundancia y accesibilidad del material de construcción utilizado (caliza y materiales perecederos) en el área de Dzibilchaltún. Sin embargo, como ya se mencionó el crecimiento arquitectónico no ocurrió en un periodo de ocupación temprano llevándose a cabo principalmente durante los periodos Copo y Zipche 1. La calidad de la construcción y la ausencia de techos abovedados sugieren que los recursos del grupo no fueron suficientes para el acceso a este tipo de construcción de mayor estatus. Sin embargo, artefactos importados como la obsidiana y en menor grado vasijas de pasta fina y polícroma, cascabeles de cobre y obsidiana verde sugieren la preferencia por ciertos productos "exóticos", una práctica generalmente asociada a la elite. El consumo moderado de estos bienes aunado a la localización del complejo en un área de la ciudad contigua al *Sacbé* 1 cercana al Complejo del Templo los Siete Muñecos, así como la variabilidad arquitectónica presente sugieren un estatus intermedio para los residentes. Sin embargo la ausencia de depósitos de agua o pozos dentro del área señalan su dependencia en la obtención diaria de este líquido vital ya sea a través de fuentes "controladas" por otros grupos arquitectónicos o públicas como el cenote *Xlacah*. El agua es un elemento trascendental tanto para la subsistencia como para el desarrollo de actividades domésticas y constructivas por lo que a mayor distancia de las fuentes públicas se acentúa la necesidad de construir pozos y con ello la dependencia de aquellas unidades habitacionales que no contaban con este tipo de depósitos. Es de notar que hay un espacio de aproximadamente 40 metros que separa el área del contexto habitacional del pozo más cercano, el pozo 15, localizado al este del mismo, el cual forma parte del grupo arquitectonico de las estructuras 13 y 18 ubicado en la esquina suroeste del complejo del Templo de los Siete Muñecos (ver Figura 2.1 en la Sección 2.1). Este grupo incluye varias estructuras abovedadas, plataformas, una estructura piramidal pequeña y cuatro estructuras absidales. El pozo se localiza al noroeste de la plataforma más relevante. La calidad de la arquitectura, su ubicación así como la presencia del pozo sugiere un estatus superior, probablemente elite para los residentes de este grupo. El acceso a este pozo fue esencial para el suministro de agua lo que sugiere una relación pudo existir entre los residentes de ambos grupos. Es de notar la orientación de la Estructura 5, su acceso se orienta al oeste "dándole la espalda" al grupo del pozo lo cual puede indicar que la relación incorporo un nivel de separación y autonomía entre ambos grupos aun cuando la dependencia del contexto habitacional existía. Si interpretamos las diferencias cualitativas en la arquitectura como una expresión de estatus, posiblemente la relación entre ambos grupos no solo fue desigual pero de cierta manera subordinada. De ser así, un nivel de cooperación, servicio o intercambio pudo existir entre ambos grupos a cambio del acceso al agua del pozo.

Como grupo, los residentes del contexto probablemente no participaban directamente en la producción agrícola de alimentos, aunque estrategias de cultivo intensivo se han sugerido (Isendahl 2010) para espacios urbanos y documentadas etnoarqueológicamente (ver Sección 1.3.1), su función estaba más relacionada con actividades necesarias en un área urbana como la producción artesanal de artefactos y el comercio local. El desempeño de actividades como la caza y pesca para la apropiación de alimentos, la producción de artefactos de concha, pigmentos y papel o piel así como el consumo de bienes de importación ya elaborados sugiere que los residentes del contexto habitacional formaban parte de una economía local mixta que en Dzibilchaltún combinaba el desarrollo de actividades primarias para el suministro de víveres y la explotación de la sal con la transformación de materiales -como la concha-, necesarios tanto para la elaboracion de herramientas domésticas como de objetos suntuarios- que además de abastecer el mercado interior posiblemente se integraban a las redes de intercambio vigentes desde el Formativo. La evidencia en relación al género y la edad no son abundantes en el contexto. Además de los artefactos y la cerámica de función domestica no se recobró evidencia de la manufactura de telas, esto es agujas o espirales de uso o áreas de actividad asociadas. El desarrollo de actividades "domesticas" probablemente estuvo a cargo de las mujeres, esto es el molido del nixtamal, la preparación de comida, la limpieza de las áreas techadas y abiertas. El desempeño de estas actividades se ha documentado en las narrativas históricas y comunidades modernas. Como ya mencione, los metates del contexto presentan características que sugieren la cooperación a nivel de género y la utilización de los mismos en la molienda de otros materiales. En ese sentido, el volumen y peso de los metates apodos indica que probablemente se elaboraron *in situ*. Es decir, el bloque de caliza se transportaba a su lugar de uso, donde permaneció durante su vida útil. Una vez que el metate ya no era funcional el proceso se repetía. La molienda de granos es una actividad considerada femenina y doméstica y como artefactos, los metates generalmente se han asociado con espacios femeninos. En comunidades Mayas de las Tierras altas en Guatemala, el tallado y mantenimiento del metate es una tarea masculina mientras que la actividad de molienda es exclusiva de las mujeres (ver Searcy 2011, entre otros) y los hombres no pueden ni siquiera tocar los metates. Searcy utiliza la complementariedad de género (ver Sección 1.1.) en la producción de los metates y su función de molienda como un factor a considerar en la asignación exclusiva de las áreas de molienda como femeninas (Searcy 2011: 139-140). El autor añade que otras instancias de este modelo se han documentado para el cultivo de la milpa y la cosecha del maíz. Sin embargo, de acuerdo con Stockett (2005: 572) este modelo no considera la fluidez en la práctica del género y la diversidad en las relaciones que pudieron existir en el pasado por lo que recomienda enfocarse en el papel del género como un componente de la identidad individual y social.

Las características del área de trabajo de algunos metates, de forma circular y profunda, señalan su uso en la molienda de otros materiales además del nixtamal. La necesidad de moler de pie y el esfuerzo que posiblemente requería el molido de algunos materiales, sugieren la posibilidad de que esta tarea también pudo ser masculina. El número de metates en el contexto habitacional pudo relacionarse con esta función adicional. Otro aspecto a considerar en las actividades de género es la participación de las mujeres en la talla de artefactos de concha y caracol. Emery y Aoyama (2007) sugieren la participación de mujeres en la talla de concha en su discusión de los artefactos procedentes de estructuras elite en Aguateca. La distribución espacial de los materiales indica que las crujías localizadas en el lado derecho de las estructuras elite se asociaban con actividades femeninas como la preparación de alimentos y el tejido de telas. La presencia de estos desechos de talla y el procesamiento de huesos en estos espacios es interpretada por los autores como la posible participación femenina en el trabajo artesanal o que el espacio era compartido con artesanos masculinos. En ese sentido es posible que las mujeres y quizás los adolescentes del contexto pudieron participar en actividades artesanales que requerían acciones precisas y detalladas en el procesamiento del artefacto, como el pulido del producto final, la reparación de vasijas o el molido fino de los pigmentos, las cuales se desempeñaban en los espacios abiertos y compartidos con otros miembros del grupo.

La organización y preparación de banquetes es otra actividad relevante para la identidad del individuo y del grupo. Es de notar que la preparación de los alimentos para un gran número de comensales, esto es banquetes, generalmente se interpreta como una tarea femenina en la cual las mujeres cooperan en la selección de los animales, su preparación y servicio. En algunas ceremonias agrícolas (como el *Cha-chaac*, practicado todavía por las comunidades Mayas en la Península de Yucatán (ver Redfied y Villarojas 1964 segunda edición del original publicado en 1934, para una descripción detallada) que incluyen un banquete, los hombres están a cargo de la organización y práctica del ritual mientras que las mujeres no pueden acceder a la ceremonia y su participación se limita a la preparación y el consumo comunal de los alimentos. Sin embargo, estas ceremonias son una práctica por la cual la participación del individuo en el evento refuerza su pertenencia al grupo, la identidad colectiva e individual. Es pues, que las actividades de género en el contexto sugieren la cooperación en el desempeño de actividades como la práctica artesanal, el tallado de metates y su uso como instrumentos de molienda así como la organización y preparación de banquetes, esto es prácticas relacionadas con la subsistencia y la construcción de la identidad individual y del grupo. Otro aspecto a considerar es la longevidad en la ocupación del contexto y su crecimiento arquitectónico, los cuales implican la coexistencia en este espacio de dos o más generaciones posiblemente cooperando en el desarrollo de actividades para el bien común. En comunidades modernas, el cuidado de los hijos, la transmisión del conocimiento relacionado con las actividades de subsistencia y los rituales venerando a los ancestros es una práctica de carácter intergeneracional que incorpora a los miembros de edad avanzada. Podemos asumir que este tipo de prácticas también se llevaron a cabo en el contexto habitacional.

Las características estructurales del grupo, su crecimiento y el tipo de relaciones establecidas con otros grupos de mayor estatus coinciden con varios aspectos asociados con el concepto de sociedad casa descrito por Levi-Strauss ((1982: 174) (ver Sección 1.1). Es posible que los residentes del contexto hayan formado parte de una casa de mayor estatus, que en esta instancia llamaré *Uo*, la cual controlaba recursos esenciales como un pozo de agua. De ser así, la decisión de establecer una alianza que integraría al grupo a la casa *Uo* es un ejemplo de su agencia en la formación de relaciones que proporcionaría al grupo acceso a un recurso vital así como la posibilidad de un incremento en el estatus. Esta estrategia puede asociarse con la disponibilidad de recursos reflejada en la expansión arquitectónica y el acceso moderado a bienes importados de elite. Empero, la alianza con la casa *Uo* solo proporciono al grupo un estatus intermedio y una relación desigual en la casa, probablemente subordinada. La separación espacial entre los dos conjuntos y la orientación de la Estructura 5 opuesta al grupo de mayor estatus sugiere desigualdad en la interacción. No obstante, el intercambio del trabajo artesanal y otros servicios, pudo funcionar como una estrategia de cooperación entre ambos grupos. Como grupo corporado, los residentes del contexto tenían control de la práctica y decisiones relaciones con las actividades diarias aunque no necesariamente productivas, en su espacio; es posible que dada su posición subordinada en la casa *Uo*, el grupo "servía" como artesanos de ornamentos para los miembros de mayor estatus. Sin embargo, la libertad de transmitir su conocimiento y experiencia a la siguiente generación fueron prácticas esenciales para mantener su identidad como tal en vez de sirvientes. El control de los bienes obtenidos de la labor artesanal fue otra fuente de recursos en el incremento del número de las estructuras o la expansión de otras como es el caso de las Estructuras 5 y 2. El mantenimiento y embellecimiento del área doméstica y productiva fueron aspectos esenciales en la preservación de la identidad de los residentes del contexto. Estas prácticas reflejan la agencia de los residentes y su deseo de reflejar su estatus en el espacio doméstico, su "propiedad" y el escenario de la vida diaria, esto es la práctica de relaciones y actividades de sus moradores. En ocasiones especiales, este espacio también se compartió con el grupo de mayor estatus de la casa *Uo*. El contexto habitacional fue un espacio compartido por generaciones múltiples, incluyendo los fundadores del grupo, aquellos unidos por lazos familiares y otros, cuya relación fue el resultado de alianzas matrimoniales o de servicio. Como grupo corporado y cooperativo, sus miembros compartieron las diferentes etapas de vida y sus transiciones. Las actividades asociadas a la celebración de rituales religiosos, de pasaje así como funerarios sirvieron para reafirman la identidad de los residentes y probablemente como oportunidades para la renovación de las alianzas con la casa *Uo*. Algunas de las cistas y entierros conmemoran a aquellos miembros que establecieron inicialmente la conexión ancestral con el espacio habitacional y formaron la alianza con la casa *Uo*. En este sentido, la identidad de los residentes del contexto habitacional incorporaba la relación ancestral, su especialidad como artesanos y aquella generada por la asociación con la casa *Uo*. Los habitantes del contexto y sus prácticas se conformaban, por la mayor parte, a la estructura social dominante en Dzibilchaltún a través de su participación en eventos comunales y al compartir la mitología y los rituales religiosos prevalentes. La localización del contexto habitacional es estratégica para el acceso al complejo de los Siete Muñecos y la Plaza Central, escenarios de los eventos más relevantes en el calendario religioso y político del sitio. La longevidad del grupo residente en el contexto domestico sugiere su adaptabilidad y agencia estratégica durante los periodos arduos a fin de garantizar su sobrevivencia y el acceso a los recursos básicos.

4.4. Consideraciones finales

La evidencia obtenida en el grupo habitacional explorado ha permitido formular inferencias sobre el *modus vivendi* de sus residentes, sus prácticas, relaciones e identidad como artesanos y posiblemente miembros de una sociedad casa que residieron en un asentamiento urbano del noroeste de la Península de Yucatán. A fin de formular mis inferencias sobre la vida cotidiana, las relaciones e identidad de los residentes del contexto habitacional, he utilizado un marco teórico y conceptual que en el estudio de lo domestico ha integrado múltiples disciplinas y métodos a través del tiempo, una de ellas la etnoarqueologia. Partiendo de un enfoque pos procesual y humanistico, los estudios hoy en día enfatizan la relevancia de las relaciones sociales, el papel de la agencia, el género y el estatus en las decisiones del grupo, la construcción de su identidad, la relación entre los materiales y el individuo, entre otros aspectos. En la segunda sección me enfoque en la antigua ciudad de Dzibilchaltún, un asentamiento urbano y nucleado con un largo periodo de ocupación, desde el Preclásico Tardío hasta la época de la Colonia. Durante el periodo Clásico Tardío-Terminal, el sitio abarco 800 hectáreas con alrededor de 11,000 estructuras, convirtiéndose en uno de los cuatro centros regionales más importantes del norte de Yucatán. Así también en esta sección sinteticé la historia de las investigaciones en el sitio y algunos de los resultados mas relevantes en la ultima década. En la tercera sección, describo mi exploración de un contexto habitacional en el área central de Dzibilchaltún. Los objetivos, métodos y restricciones en la investigación así como los datos recobrados y su análisis se incluyen en la misma. En el cuarto apartado relaciono los datos con el marco conceptual en mis inferencias sobre los residentes del contexto. En ellas sugiero que los residentes del contexto se identificaban como un grupo de artesanos que posiblemente se afiliaron a una sociedad casa a fin de obtener recursos, acceder bienes exóticos y mejorar su estatus; estrategias que adicionalmente cimentaron su identidad como un grupo de estatus intermedio. No obstante muchas otras preguntas permanecen sin respuesta. El contexto habitacional explorado es solo un ejemplo entre miles por lo que exploraciones adicionales son necesarias a fin establecer un marco comparativo para mis resultados. Debo mencionar que la exploración del conjunto de elite, localizado al este del contexto, es relevante para entender su relación y añadir datos que examinen mi tesis de que ambos constituyeron una sociedad casa. Finalmente, quiero añadir que los datos incluidos en esta monografía son una muestra mínima de la riqueza de información procedente de las unidades habitacionales y justifican la necesidad de apoyar la investigación adicional de las mismas en la antigua ciudad de Dzibilchaltún.

Referencias citadas

Adams, Robert M. 1972. The origin of cities. *Scientific American* (September):153–68.

Aizpurúa, Ilean Isel Isaza, and Patricia A. McAnany. 1999. Adornment and identity: shell ornaments from Formative K'axob. *Ancient Mesoamerica* 10: 117-127.

Álvarez, Héctor Hernández y Nancy Peniche May. 2012. Los malacates arqueológicos de la península de Yucatán. *Ancient Mesoamerica* 23: 441–459.

Anaya, Armando. 1996. La noción de casa como modelo explicativo del sistema de parentesco del Clásico Maya. En *Cultura y Comunicación. Edmund Leach in Memoriam*. Editado por Jesús Jáuregui, María Eugenia Olavarría y Víctor M. Franco, 129-154. México: CIESAS.

Andrews, George. 1977. *The Maya Cities. Placemaking and urbanization*. Norman: Oklahoma press.

Andrews, Anthony P. 1980.Salt-making, merchants and markets: The role of a critical resource in the development of Maya civilization. Unpublished doctoral dissertation, Department of Anthropology. Tucson: University of Arizona.

Andrews, Anthony P. 1975. A survey of Maya salt sources. *National Geographic Society, Research Reports*. (sobretiro)

Andrews, Antonio P., y Fernando Robles Castellanos. 1986. *Excavaciones arqueológicas en El Meco, Quintana Roo, 1977*. Colección Científica No. 158. Mexico: Instituto Nacional de Antropología e Historia.

Andrews, E. Wyllys IV. 1969. *The archaeological use and distribution of Mollusca in the Maya Lowlands*. Middle American Research Institute, Publication 34. New Orleans: Tulane University.

Andrews, E. Wyllys IV. 1965. Archaeology and prehistory in the Northern Maya Lowlands: An introduction. *Handbook of Middle American Indians*, editado por Robert Wauchope and G. R. Willey, vol. 2, 288-330, Austin: University of Texas Press.

Andrews, E. Wyllys IV. 1961. Preliminary report on the 1959-60 field season, National Geographic Society-Tulane University, Dzibilchaltun Program. Middle American Research Institute. Publication 31. New Orleans: Tulane University.

Andrews, E. Wyllys IV. 1960. Excavations at Dzibilchaltun, Yucatán, Mexico. *Proceedings of the Americas Philosophical Society*, 104: 245-265.

Andrews, E. Wyllys IV and E. Wyllys Andrews V. 1980. *Excavations at Dzibilchaltun, Yucatan, Mexico*. Middle American Research Institute, Publication 48. New Orleans: Tulane University.

Andrews, E. Wyllys, IV and Irwin Rovner. 1973. *Archaeological evidence on social stratifications and commerce in the northern Maya lowlands. Two masons' kits from Muna and Dzibilchaltun, Yucatan*. Middle American Research Institute, Publication 31, 81-102. New Orleans: Tulane University.

Andrews, E. Wyllys, V. 1978. *Dzibilchaltún Guia Oficial*. México: Instituto Nacional de Antropología e Historia.

Andrews, E. Wyllys, V. 1981. Dzibilchaltun. En *Supplement to the Handbook of Middle American Indians*, Vol. 1, *Archaeology*. Editado por Victoria R. Bricker y Jeremy A. Sabloff, 313- 341. Austin: University of Texas Press.

Andrews, E. Wyllys, V. 1988. Ceramic Units from Komchen, Yucatan, Mexico. *Ceramica de Cultura Maya* 15:51-64.

Andrews, E. Wyllys, V, William M. Ringle III, Philip J. Barnes, Alfredo Barrera Rubio, y Tomas Gallareta N. 1981. Komchen an early Maya community in northwest Yucatan. En *Investigaciones recientes en el área Maya*, Vol. 1, 73–92. XVII Mesa Redonda. México: Sociedad Mexicana de Antropología.

Andrews, E. Wyllys, V y Barbara W. Fash. 1992. Continuity and change in a royal Maya residential complex at Copan, *Ancient Mesoamerica*, 3: 63-88

Ardren, Traci. 1996. The Chochola ceramic style of Northern Yucatan: An iconographic and archaeological study. En *VII Mesa Redonda de Palenque, Chiapas, 1993*. Editado por Martha J. Macri y Jan McHargue, 237-245. San Francisco: The Precolumbian Art Research Institute.

Ardren, Traci. 2002. *Ancient Maya women*. Walnut Creek, CA.: Altamira Press.

Ashmore, Wendy y Richard Wilk. 1988. Household and community in the Mesoamerican past. En *Household and community in the Mesoamerican past*. Editado por Richard R. Wilk y Wendy Ashmore, 1-27. Albuquerque: University of New Mexico Press.

Ashmore, Wendy (editor). 1981. *Lowland Maya settlement patterns*. Albuquerque: University of New Mexico Press.

Ball, Joseph. 1978. *Archaeological pottery of the Yucatan-Campeche Coast*. Middle American Research Institute Publication 46. New Orleans: Tulane University.

Ball, Joseph. 1977. *The archaeological ceramics of Becan, Campeche, Mexico*. Middle American Research Institute, Publication 43. New Orleans: Tulane University,

Ball, Joseph y E. Wyllys Andrews, V. 1975. The polychrome pottery of Dzibilchaltun, Yucatan, Mexico: Typology and archaeological context. Middle American Research Institute, Publication 31, 227-247. New Orleans: Tulane University.

Barba, Luis y Linda Manzanilla. 1987. Estudio de áreas de actividad. En *Cobá, Quintana Roo. Análisis de dos unidades habitacionales Mayas del horizonte Clásico*, editado por Linda Manzanilla. Serie Antropológica 82. México: Instituto de Investigaciones Filológicas, UNAM.

Barba, Luis y Ramirez, Janette. 1987. La cerámica. En *Coba, Quintana Roo, Análisis de dos unidades habitacionales Mayas del horizonte Clasico.* Editado por L. Manzanilla, pp. 117-190. Serie Antropológica 82. México: Instituto de Investigaciones Filológicas, UNAM.

Barrera Vázquez, Alfredo y Sylvanus. G. Morley. 1949. The Maya chronicles. *Contributions to American Anthropology and History*, No 48. *Carnegie Institution of Washington*, Publication 585, pp. 1-86. Washington.

Bartlett, Mary Lee. 2004. Artifacts of Fired Clay. En *Káxob: Ritual, Work, and Family in an Ancient Maya Village*. Editado por Patricia McAnany, pp. 263–273. Cotsen Institute of Archaeology, Los Angeles: University of California.

Baxter, Kyle, Extrinsic factors that effect the preservation of bone. *The Nebraska Anthropologist* 19: 38-45.

Baxter, Jane Eva. 2008. The archaeology of childhood. *Annual Review of Anthropology* 37:159-175.

Beaudry-Corbett, Marilyn y Sharisse McCafferty. 2002. Spindle Whorls: Household Specialization at Ceren. En *Ancient Maya Women*. Editado por Traci Ardren, pp. 52–67. Walnut Creek, CA.: Altamira Press.

Becker, Marshall. 1986. Household shrines at Tikal Guatemala: Size as a reflection of economic status. *Revista Española de Antropología Americana* Vol. XVI: 81-85.

Benavides, Antonio y Linda Manzanilla. 1987. Arquitectura doméstica en Cobá. En *Cobá, Quintana Roo. Análisis de dos unidades habitacionales Mayas del horizonte Clásico*, editado por Linda Manzanilla. Serie Antropológica 82. México: Instituto de Investigaciones Filológicas, UNAM.

Boucher, Sylviane y Yoly Palomo. 1995. El grupo K'inich naranja: Un sistema cerámico del Clásico Tardío en el noroeste de la Península de Yucatán. En *Memorias del segundo congreso internacional de Mayistas*, pp. 239-274. México: Universidad Autónoma de México.

Brainerd, George W. 1958. The archaeological ceramics of Yucatan. *University of California Anthropological Records*, no. 19. Berkeley: University of California Press.

Braswell, Geoffrey. 1994. The obsidian artifacts of Chichen Itza and Dzibilchaltún, Yucatan, Preliminary report, 15 November 1994.

Bray, Warwick. 1977. Maya metalwork and its external connections. En *Social Process in Maya Prehistory. Studies in honour of Sir Eric Thompson*. Editado por Norman Hammond, pp. 365-403. Cambridge: Academic Press.

Brown, Clifford T. 1999. Mayapan society and ancient Maya social organization. New Orleans. PhD Dissertation. Department of Anthropology. New Orleans: Tulane University.

Bullard, William R., Jr. 1952. *Boundary walls of Mayapan*. Carnegie Institution of Washington, Year Book 51: 244-247.

Burgos Villanueva, Francisco Rafael. 1990. El Olimpo: un predio colonial en el lado poniente de la Plaza Mayor de la ciudad de Mérida, Yucatán y análisis cerámico comparativo. Tesis de licenciatura en Arqueología. Facultad de Ciencias Antropológicas. Mérida: Universidad Autónoma de Yucatán.

Canché Manzanero, Elena.1992. La secuencia cerámica de Xelhá, Quintana Roo. Tesis de licenciatura en Arqueología. Facultad de Ciencias Antropológicas. Merida: Universidad Autónoma de Yucatán.

Carballo, David, M. 2011. Advances in the household archaeology of Highland Mesoamerica. *Journal of Archaeological Research* 19: 133-189.

Carrillo Sierra, Valmore José Bermúdez Pirela. 2018. Sobre el uso adecuado del coeficiente de correlación de Pearson: definición, propiedades y suposiciones. *Archivos Venezolanos de Farmacología y Terapéutica* 37(5): 588-601.

Castells, Manuel. 1985. *La cuestión urbana*. X edición. México: Editorial Siglo XXI.

Castillo Tejero, Noemí y Jaime Litvak. 1968. Un sistema de estudio para formas de vasijas. *Tecnología 2*, Departamento de Prehistoria. México: Instituto Nacional de Antropología e Historia.

Cavaleri Dupiech, Danielle. 2017. Los textiles mayas contemporáneos de Yucatán en el espejo del Códice Trocortesiano. *Anales del Museo de América* 24: 169-210.

Claasen, Cheryl y Rosemary A. Joyce. 1997. *Women in Prehistory: North America y Mesoamerica*. Philadelphia: University of Pennsylvania Press.

Clark, John E, 1988. *The lithic artifacts of La Libertad, Chiapas, Mexico. An economic perspective.* Papers of the New World Archaeological Foundation, numero 52. Provo Utah: Brigham Young University.

Coe, Michael. 1962. A summary of excavations and research at Tikal, Guatemala: 1956-1961. *American Antiquity*, 27: 479-507.

Coe, Michael. 1973. *The Maya scribe and his world.* New York: Grolier Club.

Coe, Michael D., y Justin Kerr. 1997. *The art of the Maya scribe*. New York: Thames &

Coggins, Clemency C., y R. David Drucker. 1988. "The observatory at Dzibilchaltún." En *New directions in American archaeoastronomy*. BAR International Series 454. Editado por Anthony F. Aveni, pp.17–56. Oxford: British Archaeological Reports.

Cottier, John W. 1982. The Dzibilchaltún survey: Consideration of the test-Pitting evidence. Disertación doctoral. Columbia: University of Missouri.

Culin, Stewart. 1975. *Games of the North American Indians*. New York: Courier Corporation,

Dahlin, Bruce. 2000. The Barricade and Abandonment of Chunchucmil: Implications for Northern Maya Warfare. *Latin American Antiquity* 11: 283-298

Deal, Michael. 1985. Household pottery disposal in the Maya Highlands: An Ethnoarchaeological interpretation. *Journal of Anthropological Archaeology* 4: 243-291.

Denis, Pierre. 1984. Osumacinta Viejo: dos experimentos arqueológicos. En *Investigaciones recientes en el Área Maya, XVII Mesa redonda Sociedad Mexicana de Antropología*, Tomo II, San Cristóbal de las Casas, Chiapas: Sociedad Mexicana de Antropología.

Díaz-Andreu, Margarita y Sam Lucy. 2005. Introduction. En *The archaeology of identity. Approaches to gender, age, status, ethnicity and religion*. Editado por Margarita Díaz-Andreu, Sam Lucy, Staša Babić y David Edward, pp. 1-12. New York: Routledge

Dirección General de Administracion y Control de Sistemas Hidrológicos Dirección de Aguas Subterráneas. 1988. Estado de Yucatán: Profundidad Al Nivel Estático 1987, Plano No. 4. Ciudad de México, D.F.: Secretaria de Agricultura y Recursos Hidráulicos, Subsecretaria de Infraestructura Hidráulica.

Douglas, Mary. 1973. *Natural symbols: Explorations in cosmology.* New York: Vintage Books.

Douglass, John G., y Nancy Gonlin. 2012. The household as an analytical unit. En *Ancient households of the Americas. Conceptualizing what household do*. Editado por John G. Douglas y Nancy Gonlin, pp. 1-43. Boulder: University Press of Colorado.

Dunnning, Nicholas P. 1989. Archaeological Investigations at Sayil, Yucatan, Mexico: Intersite reconnaissance and soil studies during the 1987 Field Season. *University of Pittsburgh Anthropological Papers* No. 2. Pittsburgh: University of Pittsburgh.

Durkheim, Emile. 1995. *The elementary forms of religious life*, primera edicion 1915. Traducido por Karen E. Fields. New York: Free Press.

Eaton, Jack D. 1978. *Archaeological survey of the Yucatan-Campeche Coast. In Studies in the archaeology of coastal Yucatan and Campeche, Mexico*. Editado por Jennifer S. H. Brown y E. Wyllys Andrews V. Middle American Research Institute, Publication 46, v-67. New Orleans: Tulane University.

Echeverría C., Susana; Román Mier A., Dalia Paz R., Elodia Acevedo Ch. y Gabriela Ayala N. 2003. Un salvamento arqueológico en las Quintas del Mayab. Informe final. Presentado al consejo de arqueología. Mérida: Centro INAH-Yucatán.

Emery, Kitty F., y Kazuo Aoyama. 2007. Bone, shell, and lithic evidence for crafting in elite Maya households at Aguateca, Guatemala. *Ancient Mesoamerica* 18: 69-89.

Environmental Systems Research Institute. 2023. ArcMap GIS. Version 10.4.1. Redlands CA: ESRI.

Fahmel Beyer, Bernd. 1988. *Mesoamérica Tolteca sus cerámicas de comercio principales.* Instituto de Investigaciones Antropológicas, Arqueología, Serie Antropológicas 95. Ciudad de México: Universidad Autónoma de México.

Feathers, Valerie y Heather McKillop. 2018. Assessment of the shell middens at the Eleanor Betty salt work, Belize. *Research Papers in Belizean Archaeology* 15: 275-285.

Fernández del Valle, Patricia.1992. Salvamento Arqueológico en la ciudad de Mérida: El Vergel II. Tesis de licenciatura en Arqueología. Facultad de Ciencias Antropológicas. Mérida: Universidad Autónoma de Yucatán.

Fernández Souza, Lilia, y Nancy Peniche May. 2011. "Esferas de actividad en el espacio doméstico del norte de Yucatán. Un estudio etnoarqueológico. En *Localidad y globalidad en el mundo maya prehispánico e indígena contemporáneo: Estudios de espacio y género.* Editado por Miriam Judith Gallegos Gómora y Julia Ann Hendon, pp. 167-178. Mexico: Instituto Nacional de Antropología e Historia.

Flannery, Kent V. 1976. *The Early Mesoamerican Village (Studies in Archaeology).* New York: Academic Press.

Flannery, Kent V. 1983. The Tierras Largas phase and the analytical units of the early Oaxacan village. En *The Cloud people. Divergent evolution of the Zapotecano Mixtec civilizations*. Editado por Kent V. Flannery y Joyce Marcus, School of American Research Book. New York: Academic Press.

Folan, William J. 1961. Excavation and restoration of structure 38. En *Preliminary report on the 1959-60 field season. National Geographic Society-Tulane University, Dzibilchaltún Program.* Middle American Research Institute, Miscellaneous Series, no. 11. New Orleans: Tulane University.

Folan, William J. 1969. Dzibilchaltún, Yucatan, Mexico: Structures 384, 385 and 386: A preliminary interpretation, *American Antiquity* 34.

Folan, William J., Ellen R. Kintz, and Laraine A. Fletcher. 1983. *Coba: A Classic Maya Metropolis*. New York: Academic Press.

Gallareta Negrón, Tomas M. 1984. Cobá: Forma y función de una comunidad Maya prehispánica. Tesis de licenciatura en Arqueología. Escuela de Ciencias Antropológicas. Merida: Universidad Autónoma de Yucatán.

Garza Tarazona, Silvia y Edward Kurjack Bacso.1980. *Atlas Arqueológico del Estado de Yucatán*. Tomo I. México: S.E.P.-I.N.A.H.

Giddens, Anthony. 1984. *The constitution of society: Outline of a theory of structuration*. Berkeley: University of California Press.

Gifford, Diane P. 1978. Ethnoarchaeological observations of natural processes affecting cultural materials. En *Explorations in ethnoarchaeology*. Editado por Richard A. Gould, pp. 77-102. School of American Research Book. Albuquerque: University of New Mexico Press.

Gillespie, Susan D. 1999. Olmec thrones as ancestral altars: The two sides of power. En *Material Symbols: Culture and economy in prehistory*. Editado por John E. Robb, pp. 224-253. Center for Archaeological Investigations, Occasional Paper 26. Carbondale: Southern Illinois University.

Gillespie, Susan D. 2000a. Rethinking Ancient Maya Social Organization: Replacing Lineage with House. *American Anthropologist* 102: 467-484.

Gillespie, Susan D. 2000b. Maya "nested houses." The ritual construction of place. En Beyond kinship. Social and Material reproduction in house societies. Editado por Rosemary Joyce y Susan Gillespie, pp.135-160. Philadelphia: University of Pennsylvania.

Gillespie, Susan D. 2001. Personhood, agency, and mortuary ritual. A case study from the ancient Maya. *Journal of Anthropological Archaeology* 20: 73-112.

Gillespie, Susan D., y Rosemary A. Joyce. 1997. Gendered gods: The symbolism of Maya hierarchical exchange relations. En *Women in Prehistory: North America and Mesoamerica*. Editado por Cheryl Claasen y Rosemary A. Joyce, pp 189-207. Philadelphia: University of Pennsylvania Press.

Goggin, John M. 1960. The Spanish olive jar: An introductory study. In *Yale University Publications in Anthropology*, No. 62: 3-37. Connecticut: New Haven.

Goggin, John M. 1968. Spanish Mayolicas in the New World. Types of the sixteenth to eighteenth Centuries. En *Yale University Publications in Anthropology* No. 72. Editado por Irving Rouse. Connecticut: New Haven.

Gonlin, Nancy. 2007. Ritual and ideology among Classic Maya rural commoners at Copán, Honduras. En *Commoner ritual and ideology in ancient Mesoamerica*. Editado por Nancy Gonlin and Jon C. Lohse, pp. 83-121. Denver: University Press of Colorado.

Góngora Salas, Ángel, Carlos Cortez Avilés y Soledad Ortiz Ruiz. 2008. Reconstrucción histórica de Un complejo domestico al norte de Dzibilchaltún. *Los Investigadores de la Cultura Maya* 16, pp. 223-225. Ciudad de Campeche: Universidad Autónoma de Campeche.

Góngora S. Ángel G., Raul Eb, Elia Ma. Zaldivar R. y Susana Echeverría C. 2009a. Informe del Rescate Arqueológico Chicxulub tablaje 1669. Mérida: Centro INAH-Yucatán.

Góngora S. Ángel G., Raul Eb, Susana Echeverría C. y Soledad Ortiz R. 2009b. Informe del Rescate Arqueológico Conkal-Chicxulub. Mérida: Centro INAH-Yucatán.

Góngora S. Ángel, Susana Echeverría C., Dalia Paz R., Soledad Ortíz R. 2009c Los basureros del sector norte y oeste de Dzibilchaltún: Análisis espacial y temporalidad. *Los Investigadores de la Cultura Maya* 18, Tomo I. pp. 41-62. Ciudad de Campeche: Universidad Autónoma de Campeche.

Góngora S. Ángel, Raul Eb, Dalia Paz R., Susana Echeverría C., Fátima Tec P. y Elia M. Zaldívar R. 2010. Informe del Salvamento Arqueológico P46 Dzibilchaltun 2009-2010. Mérida: Centro INAH-Yucatán.

Goñi Motilla, Guillermo Antonio. 1993. Solares prehispánicos en la península de Yucatán. Tesis de Licenciatura en Arqueología. México: Escuela Nacional de Antropología e Historia.

Gonzalez de la Mata, Roció. 2002. Los chultunes de Chichen Itza. En *Simposio de Investigaciones Arqueológicas en Guatemala* 16. Editado por Juan P. Laporte, Barbara Arroyo, H. Escobedo y H. Mejía, pp. 994-1008. Ciudad de Guatemala: Museo Nacional de Arqueología y Etnología.

Götz Christopher M y Travis W. Stanton. 2013. The use of animals by the Pre-Hispanic Maya of the Northern Lowlands. En *The archaeology of Mesoamerican animals*. Editado for Christopher Götz y Kitty Emery, pp. 193-232. Bristol: Lockwood press.

Gluckman, Max. 1962. *Essays on the ritual of social relations*. Manchester: Manchester University Press.

Guftanson, Lowell S., y Amelia Treveylan (editors). 2002. *Ancient Maya gender, identity, and relations*. Westport: Bergin and Garvey.

Hall, Edward T. 1966. *The hidden dimension*. Garden City: Doubleday.

Hall G D. 1986. Results of tomb investigations at Rio Azul, season of 1984. En *Rio Azul reports 2: The 1984 season*. Editado por Robert Adams, pp. 69-110. San

Antonio: University of Texas, Center for Archaeological Research.

Halperin, Cristina. 2008. Classic Maya Textile Production: Insights from Motul de San José, Petén, Guatemala. *Ancient Mesoamerica* 19:111–125.

Harris, Oliver J. T., y Craig N. Cipolla. 2017. *Archaeological theory in the new millennium*. New York; Routledge.

Haude, Mary E. 1997. Identification and classification of colorants used during Mexico's early Colonial period. Ponencia presentada en la sección Book and Paper speciality group. AIC Conferencia anual 25, Junio. San Diego, California. Disponible en línea: https://cool.culturalheritage.org/coolaic/sg/bpg/annual/v16/bp16-05.html

Haviland, William A. 1966. Maya settlements patterns: A critical review. *Middle American Research Institute, Tulane University, Publication* 26: 21-47. New Orleans: Tulane University.

Haviland, William A. 1981. Dower houses and minor centers at Tikal Guatemala: An investigation into the identification of valid units in settlement hierarchies. En *Lowland Maya Settlement Patterns,* pp. 89-117. Editado por Wendy Ashmore, Albuquerque: University of New Mexico Albuquerque.

Haviland, William A. 1985. Excavations in small residential groups of Tikal: Groups 4F-1 and 4F-2, *Tikal Report No. 19, The University Museum Monograph* 58. Philadelphia: University of Pennsylvania,

Haviland, William A. 1988. Musical hammocks at Tikal: Problems with reconstructing household composition. En *Household and community in the Mesoamerican past,* pp. 121-134. Editado por Richard R. Wilk y Wendy Ashmore. Albuquerque: University of New Mexico Press.

Hayden Brian y Aubrey Cannon. 1983. Where the garbage goes: Refuse disposal in the Maya Highlands. *Journal of Anthropological Archaeology* 2: 117-163.

Hayden Brian y Aubrey Cannon. 1984. *The structure of material systems: Ethnoarchaeology in the Maya Highlands.* SSA Paper no. 3. Washington, D. C.: Society for American Archaeology.

Hayden, Brian (editor). 1987. Lithic studies among the contemporary highland Maya. Tucson: University of Arizona Press.

Healan, Dan M. 1993. Urbanism at Tula from the perspective of residential archaeology. En *Prehispanic Domestic Units in Western Mesoamerica: Studies of the household, compound, and residence.* Editado por Robert Santley y Kenneth Hirth, pp. 105-120. Boca Raton, FL.: CRC Press.

Hendon, Julia A. 1991. Status and power in Classic Maya society: An archaeological Study. *American Anthropologist* 93: 894-918.

Hendon, Julia A. 1995. Hilado y tejido en las tierras bajas mayas en la época prehispánica. Tecnología y relaciones sociales de la producción textil. *Yaxkin* 13:57–70.

Hendon, Julia A. 1996. Archaeological approaches to the organization of domestic labor: Household practice and domestic relations. *Annual review of anthropology 25*: 45-61.

Hendon, Julia A. 1997. Women's Work, Women's Space and Women's Status among the Classic Period Maya Elite on the Copan Valley Honduras. En *Women in Prehistory: North America and Mesoamerica*. Editado por Cheryl Claassen y Rosemary Joyce, pp. 33–46. Philadelphia: University of Pennsylvania Press.

Hendon, Julia A. 2002. Household and state in Prehispanic Maya society: Gender, identity, and practice. En *Ancient Maya gender identity and relations*. Editado por Lowell Gustafson and Amelia Trevelyan, pp. 75-92. Westport Conn.: Greenwood.

Hendon, Julia A. 2003. Archaeological Approaches to the Organization of Domestic Labor: Household Practice and Domestic Relations. *Annual Review of Anthropology* 25: 45-61.

Hendon, J.A., 2004. Living and working at home: The social archaeology of household production and social relations. En *A companion to social archaeology*. Edited por Lynn Meskell y Robert W. Preucel, pp. 272-286. New York: John Wiley & Sons.

Hendon, J.A., 2006. Textile production as craft in Mesoamerica: Time, labor and knowledge. *Journal of Social Archaeology* 6: 354-378.

Hendon, Julia A. 2007. The engendered household. En *Women in antiquity. Theoretical approaches to gender in archaeology*. Editado por Sarah Milledge Nelson, pp.141-168. Walnut Creek CA.: Altamira Press.

Hendon, Julia A. 2010. *Houses in a landscape. Memory and everyday life in Mesoam*erica. Durham and London: Duke University Press.

Hendon, Julia A. 2012. The neighborhood in pre-Hispanic Honduras: Settlement patterns and social groupings within sites or regions. En *The neighborhood as a social and spatial unit in Mesoamerican cities*. Editado por M. Charlotte Arnaud, Linda R. Manzanilla y Michael E. Smith, pp. 159-180. Tucson: The University of Arizona Press.

Hernández Álvarez, Héctor A. 2014. Etnoarqueología de grupos domésticos Mayas: Identidad social y espacio residencial de Yaxunah, Yucatá. Tesis de doctorado. Ciudad de México: Universidad Nacional Autónoma de México.

Hernández Álvarez, Héctor A., y Nancy Peniche May. 2008. Malacates arqueológicos de la Península de Yucatán: Una propuesta de análisis. *Los Investigadores de la Cultura Maya* 16, Tomo II. pp. 197-213. Ciudad de Campeche: Universidad Autónoma de Campeche.

Hernández Lalinde, Juan Diego, Franklin Espinosa Castro, Johel E Rodríguez, José Gerardo Chacón, Cristian Andrés Toloza Sierra, Marlly Karina Arenas Torrado, Sandra Milena Carrillo Sierra, Valmore José Bermúdez Pirela. 2018. Sobre el uso adecuado del coeficiente de correlación de Pearson: Definición, propiedades y suposiciones. *Archivos Venezolanos de Farmacología y Terapéutica* 37: 587-601

Hirth, Kenneth G. 1993. The household as an analytical unit: Problems in method and theory. En *Prehispanic domestic units in Western Mesoamerica: Studies of the household, compound, and residence*. Editado por Robert Santley y Kenneth Hirth, pp. 21-36. Boca Raton: CRC Press Inc.

Hirth, Kenneth G. 2009. Craft production, household diversification, and domestic economy in Prehispanic Mesoamerica. *Archaeological Papers of the American Anthropological Association* 19: 13-32.

Hixson, David R., Timothy Beach, Sheryl Luzzadder-Beach y Bruce H. Dahlin. 2017. Environmental Heterogeneity in the Chunchucmil Economic Region. En *Ancient Maya Commerce: Multidisciplinary Research at Chunchucmil*. Editado por Scott R. Hutson, pp. 139–156. Boulder: University Press of Colorado.

Hodder, Ian (editor). 2002. *Symbolic and structural archaeology*. Cambridge: Cambridge University Press.

Hosler, Dorothy y Andrew Macfarlane. 1996. Copper Sources, Metal Production, and Metals Trade in Late Postclassic Mesoamerica. *Science* 273: 1819-1824.

Hosler, Dorothy. 2003. Metal Production. En *The PostclassicMesoamerican World* Editado por Michael E. Smith and Frances F. Berdan, pp. 159-171. Salt Lake City: University of Utah Press.

Hutson, Scott R. 2004. Dwelling and subjectification at the ancient urban center of Chunchucmil, Yucatan, Mexico. PhD Dissertation. Departament of Anthropology, Berkeley: University of California Berkeley.

Hutson, Scott R. 2010. *Dwelling, identity, and the Maya. Relational archaeology at Chunchucmil*. New York: Altamira Press.

Hutson, Scott R., Tracy Ardren and Aline Magnoni. 2000. In and out of place: Regionalization, circulation, and the social production of space at prehispanic Chunchucmil, Mexico. Ponencia presentada en el simposio Social Archaeology of space in ancient Mesoamerica, 99th Annual Meeting of the American Anthropological Association. San Francisco: American Anthropological Association.

Hutson, Scott R., Aline Magnoni y Travis W. Stanton. 2004. House rules? The practice of social organization in Classic period Chunchucmil, Yucatan, Mexico. *Ancient Mesoamerica* 15: 74-92.

Hutson, Scott y Travis Stanton. 2007. Cultural logic and practical reason: The structure of discard in ancient Maya household. *Cambridge Archaeological Journal* 17: 123-144.

Hutson, Scott, David Hixon, Aline Magnoni, Daniel Mazeau, y Bruce Dahlin. 2008. Site and community at Chunchucmil an ancient Maya urban center. *Journal of Field Archaeology* 33: 19-40.

Inomata, Takeshi and Laura Stiver. 1994. Floor assemblages from elite households of Aguateca, Guatemala, and their socioeconomic implications. Ponencia presentada en el 93 Annual Meeting of the American Anthropological Association. November 30 - December 4. Atlanta: American Anthropological Association.

Isendahl, Christian. 2010. Greening the Ancient City: The Agro-Urban Landscapes of the Pre-Hispanic Maya. En *The Urban Mind Cultural and Environmental Dynamics* Edited por Paul J.J. Sinclair, Gullög Nordquist, Frands Herschend y Christian Isendahl, pp. 527-554. Uppsala, Sweden: Uppsala University,

Jadot, Elsa y Juliette Testard. 2020. Artefactos cerámicos y otros pequeños objetos. El Palacio. Historiography and new perspectives on a pre-Tarascan city of northern Michoacán, Mexico. *Archaeopress* 53: 135-171.

Jaeger, Susan E. 1988. The manos and metates of Santa Rita Corozal. En *A Postclassic Perspective: Excavations at the Maya Site of Santa Rita Corozal, Belize, Monograph 4*. Editado por Diane Z. Chase y Arlen F. Chase, pp. 99-110. San Francisco: Pre-Columbian Art Research Institute.

Joenisek-Mandeville Le Roy V. 1970. The comparative cultural stratigraphy of Formative complexes in the Maya Area: a reappraisal in light of new evidence from Dzibilchaltun, Yucatan. Unpublished doctoral dissertation. New Orleans: Tulane University.

Johnston, Kevin, Jay M. Ver Hoef, Konstantin Krivoruchko, y Neil Lucas. 2003. *ArcGIS 9. Using ArcGIS Geostatistical Analyst*. Redlands, CA.: ESRI.

Joyce, Rosemary A. 2000. *Gender and power in Prehispanic Mesoamerica*. Austin: Texas Press University.

Joyce, Rosemary A. 2001. Negotiating sex and gender in Classic Maya society. En *Gender in Prehispanic Mesoamerica. A symposium at Dumbarton Oaks*. Editado por Cecelia Klein, pp. 109-41. Washington D.C.: Dumbarton Oaks.

Joyce, Rosemary A., 2004. Embodied subjectivity: gender, femininity, masculinity, sexuality. En *A companion to social archaeology*, Editado por Lynn Meskell and Robert W. Preucel, pp. 82-95. Malden, MA.: Blackwell Publishing.

Joyce, Rosemary A. 2005. Archaeology of the body. *Annual Review of Anthropology* 34: 139-158.

Joyce, Rosemary A., y Susan Gillespie. 2000. *Beyond kinship. Social and Material reproduction in house societies*. Philadelphia: University of Pennsylvania.

Joyce, Rosemary A., y Lynn M. Meskell. 2014. *Embodied lives: Figuring ancient Maya and Egyptian experience*. London: Routledge.

Joyce Rosemary A. 2017. Sex, gender, and anthropology. *Exploring sex and gender in bioarchaeology*, En Exploring Sex and Gender in Bioarchaeology. Editado por Sabrina C. Agarwal y Julie K. Wesp, pp.1-14. Albuquerque: University of New Mexico Press.

Kassabaum, Megan C. 2019. A method for conceptualizing and classifying feasting: Intrpreting communal consumption in the archaeological record. *American Antiquity* 84: 610-631.

Keesing, Roger. 1975. *Kin Groups and Social Structure*. New York: Holt, Rinehart and Winston.

Kent, Susan. 1984. *Analyzing activity areas: an ethnoarchaeological study of the use of space*. Albuquerque: University of New Mexico Press.

Kent, Susan. 1993. Activity areas and architecture: and interdisciplinary view of the relationship between use of space and domestic built environments. En *Domestic architecture and the use of Space. An interdisciplinary cross-cultural study*, Editado por Susan Kent, pp. 1-8. Norfolk: Cambridge University Press, Old Dominion University.

Kent, Susan (editor). 1993. *Domestic architecture and the use of space. An interdisciplinary cross-cultural study*. Norfolk: Cambridge University Press, Old Dominion University.

Kent, Susan. 1999. The archaeological visibility of storage: delineating storage from trash areas. *American Antiquity* 64: 79-94.

Kepecs, Susan (1998). Diachronic Ceramic Evidence and its Social Implications in the Chikinchel Region, Northeast Yucatan, Mexico. *Ancient Mesoamerica* 9: 121–135.

Kepecs, Susan, Gary Feinman, y Sylviane Boucher. 1994. Chichen Itza and its Hinterland: A World-Systems Perspective. *Ancient Mesoamerica* 5: 141–58.

Kerr, Justin 1989-2000. The Maya Vase Book, A Corpus of Rollout Photographs of Maya Vases, 6 Vols. New York: Kerr Associates. Acceso virtual: http://www.famsi.org/research/kerr/index.html

Kievit, Karen A. 1994. Jewels of Cerén. Form and function comparisons for the earthen structures of Joya de Cerén, El Salvador. *Ancient Mesoamerica* 5: 193-208.

Killion, Thomas W. 1989. Intensive surface collection of residential clusters at Terminal Classic Sayil, Yucatan, Mexico. *Journal of Field Archaeology* 16: 273-294.

Killion, Thomas W. 1990. Cultivation intensity and residential site structure: An ethnoarchaeological examination of peasant agriculture in the Sierra de los Tuxtlas, Veracruz, Mexico. *Latin American Antiquity* 1: 191-215.

Kirch, Patrick V. 2000. Temples as "holy houses": The transformation of ritual architecture in traditional Polynesian societies. En: *Beyond Kinship: Social and material reproduction in house societies*. Editado por Rosemary A. Joyce y Susan D. Gillespie, pp. 103-114. Philadelphia: University of Pennsylvania Press.

Kurjack, Edward B. 1974. *Prehistoric Lowland Maya Community and Social Organization: A case study at Dzibilchaltún, Yucatan, Mexico*. Middle American Research Institute, Tulane University, Publication 38. New Orleans: Tulane University.

Kurjack, Edward B. 1977. *Sacbeob*: parentesco y desarrollo del estado Maya. *XV Mesa Redonda Sociedad Mexicana de Antropología* Volumen 1, pp. 217-230 (Mesoamérica y áreas circunvecinas), Guanajuato, México: Sociedad Mexicana de Antropología.

Kurjack, Edward B. 1978. The distribution of vaulted architecture at Dzibilchaltun, Yucatan, Mexico. *Estudios de Cultura Maya* 10: 91-101. Ciudad de México: Instituto de Investigaciones Filólogicas, UNAM, Centro de Estudios Mayas.

Kurjack, Edward B. 1979. *Introduction to the map of the ruins of Dzibilchaltun, Yucatan, Mexico*. Middle American Research Institute Publication 47. New Orleans: Tulane University.

Kurjack, Edward B., y Silvia Garza Tarazona.1981. Precolumbian community forms and distribution in the northern Maya area. En *Lowland Maya settlement patterns*. Editado por Wendy Ashmore, pp. 287-309. Albuquerque: University of New Mexico Press.

LaMotta, Vincent M., and Michael B. Schiffer. 2013. Formation processes of house floor assemblages. En *The archaeology of household activities*. Editado por Penelope M. Allison, pp. 19-29. New York: Routledge.

Laslett, Peter and Richard Wall (editores). 1972. *Household and family in past time*. Cambridge: Cambridge University Press.

LeeDecker, Charles H. 1994. Discard behavior on domestic historic sites: Evaluation of contexts for the interpretation of household consumption patterns. *Journal of Archaeological Method and Theory* 1: 345-375.

LeCount, Lisa. 2001. Like water for chocolate: Feasting and political ritual among the Late Classic Maya of the Xunantunich Polity. *American Anthropologist* 103: 935-953.

Leone, Mark P. 1973. Archaeology as the science of technology: Mormon town plans and fences. En *Historical archaeology: A guide to substantive and theoretical contributions*. Editado por Kent V. Flannery y Charles L, pp. 125-150. New York: Wiley and Sons.

Leone, Mark P. 1984. Interpreting ideology in historical archaeology: The William Paca garden in Annapolis, Maryland. En *Ideology, power and prehistory*. Editado por Daniel Miller and Christopher Tilley, pp.25-37. Cambridge: Cambridge University Press.

Leventhal, Richard M., y Kevin H. Baxter. 1988. The use of ceramics to identify the function of Copan structures. En *Household and community in the Mesoamerican past*. Editado por Richard R. Wilk y Wendy Ashmore, pp. 51-71. Albuquerque: University of New Mexico Press.

Levy-Strauss, Claude. 1982. *The ways of the masks*. S. Modelski traductor. Seattle; University of Washington Press.

Lizama Aranda, Lilia L. 2000. Salvamento Arqueológico en Dzibilchaltún, México. Tesis de licenciatura en Arqueología. Facultad de Ciencias Antropológicas. Mérida: Universidad Autónoma de Yucatán.

Longyear, John M. 1952. *Copan Ceramics: A study of Southeastern Maya Pottery*. Carnegie Institution of Washington Publication 597. Washington D.C.: Carnegie Institution.

Lorenzo, José Luis y Lorena Mirambell. 1974. *Materiales líticos arqueológicos. Generalidades. Consideraciones sobre la industria lítica*. Cuadernos de Trabajo no. 4, Departamento de Prehistoria. México: I.N.A.H.

Loughmiller-Cardinal, Jennifer A., y Dmitri Zagorevski. 2016. Maya flasks: the "home" of tobacco and godly Substances. *Ancient Mesoamerica* 27: 1-11

Lucero, Lisa & Gunn, Joel & Scarborough, Vernon. 2011. Climate Change and Classic Maya Water Management. *Water* 3: 479-494.

Magnoni, Aline. 1995. Albarradas at Chunchucmil and in the northern Maya area. B.A. Thesis. London: University College of London.

Magnoni, Aline. 2008. From city to village: Landscape and household transformation at Clasic period Chunchucmil, Yucatan, Mexico. PhD Dissertation. Department of Anthropology. New Orleans: Tulane University.

Magnoni, Aline, Scott Hutson, Eugenia Mansell y Travis Stanton. 2004. La vida doméstica durante el periodo Clasico en Chunchucmil Yucatan. En *Memorias del XVII Simposio de Investigaciones Arqueológicas en Guatemala*. Editado por Jose P.

Maldonado Cardenas, Rubén. 1984. Implementos de molienda en Ucanhá, un sitio Maya del norte de Yucatán. En *Investigaciones recientes en el área Maya XVII Mesa Redonda, Sociedad Mexicana de Antropología*, Tomo II. Chiapas: San Cristóbal de las Casas.

Maldonado Cardenas, Rubén. 1992. Proyecto Arqueológico Dzibilchaltún de apoyo al Proyecto del "Museo del Pueblo Maya." Mecanuscrito, Sección Arqueología, Centro Regional Yucatán, Mérida: I.N.A.H.

Maldonado Cárdenas, Rubén. 1998. Informe Final del Proyecto Arqueológico Dzibilchaltún, temporada 1993-1994. Mérida: Centro INAH-Yucatán.

Maldonado Cárdenas, Rubén. 1999. Informe Técnico del Proyecto Arqueológico Dzibilchaltún, temporada 1998-1999. Mérida: Centro INAH-Yucatán.

Maldonado Cárdenas, Rubén. 2000. Dzibilchaltun, últimas investigaciones en el sitio: Avance y perspectivas. En *los Mayas de ayer y hoy*. Editado por Alfredo Barrera y Ruth Gubler. México: CULTUR, CONACULTA, I.N.A.H., y U.A.D.Y.

Maldonado Cárdenas, Rubén. 2009. Dzibilchaltún: A Mayan Regional Center. *Voices of Mexico* 84: 94-98.

Maldonado C., Rubén, Edward B. Kurjack y Merle Green Robertson. 1989. Los juegos de pelota en las tierras bajas Mayas del norte. En *Homenaje a Roman Piña Chan. Colección Científica* No. 187, Serie Arqueología. Coordinadores Roberto García Moll y Angel García Cook. México: I. N. A. H.

Maldonado C. Rubén, Ángel Góngora S., Maribel Gamboa A., Lilia Lizama A., Alejandro Uriarte T., Gloria Santiago Lastra y Susana Echeverría. 2000. Informe Técnico del Proyecto Arqueológico Dzibilchaltún, temporada 1999-2000. Mérida: Centro INAH-Yucatán.

Maldonado C. Rubén, Alexander Voss y Ángel Góngora S. 2002. Kalon Uk'Uw, señor de Dzibilchaltun. En *La organización social entre los Mayas prehispánicos, coloniales y modernos. Memoria de la Tercera Mesa Redonda de Palenque*. Editada por Vera Tiesler Blos, Rafael Cobos y Merle Greene Robertson, pp. 79–100. México, D.F. y Mérida: INAH y UADY.

Maldonado C. Rubén, Susana Echeverría C., Dalia M. Paz R., Maribel Gamboa A. y Román Mier A. 2004. Informe del Salvamento arqueológico Temozón Norte. Entregado al consejo de Arqueología del INAH. Mérida: Centro INAH-Yucatán.

Maldonado C. Rubén y Susana Echeverría C. 2004. El sitio preclásico Quintas del Mayab, un lugar periférico de Dzibilchaltun. En *Los Investigadores de la Cultura Maya*, 19. Campeche: Universidad Autónoma de Campeche.

Maldonado C. Rubén, Susana Echeverría C. y Dalia M. Paz R. 2006 Informe del Salvamento Arqueológico Arqueología Temozón Norte 2005. Entregado al Consejo de Arqueología del INAH. Mérida: Centro INAH-Yucatán.

Maldonado C. Rubén, Ángel G. Góngora S., Susana Echeverría C., Dalia M. Paz R., Fátima Tec P. y Raúl Morales U. 2007. Informe del Salvamento Arqueológico Polígono 88.81 Ha. Norte de Dzibilchaltún. Presentado al Consejo de Arqueología del INAH. Mérida: Centro INAH-Yucatán.

Maldonado C. Rubén, Ángel Góngora S., Susana Echeverría C. et al. 2008. Informe del Proyecto Arqueológico Yucatán Country Club. INAH. Mérida: Centro INAH-Yucatán.

Maldonado C. Rubén y Susana Echeverría C. 2011. La presencia Itza en Dzibilchaltun. Ponencia presentada en los *Los Investigadores de la Cultura Maya 19*. Campeche: Universidad Autónoma de Campeche.

Maldonado Cárdenas, Rubén, Ángel Góngora Salas y Susana Echeverría Castillo. 2012. Estudios de patrón de asentamiento en Dzibilchaltún en las últimas dos décadas. En *Simposio de Investigaciones Arqueológicas en Guatemala 25*. Editado por Barbara Arroyo, Lorena Paiz, y H. Mejía, pp. 401-413. Guatemala: Ministerio de Cultura y Deportes, Instituto de Antropología e Historia y Asociación Tikal, (versión digital).

Maldonado C. Rubén y Ángel Góngora Salas. 2022. Intervenciones recientes en dos edificios monumentales en Dzibilchaltún, Yucatán. *Arqueología Mexicana* 172: 50-55.

Manzanilla, Linda. 1986. *Unidades habitacionales Mesoaméricanas y sus áreas de actividad*. Serie Antropológica 76 Instituto de Investigaciones Antropológicas. México: Universidad Autónoma de México.

Manzanilla, Linda. 1990. Niveles de análisis en el estudio de unidades habitacionales. *Revista Española de antropología Americana* 20: 9-18.

Manzanilla, Linda. 1991. Arquitectura doméstica y actividades en Teotihuacán. *Cuadernos de arquitectura Mesoaméricana* 13: 7-10. México: U.N.A.M.

Manzanilla, Linda R. 2011. Sistemas de control de mano de obra y del intercambio de bienes suntuarios en el corredor teotihuacano hacia la Costa del Golfo en el Clásico. *Anales de antropología* 45: 9–32.

Marcus, Joyce. 1998. *Women's Ritual in Formative Oaxaca: Figure-making, Divination, Death and the Ancestors*. Memoirs of the Museum of Anthropology number 33, volume II. Ann Arbor: Museum of Anthropology.

Masson, Marilyn, and Carlos Peraza Lope. 2014. *Kukulcan's realm: Urban life at Ancient Mayapán*. Denver: University Press of Colorado.

Matteo, Sebastian y Guido Krempel. 2020. A "Maize dancer" vessel dedicated to YaxWe'n Chan K'inich, Lord of Xultun. *The PARI Journal* 20: 1-14

Maudslay, Alfred P. 1889–1902. *Biologia Centrali-Americana: Archaeology*. 5 volumenes. R. H. London: Porter and Dulau.

McAnany, Patricia A. 1990. Water storage in the Puuc region of the northern Maya lowlands: A key to population estimates and architectural variability. En *Precolumbian population history in the Maya lowlands*. Editado por Patrick T. Culbert y Don S. Rice, pp. 263-284. Albuquerque: University of New Mexico Press.

McAnany, Patricia A. 1993. The economics of social power and wealth among Eighth-Century Maya households. En *Lowland Maya civilization in the eighth Century A. D.* Editado por Jeremy Sabloff y John S. Henderson, pp. 243–272. Washington D. C.: Dumbarton Oaks.

McAnany, Patricia A. 1995. Living with the ancestors. *Kinship and kingship in ancient Maya society*. Austin: University of Texas Press.

Morehart, Christopher, y Christophe Helmke. 2008. Situating Power and Locating Knowledge: A Paleoethnobotanical Perspective on Late Classic Maya Gender and Social Relations. *Archaeological Papers of the American Anthropological Association* 18:60–75.

Neff, Linda Stephen. 2002. Gender divisions of labor and lowland terrace agriculture. En *Ancient Maya Women*. Edited by Tracy Ardren, pp. 31-51. New York: Altamira Press.

Netting, Robert McC. 1982. Some home truths on household size and wealth. *The American Behavioral Scientist* 25: 641-662.

Netting, Robert McC, Richard R. Wilk y E. J. Arnould. 1984. Introduction. En *Households: Comparative and domestic studies of the domestic group*. Editado por Robert McC Netting, Richard R. Wilk y E. J. Arnould, pp. 1–28. University of California Press: Berkeley.

Newberry, John. 1959. Explorations in Cenote Xlacah, Dzibilchaltun 1958-59. Unpublished field report on file at Middle American Research Institute. New Orleans: Tulane University.

Ochoa Rodríguez, Virginia. 1993. Propuesta de trabajo para el Proyecto Dzibilchaltún de apoyo al Museo del Pueblo Maya. Mecanuscrito. Sección Arqueología, Centro Regional Yucatán, Mérida: I.N.A.H.

Ochoa Rodriguez, Virginia. 1994. Un contexto habitacional en Dzibilchaltun, Yucatan, Mexico. Tesis de Licenciatura. Facultad de Ciencias Antropológicas. Mérida: Universidad Autónoma de Yucatán.

Ochoa-Winemiller, Virginia J. 2004. Places to Live: A Multidisciplinary Approach to Modern Maya Houses in Yucatan, Mexico. Unpublished doctoral dissertation. Department of Geography and Anthropology. Baton Rouge: Louisiana State University.

Ochoa-Winemiller, Virginia J. 2007a. El uso de sistemas de información geográfica y etnoarqueología en el estudio de los espacios domésticos mayas en Yucatán, México." *Memorias del XVI Encuentro de Cultura Maya*. Campeche: Universidad Autónoma de Campeche.

Ochoa-Winemiller, Virginia J. 2007b. Diachronic household pottery disposal at Dzibilchaltun, Yucatan, Mexico." *Mexicon. News and Studies in Mesoamerica* 29: 24-32.

Pantoja Diaz, Luis, Illiana Ancona Aragon, Maria Gomez Coba y Claudia Gongora Aguilar. 2022. Rural social complexity in the Ichcaanziho region. Yucatan Mexico. *Ancient Mesoamerica* 33: 186-209.

Pérez Rivas, Manuel E. 1994. Unidades habitacionales en el área Maya: Inferencias del sitio arqueológico de Playa del Carmen, Q. Roo. Tesis de licenciatura den Arqueología. Facultad de Ciencias Antropológicas. Mérida: Universidad Autónoma de Yucatán.

Peraza Lope, Carlos Alberto.1993. Estudio y secuencia del material cerámico de San Gervasio, Cozumel, Tesis de licenciatura en Arqueología. Facultad de Ciencias Antropológicas. Mérida: Universidad Autónoma de Yucatán.

Phillips, Catherine A. 2002. Neglected Artifacts: A Study of Reworked Ceramic Sherds from the Lake Pátzcuaro Basin, Mexico. Tesis de maestria. Department of Anthropology. Lansing: Michigan State University.

Phillips, David A.1979. Pesas de pesca de Cozumel Quintana Roo. *Boletín E.C.A.U.D.Y.*, Año 6, No. 36, Mayo-Junio. Mérida: Universidad Autónoma de Yucatán.

Pierrebourg, Fabiane. 1989. El espacio doméstico Maya: Una mirada arqueológica sobre el presente. Proposición de un método. *Traces* 16. Especial Arqueología. México: CEMCA.

Pierrebourg, Fabiane. 2000. Etnoarqueologia y análisis químicos en una unidad habitacional tradicional en Muxucuxcab, Yucatán. En *Anales de Antropología* 34: 105.

Pierrebourg, Fabiane y Mario Humberto Ruz (editores). 2014. *Nah, otoch, Concepcion, factura y atributos de la morada Maya*. Izamal: Universidad Nacional Autonoma de Yucatán. Fondo Mixto del Consejo Nacional de Ciencia y Tecnologia, Gobierno del Estado de Yucatán, Secretaria de Educación del Estado de Yucatán.

Plunket, Patricia. 2002. Introduction. En *Domestic ritual in ancient Mesoamerica*. Edited by Patricia Plunket, pp. 1-10. Los Angeles: University of California, Cotsen Institute of Archaeology.

Plunket, Patricia. 2002. *Domestic ritual in ancient Mesoamerica*. Los Angeles: University of California, Cotsen Institute of Archaeology.

Pool Cab, Marcos N. 2017. La sociedad casa como modelo explicativo de la organización social, identidad y política entre los mayas del periodo clásico. Evidencias y reflexiones. *Península* 12: 95-117.

Potter, Daniel R. 1993. Analytical approaches to Late Classic Maya lithic industries. En *Lowland Maya civilization in the eight Century A. D.* Editado por Jeremy A. Sabblof y John Henderson, pp. 273–298. Washington, D.C.: Dumbarton Oaks.

Quesnel, André y Susana Lerner.1983. El espacio familiar en la reproducción social: grupos domésticos residenciales y grupos de interacción. Algunas reflexiones a partir del estudio de la zona henequenera. *Yucatán: Historia y economía* 7 (37): 45-63. Mérida: Universidad Autónoma de Yucatán, Centro de Investigaciones Regionales Dr. Hideyo Noguchi

Quintal Suaste, Beatriz. 1993. Los asentamientos arqueológicos de Aké, Yucatán: Una aproximación a su organización social. Tesis de licenciatura en Arqueología. Facultad de Ciencias Antropológicas. Mérida: Universidad Autónoma de Yucatán.

Rapaport, Amos. 1993. Systems of activities and systems of settings. En *Domestic architecture and the use of space*. Editado por Susan Kent, pp. 9-20. Old Dominion: University, Norfolk. Cambridge University Press.

Redfield, Robert y Alfonso Villa Rojas. 1964. *Chan kom: A Maya village*. Segunda edicion. Chicago: The University of Chicago Press.

Repetto Tio, Beatriz. 1986. Informe preliminar del trabajo de campo del Proyecto Dzibilchaltún-Sacbé 1. Mecanuscrito. Sección Arqueología, Centro Regional Yucatán, Mérida: I.N.A.H.

Repetto Tio, Beatriz. 1988. *Guía Oficial. Norte de Yucatán.* México: I.N.A.H. - S.E.P.

Repetto Tio, Beatriz. 1991. Un estudio sobre la distribución de funciones en la casa habitación de una comunidad Maya moderna. *I'INAJ Semilla de Maíz* 2, Diciembre de 1990 a Marzo de 1991. México: I.N.A.H.

Rice, Prudence. 1987. *Pottery analysis. A sourcebook.* Chicago: University of Chicago Press.

Robin, Cynthia. 2003. New Directions in Classic Maya Household Archaeology. *Journal of Archaeological Research* 4: 307-356.

Robles Castellanos, F. 1988. Ceramic units from Isla Cerritos, North Coast of Yucatán. *Cerámica de Cultura Maya* 15: 65-71.

Robles Castellanos, F. 1990. *La secuencia cerámica de la región de Cobá, Quintana Roo.* Serie Arqueología. México: I.N.A.H.

Robles, Fernando y Anthony P. Andrews. 1986. "A review and synthesis of recent Postclassic archaeology in northern Yucatan". En *Late Lowland Maya Civilization*. Editado por Jeremy A. Sabloff y E. Wyllys Andrews V, pp. 53-98. Albuquerque: University of New Mexico Press.

Ruiz Rivera, Cesar A. 2009. El sapo en el sistema simbólico ritual. *Investigación Agropecuaria* 6: 148-159.

Ruz Lhullier, Alberto. 1969. *La costa de Campeche en los tiempos prehispánicos. Prospección cerámica y bosquejo histórico.* Serie Investigaciones XVIII. México: Instituto Nacional de Antropología e Historia.

Ruz Lhullier, Alberto.1989. *Costumbres funerarias de los antiguos Mayas*. México: Fondo de Cultura Económica.

Sanders, William T. 1963. Cultural ecology of the Maya lowlands, Parte 2. *Estudios de Cultura Maya*, vol. 3: 203-241. México: U. N. A. M.

Sanders, William y David Webster. 1988. The Mesoamerican urban tradition. *American Anthropologist* 90: 521-545.

Santiago Lastra, Gloria. 2004a. La reutilización de la Plaza Sur de Dzibilchaltún, Yucatán, México. Tesis de licenciatura en Arqueología, Facultad de Ciencias Antropológicas. Mérida: Universidad Autónoma de Yucatán.

Santiago Lastra, Gloria. 2004b. La Plaza Sur de Dzibilchaltún, Yucatán. Reporte Final. Foundation for the Advancement of Mesoamerican Studies. 12-11-2022. http://www.famsi.org/reports/00006/

Santiago Lastra, Gloria. 2010. La reutilización de la Plaza Sur de Dzibilchaltún, Yucatán. *Arqueología* 44: 93-109.

Santley, Robert S., y Kenneth G. Hirth (editores). 1993. *Prehispanic domestic units in western Mesoamerica. Studies of the household, compound, and residence.* Boca Raton: CRC Press, Inc.

Schlanger, Sarah H. 1991. On manos, metates, and the history of site occupations. *American Antiquity* 56 (3): 460-474.

Searcy, Michael T. 2011. *The life-giving stone. Ethnoarchaeology of Maya metates.* Tucson: The University of Arizona Press.

Seler, Edward. 2008: *Las imágenes de animales en los manuscritos mexicanos y Mayas,* traducción de Joachim Von Mentz. Edición y estudio preliminar de Brígida Von Mentz, Segunda edición. México: Casa Juan Pablos.

Sharer, Robert. 1994. *The ancient Maya* (fifth edition). Stanford: Stanford University Press.

Shepard, Ann y E. Wyllys Andrews IV. 1963. *Imitation jade ornaments from Dzibilchaltun, Yucatan. Notes from a Ceramic Laboratory*, No. 3. Washington D.C.: Carnegie Institution of Washington.

Sheets, Payson D. 1979. Maya recovery from volcanic disasters. Ilopango and Cerén. *Archaeology* 32: 3.

Sheets, Payson D. 1990. *Arqueología doméstica en Joya de Ceren.* El Salvador: Ministerio de Educación, Dirección Nacional de Cultura y el Arte.

Shook, Edwin M. 1955. *Yucatán and Chiapas. Year Book* No. 54, pp. 289-295. Washington, D.C.: Carnegie Institution of Washington.

Simmons, Scott E., David M. Pendergast, Elizabeth Graham. 2009. The Context and Significance of Copper Artifacts in Postclassic and Early Historic Lamanai, *Belize Journal of Field Archaeology* 34: 57-75.

Smith, A. L. 1962. Residential and associated structures at Mayapan. En *Mayapan, Yucatan, Mexico,* Publication 619, Washington D. C.: Carnegie Institution of Washington.

Smith, Robert E. 1971.The Pottery of Mayapan. *Papers of the Peabody Museum of Archaeology and Ethnology*, Vol. 66. Cambridge: Harvard University.

Smith, R. E., G. R. Willey y J. C. Gifford. 1960. The type-variety concept as a basis for the analysis of Maya pottery. *American Antiquity* 25 (3): 330-340.

Smith, R. E., y J. C. Gifford. 1966. Pottery of the Maya Lowlands *Hand Book of Middle American Indians.* Volumen 2, pp. 498-534. Austin: University of Texas Press.

Simmons, Michael. N.d. The archaeological ceramics of Dzibilchaltún, Yuc. The Ceramic Typology. Mecanuscrito.

Smith, Michael E. 2003. Key Commodities. En *The Postclassic Mesoamerican World* Editado por Michael E. Smith y Frances F. Berdan, pp. 117-125. Salt Lake City: University of Utah Press.

Smyth, Michael P. 1990. Maiz storage among the Puuc Maya. The development of an archaeological method. *Ancient Mesoamerica* 1: 51-69.

Spinden, Herbert. 1913. *A study of Maya art: Its subject matter and historical development.* Cambridge, Mass.: Dover Publications.

Stewart, T. Dale. 1974. *Human skeletal remains from Dzibilchaltun, Yucatan, Mexico, with a review of cranial deformity types in the Maya region.* Middle American Research Institute, Publication 31, pp. 199-225. New Orleans: Tulane University.

Stockett, Miranda K. 2005. On the importance of difference: Revisioning sex and gender in ancient Mesoamerica. *World Archaeology* 37: 566-578.

Stringfield, V. T., y H. E. LeGrand. 1976. Karst Hydrology of Northern Yucatan Peninsula, Mexico. En Carbonate rocks and hydrogeology of the Yucatan peninsula. *New Orleans Geological Society, Field Trip 5.* New Orleans: New Orleans Geological Society.

Stromsvik, Gustav. 1931. *Notes on the metates of Chichen Itza, Yucatan.* Carnegie Institution of Washington, Publication 403, pp. 141-157. D.C.: Carnegie Institution of Washington.

Stromsvik, Gustav. 1935. *Notes on the metates from Calakmul, Campeche, and from the Mercado, Chichen Itza, Yucatan.* Contributions to American Archaeology, No. 16.

Stuart, George E., John C. Scheffler, Edward B. Kurjack y John W. Cottier. 1979. *Map of the ruins of Dzibilchaltun, Yucatan, Mexico.* Introduction by Edward B. Kurjack. Middle American Research Institute, Publication 47. New Orleans: Tulane University.

Stuart, David. 1988. The Rio Azul Cacao Pot: Epigraphic Observations on the Function of a Maya Ceramic Vessel. *Antiquity* 62:153–157.

Sullivan, Alan P. III. 1978. Inferences and evidence in Archaeology: a discussion of the conceptual problems. En *Advances in an Archaeological Method and Theory.* Editado por Michael B. Schiffer, Volumen 1, pp. 183-222. New York: Academic Press.

Sullivan, Alan P. III. 1989. The technology of ceramic reuse: formation processes and archaeological evidence. *World Archaeology, Ceramic Technology*: 21:101-114.

Sutro, Livingstone D. y Theodore E. Downing. 1988. A step toward a grammar of space: Domestic space use in a Zapotec Village. En *Household and community in the Mesoamerican past*. Editado por Richard Wilk y Wendy Ashmore, pp. 29-50. Albuquerque: University of New Mexico Press.

Taschek, Jennifer Teresa. 1981. The shell, fine stone, bone, wood and copper artifacts from Dzibilchaltún, Yucatan, Mexico. Disertación doctoral. Ann Arbor Michigan: University Microfilm International.

Taschek, Jennifer T. 1994. *The artifacts of Dzibilchaltun, Yucatan, Mexico: Shell, polished stone, bone, wood, and ceramics*. Volumen 50. New Orleans: Tulane University, Middle American Research Institute.

Tenreiro, O., y J. Victor. 1982. Equinoccio de Dzibilchaltún es un espectáculo maravilloso. Novedades de Yucatán, Octubre 8, Mérida, Yucatán.

Thien, Leonard B., Anne S. Bradburn y Arthur L. Welden. 1982. *The woody vegetation of Dzibilchaltun a Maya archaeological site in northwest Yucatan, Mexico*. Middle American Research Institute, Publication 5. New Orleans: Tulane University.

Thompson, Edward H. 1892. The ancient structures of Yucatan not communal dwellings, *Proceedings American Antiquarian Society*, October 21, pp. 262-269. Hagerstown, MD.: American Antiquarian Society.

Thompson, Edward H. 1897. The Chultuns of Labna. *Memoirs of the Peabody Museum of Archaeology and Ethnology* 1. Cambridge: Harvard University.

Thompson, John Eric S. (1976): *A Catalog of Mayas Hieroglyphs*. Tercera edicion, Norman, OK: University of Oklahoma Press.

Tiesler Blos, Vera, Rafael Cobos y Merle Greene Robertson. Mérida: Instituto Nacional de Antropología e Historia y Universidad Autónoma de Yucatán.

Tourtellot, Gair. 1982. Ancient Maya settlements at Seibal, Peten, Guatemala. Peripheral survey and excavation. Disertación doctoral. Cambridge MA.: Harvard University.

Tourtellot, Gair. 1983. An assessment of Classic Maya household composition. En *Prehistoric settlement patterns: Essays in honor of Gordon R. Willey*. Editado por E. Z. Vogt y R. M. Leventhal, pp. 35-54. Albuquerque: University of New Mexico Press.

Tourtellot, Gair. 1988. Development cycles of Households and Houses at Seibal. En *Household and community in the Mesoamerican past*. Editado por Richard Wilk y Wendy Ashmore. pp. 96-120. Albuquerque: University of New Mexico Press.

Tozzer, Alfred M., y Allen M. Glover. 1910. Animal Figures in the Maya Codices. *Papers of the Peabody Museum of American Archaeology and Ethnology*, volumen 4, numero 3. Cambridge: Harvard University.

Trigger, Bruce G. 1967. Settlement Archaeology -Its Goals and Promise. *American Antiquity* 32: 149-160.

Tringham, Ruth. 2000. The continuous house: A view from the deep past. En: *Beyond kinship: Social and material reproduction in house societies*. Editado por Rosemary A. Joyce y Susan D. Gillespie, pp. 115-134. Philadelphia: University of Pennsylvania Press.

Twiss, Katheryn C. 2008. Transformations in an early agricultural society: Feasting in the southern Levantine pre-pottery Neolithic. *Journal of Anthropological Archaeology* 27: 418-442.

Vaillant, George C. 1927. The chronological significance of Maya ceramics. Unpublished doctoral dissertation. Cambridge MA: Harvard University.

Van Gennep, Arnold. 1961. *The rites of passage*. Translated by Monika B. Vizendon y Gabrielle L. Caffee. Chicago: University of Chicago Press.

Vlcek, David. 1978. Muros de delimitación residencial en Chunchucmil. *Boletín de la E.C.A.U.D.Y.* 5 (28): 55-64. Merida, Yucatan.

Vokes, Harold y Vokes Emily H. Vokes. 1983. *Distribution of shallow-water marine Mollusca, Yucatan Peninsula, Mexico*. Middle American Research Institute, Publication 54. New Orleans: Tulane University.

Voorhies, Barbara. 2013. The Deep Prehistory of Indian Gaming: Possible Late Archaic Period Game Boards at the Tlacuachero Shellmound, Chiapas, Mexico. *Latin American Antiquity* 24: 98–115.

Wauchope, Robert. 1938. *Modern Maya Houses: a study of their archaeological significance*. Carnegie Institution of Washington, Publication 502. Washington, D.C.: Carnegie Institution of Washington.

Whitehouse, Ruth D. 1996. Ritual objects. Archaeological joke or neglected evidence? En *Approaches to the study of ritual: Italy and the Ancient Mediterranean*. Editado por John B Wilkins, pp. 9-30. Accordia Specialist Studies on the Mediterranean, volume 2 London: Accordia Research Centre.

Willey, Gordon R. 1981. Maya lowland settlement patterns: A summary review. En *Lowland Maya settlement patterns*. Editado por Wendy Ashmore, pp. 385-415. Albuquerque: University of New Mexico Press.

Willey, Gordon R., W. R. Jr. Bullard, J. B. Glass y J. C. Gifford. 1956. *Prehistoric Maya Settlements in the Belize Valley*. Paper of the Peabody Museum 54. Cambridge, MA: Harvard University.

Willey, G. R., A. L. Smith, G. Tourtellot e I. Graham. 1975. *Excavations at Seibal, 1: Introduction. The site and its setting*. Memoirs of the Peabody Museum of Archaeology and Ethnology 13. Cambridge, MA.: Harvard University.

Wilk, Richard R. 1982. Little house in the jungle: The causes of variation in house size among modern Kekchi

Maya. *Journal of Anthropological Archaeology* 2: 99-116.

Wilk, Richard R., y Robert McC Netting. 1984. Households: Changing form and functions. En *Households: Comparative and Historical Studies of the Domestic Group*. Editado por Robert Mc C. Netting et al. pp. 1-28. Berkeley, CA.: University of California Press.

Wilk, Richard R., y Wendy Ashmore (editors).1988. *Household and community in the Mesoamerican past.* Albuquerque: University of New Mexico Press.

Wilk, Richard y William Rathje. 1982. Household archaeology. *American behavioral scientist* 25: 617-639.

Willey, Gordon. 1972. The Artifacts of Altar de Sacrificios. *Papers of the Peabody Museum of Archaeology and Ethnology*, volumen 64, numero 1. Harvard. Cambridge MA.: University Press.

Winemiller, Terance L. 2003. Water resource management by the ancient Maya of Yucatan, Mexico. Unpublished doctoral dissertation. Department of Geography and Anthropology. Baton Rouge: Louisiana State University.

Wing, Elizabeth S. 1980. Vertebrate faunal remains from Dzibilchaltún. En *Excavations at Dzibilchaltún, Yucatan Mexico*. Editado por E. Wyllys Andrews IV and E. Wyllys Andrews V., pp. 326-331. Middle American Research Institute Publication 48. New Orleans: Tulane University.

Winter, M., and K. V. Flannery. 1976. Analyzing household activities. En *The Early Mesoamerican Village*. Editado por Kent V. Flannery, pp. 34-44. New York: Academic Press.

Wurtzburg, Susan. 1994. Organización económica familiar en Sayil, Yucatán. *Boletín de la E.C.A.U.A.D.Y.* 20: 23-32. Mérida, Yucatán.

Yanagisako, Sylvia Junko. 1979. Family and household: The analysis of domestic groups. *Annual Review of Anthropology* 8: 161-205.

Apéndices A y B

La información incluida en los Apéndices A y B es el resultado de mi análisis de los elementos y materiales recobrados durante la exploración de un contexto habitacional en el sitio arqueológico de Dzibilchaltún, Yucatán llevada a cabo entre 1993 y 1994. La información contenida en las tablas así como la descripción de los artefactos no han sido publicados en su enteridad previamente y constituyen un suplemento indispensable como referencia a los datos, la tipología cerámica y la clasificación de los artefactos incluidos en la sección 3 de la monografía. La información contenida en las tablas solo se refiere a las excavaciones del contexto habitacional y no contiene datos pertinentes a la exploración de la arquitectura monumental y de otros rasgos en el sitio. Los reportes oficiales del Proyecto Dzibilchaltún y su director Rubén Maldonado al Instituto Nacional de Antropología e Historia en México, solo incluyen un resumen breve de los resultados de mi investigación cuando pertinente.

Es necesario añadir que los pozos de prueba, así como seis de las siete cistas y los dos entierros fueron excavados durante mi trabajo de campo en el contexto habitacional en 1993. Su descripción suplementa la información publicada por Andrews IV y Andrews V en 1980. La cista número 7, fue previamente excavada por John Cottier (1982), el cual incluyo los materiales obtenidos en su tesis doctoral. Estos datos se añadieron a la descripción de la cista 7 incluida en el Apéndice B. Por lo que se refiere a los materiales culturales, los datos incorporados en las tablas, su clasificación y descripción es original del análisis que lleve a cabo en 1994. Ninguno de los artefactos fue incluido por Taschek (1994) en su publicación. Al presente, la publicación de la secuencia cerámica completa para Dzibilchaltún continua como un proyecto sin realizar y los intentos previos (ver Simmons, Michael n.d. The archaeological ceramics of Dzibilchaltún, Yuc. Mecanuscrito) desafortunadamente incompletos, permanecen sin divulgar y difíciles de obtener. La tipología descrita en el Apéndice B, es una contribución al estudio comparativo de los grupos y modas cerámicas que forman parte del inventario artefactual y cronológico recobrado de un área domestica. Su estudio fue esencial en el análisis de las actividades cotidianas de los residentes del contexto habitacional en Dzibilchaltún, una urbe Maya en el noroeste de la Península de Yucatán.

Virginia Ochoa-Winemiller, 2023

Se puede ingresar a los apendices en linea aqui:
doi.org/10.30861/9781407359533-ApendiceA
doi.org/10.30861/9781407359533-ApendiceB

www.ingramcontent.com/pod-product-compliance
Lightning Source LLC
Chambersburg PA
CBHW041709290426
44108CB00027B/2905